민속의 知의 계보

근대 일본의 민속문화

가와무라 구니미쓰(川村邦光) 저

최 은 주 역

제이앤씨
Publishing Company

민속문화를 향한 시점

　지금 우리는 어떤 시대를 살아가고 있을까, 문득 멈춰서서 생각해보자. 패전 후 오십여 년이 지난 동안 사회와 문화가 크게 변모했다는 것쯤은 지난 영상을 보기만 해도 바로 알 수 있다. 예를 들면 패션이 어떻게 변화해 왔는지를 돌아보면 20대의 청춘들도 어린시절과 현재가 매우 다르다는 것이 눈에 보이는 것처럼 이해될 것이다.

　자신을 둘러싼 환경, 또한 몸에 걸치거나 사용하는 물건들이 변해가는 가운데 알게 모르게 감각이나 의식 혹은 기호까지도 변해가는 것은 아닐까? 하지만 매우 평범하다고 생각되는 것들, 이른바 '상식'으로 자명시 되고 있는 것들의 변화는 좀처럼 눈에 보이지 않을뿐더러 어떻게 변해가는지에 대한 의문조차 품지 않게 된다. 변화 무쌍한 시대를 살고 있다고 하더라도 시간의 흐름에 휘말려 그 전모를 아는 것은 매우 어렵다. 따라서 우리는 현재를 전혀 변화가 없는 영원인 것처럼 생각해버리고 마는 것은 아닐까.

　현재를 고찰하기 위해서는 '상식'이나 당연하다고 생각되는 것들을 의문의 눈으로 바라보는 것이 중요하다. 그러나 현재, 자기 주변의 시간의 흐름이나 소용돌이로부터 멀찌감치 떨어지는 것은 불가능하다.

단지 그 흐름에 몸을 맡기면서도 맞서 볼 수는 있을 것이다. 시간의 흐름과 시세의 소용돌이로부터 아주 조금만 거스른다면 매우 당연했던 일상의 세계가 다른 모습(양상)을 드러내고, 여기에서 현재에 대한 의문이 생겨나는 것이 아닐까.

'민속'이란 몹시 낡은 것, 지금은 거의 잃어버린 드물고 희귀한 것으로 생각되기 쉽다. 그런 것에 대한 연구가 지금 현재도 계속되고 있다. 그저 오래된 것을 좋아하는 고고학적 취미, 또는 상고尙古 취미라고도 할 수 있다. 나는 '민속'이라는 단어를, 사람들이 사는 스타일(독특한 방식), '생존의 기법'으로 폭넓게 받아들인다. 그것은 인간의 활동 또는 그 소산인 문화의 한쪽 날개를 점유하고 있는 것이다. 따라서 '민속문화'란 역사적으로 형성되어 축적되어 온 것이다. 대부분의 사람들이 아주 먼 고대의 민속문화가 현대까지 면면히 이어져 왔다고는 생각하지 않을 것이다. 그렇기는 하나, 그 일정한 계보를 상정하는 것은 어쩌면 가능할는지도 모른다.

예를 들면 머리 모양의 계보라는 것을 생각해볼 수 있다. 이전 시대로부터 영향을 받아 만들어진 머리 모양에는 이어지는 연속성이 있다. 그러나 메이지 초기에 널리 퍼진 단발은 그때까지의 머리 모양을 단번에 변화시킨 것이었다. 머리 모양의 계보가 여기에서 단절되었다고 할 수 있다. 이미 예전의 머리 모양으로 결코 돌아갈 수 없게 된 것이다. 새로운 머리 모양의 계보가 탄생되었다. 그것은 단순히 머리 모양이라는 외견만이 바뀐 것이 아니었다. 감각이나 의식, 사고방식, 나아가 삶의 방식/스타일까지 변화된 것이다. 확실히 머리 모양=헤어 스타일은 삶의 스타일을 상징할 뿐 아니라 그것을 좌우하는 것이다.

본서에서는 주로, 삶의 스타일에 깊은 단절을 각인시켰다고 생각되는 테마를 다루고 있다. 그것은 현재의 민속문화와 직접적인 관련성을 가진다. '근대'라는 개념에 의해 일관되어 버리기 쉬운 사례이나 '근대'가 어떻게 체험되어 성립돼 갔는지는 개개인의 사례에 따라 다양하다. '근대'라고 단언해 버리기 전에 잠깐 멈춰 서서, 어떠한 생존의 프로세스가 '근대'를 구성하고 '근대'라는 개념에 의해 언급되고 표상되어 왔는지를 물을 필요가 있다.

우리들의 생존 영위(행위)는 이전 사람들이 보다 나은 삶을 영위하기 위해 자신들의 생을 바꾸려고 노력해온 실천의 축적 위에 성립되고 있다고 할 수 있겠다. 그것은 옳고 그름으로 돌연 판단할 수 없는 것으로 시행착오와 투쟁의 연속이었다고 할 수 있다. 우리들은 과연 잘 살아가고 있는 것일까, 현재의 물음으로부터 출발함으로써 이 투쟁을 알고 또 배울 수 있을 것이라 생각한다.

민속문화에는 역사가 있고 이는 끊임없는 변용을 거쳐 오늘에 이르고 있다. 따라서 역사성과 현재성이 교차하는 현장 안에서 민속문화를 찾아가는 것이 중요하다. 우선 민속학이나 인류학, 사회학, 역사학 등의 학과가 이와 관련되는 연구 영역이 된다. 어느 한 학과에 얽매이지 말고 학과의 경계를 넘나들며 다면적인 방향에서 탐구하는 자세가 필요하다. 그리고 중요한 것은, 우리들이 살고 있는 현장 안에서 다른 사람들과 만나고 살아있는 지식으로 경험을 채워나가는 것이라고 생각한다. 그 지침으로서 민속학자인 오리구치 시노부折口信夫가 「민속학 학

습의 기초民俗学学習の基礎」로 이름 붙인 논문의 일부를 인용해두자.

　"우리들의 학문에서는, 하나하나 주산珠算의 결과를 보여주지 않아도 된다. 지금의 학문은 일일이 그 증거를 말하나, 이는 계몽기에니 필요한 것으로 지금은 그럴 필요는 없다. 하지만 협잡꾼도 있을 것이니 그 준비만은 필요하다. 그리고 재료는 많이 모으지 않으면 안 된다. 많이 모으면서 동시에 그 재료가 우리 신체 마디마디에 배어들어 있지 않으면 안 된다. 언젠가 하나의 문을 열면 그와 관련이 되는 것들이 연계되어 쏟아져 나오지 않으면 안 된다. 이는 어쨌든 우리들 자신이 체험하고 실험해 보지 않으면 안 되는 것이다. 우리가 고대를 연구하는 경우, 어쩔 수없이 다 알 수 없는 부분이 있다. 이 때, 그 단편들을 이어 하나의 형태를 얻는 것은 우리들의 감각/직감이다. 따라서 무언가를 받아들이는데 있어서는 먼저 실감을 가지지 않으면 안 되는 것이다…… 다음으로 재료를 찾으러 가는 것, 탐방이 변변치 않아질 수 있으나 이는 안 되는 일이다. 깊게 실감 하지 않으면 연계적인 그 어떤 것과 만나더라도, 정도本道인 느낌이 솟아나지 않게 된다. 이러면 안 된다. 자신의 발로 찾아가 채집하는 것이 바로 정도이고 가장 귀중한 것이다.

　오리구치 시노부는 '실감'을 중시했다. 그저 즉흥적인 착상이 아니다. 탐방의 현장과 사람들과의 만남/대면 안에서 나타나며, 내 몸을 찌르는 듯한 체험, 그것이 오리구치가 말하는 실감이지 않을까. 오리구치는 이러한 실감이야말로 단편적인 지식을 정리하는 포인트가 된다고 했다. 또 그는 다른 논문에서 '꼭 실제로 걸어보고 모순을 느끼고 의문을 붙들고 놀라운 마음을 가지기 바란다[iii]'고도 말하고 있다.

현재의 물음은 연구만으로 시작되고 끝나는 것이 아닐 것이다. 자신의 삶의 스타일, '생존의 기법'으로 활용되어야 비로소 의의를 가질 수 있다. 오리구치의 다른 문장을 인용해보자. '민속학에서는 탐방과 연구가 하나이다. 논리로 이어지는지 이어지지 않는지, 그것을 판단하는 것은 탐방 때 얻는 실감이다. 즉, 단순한 지식으로 받아들이는 것이 아니라 자기 생활의 내용으로까지 삼는 것이 실감이다[iii']

오리구치가 제기하는 '실감'이라는 경험은 학문이나 연구에서의 객관성이나 실증성이라는 명분 아래서 이제까지 무용/유해한 것으로 누구도 주목하지 않았던 것이다. 민속학에서, 또는 인류학, 사회학, 역사학에서도 실감을 얻을 수 있는 타자의 현재나 역사에 대한 상상력을 가질 수는 없었다. 혹은 가지는 것이 금기시되어 있었다. 나는 생존의 기법을 위한 소재가 되는, 살아있는 지식을 알기 위한 실감이야말로 민속문화 연구법으로 받아들여질 필요가 있으며 또한 여기에야말로 그것을 풍요롭게 만들어 갈 가능성이 있다고 생각한다. 이러한 의도로부터 본서는, 우리들의 삶의 스타일에 대한 성찰의 계기가 될 수 있도록 유념하면서 작성된 것이다.

본서에서는 많은 사람들의 기록과 문헌을 참고로 하고 있다. 저자들에게 감사하고 싶다. 또한 손에 넣기 쉬운 문헌을 마지막에 정리해 두었다. 스스로 더욱 관심을 가지고 도서관이나 헌책방 등을 돌며 찾아보면 좋을 것이다. 서적을 탐색하고, 읽으며, 이를 산 지혜로 변화시키는 것도 하나의 삶의 스타일, 생존의 기법이다. 그리고 무엇보다 현재라는 시공간을 현장(필드)으로 하여 자신이 사는 스타일을 모색하는 것이야 말로 '배우는' 것이라고 생각한다.

1999년 7월

가와무라 구니미쓰川村邦光

i 『折口信夫全集16』所収
ii 「民俗研究の意義」同上
iii 「生活の古典としての民俗学」同上

사진 민속학의 추천
: 한국의 독자들에게

    본서『민속의 지의 계보』에는 사진과 그림 등의 도판이 상당수 실려 있다. 이는 비쥬얼한 민속학서를 구상했기 때문이다. 나는 근대의 민속을 연구의 대상으로 한다. 이는 현재의 우리들이 생활하고 있는 세계가 어떤 식으로 생성되어 왔는지, 과거의 아주 흔했던 민중의 세계와 어떤 연결고리를 가지는지를 탐구하는 것을 목적으로 하는 것이다. 그러나 세계 어디라도 그렇지만, 현재의 한국과 일본에서도 여러 습속과 관습이 쇠퇴/소멸되고 있다. 더 이상 눈으로 보는 것도 언어로 말하는 것도 불가능해져서 잊혀져 가고 있는 것이 지금의 상황이다.

    근대화 프로세스는 확실히 도시와 지방을 균질화/획일화시켰다. 예전의 생활에 뿌리를 둔 민속적인 것은 과거의 유산 혹은 문화재로 수집되고 보관되는 대상이 되어 버리고 말았다. 그리고 그것들은 현재의 생활과는 무관한 것으로서 노스탤지어를 환기시키며 박물관이나 민속촌 등의 시설 안에서 감상되거나 관람된다. 그러나 과거의 유산이나 문화재로 보이는 민속은 현재의 생활과 절대로 무관한 것도 아닐 뿐 더러 그 형태를 변용시키며 오늘날까지도 살아 숨쉬고 있다. 과거와의 연결고리가 없는 문화는 있을 수 없는 것이다. 따라서 현재를 알기 위해서는 과거를 돌아보지 않으면 안 된다. 그렇지 않으면 현재의 곤란이나 곤경을 이겨낼 수 없다.

과거 민중의 세계를 알기 위한 자료로서는, 우선 문서로 쓰여진 문헌이 있다. 그러나 그것들은 민중 자신이 쓴 것이 아니라 그 대부분이 권력자나 지식인/문화인에 의해 기술된 것으로, 여기에서는 민중을 '우민'으로 보고, 그 습속/관습을 '폐습'으로 그린다. 따라서 민중의 습속 그 자체의, 혹은 그 근거에 잠재된 심경/심성에 대해 고려되는 일은 극히 드물다. 여기에 문헌사학의 한계가 있는 것이리라. 이들 습속은 국가나 각 현의 법령에 의해 종종 폐지 혹은 금지되었다. 하지만 일단 단절된 민속이 재흥되는 일도 없지는 않았다. 민중이 살아가는데 필요한 어떤 것을 둘러싸고 권력에 대항하는 민중의 힘이 발휘된 것이다.

이러한 문헌사료에 비해 사진은 어떨까? 사진은 도입 초기에 말할 것도 없이 권력자/부호계급에 의해 전유되고 있었으나, 차츰 일반민중에게도 보급되어 갔다. 그 속도는 매우 빨랐다. 그 사진들에는 민중의 모습이 찍혀 있다. 그러나 이로부터 민중의 생활세계를 읽어내는 것은 쉽지 않다. 문헌사료를 비판적으로 검토하면서 촬영된 사진의 문화적/사회적 상황을 추론하여 민중의 심의/심성을 읽어냄으로써, 사진을 역사자료로서만이 아니라 민속자료로 활용할 수 있는 길을 열수 있지 않을까? 이는 새로운 민속학의 창출로 연계될 것이라고 본다.『민속의 지의 계보』에서는 충분하다고는 할 수 없지만, 이를 시도하고자 했다.

한편, 몇 년 전쯤에 서울시 송파구의 한미 타워 19층에 있는 한미사진미술관을 방문한 적이 있다. 이 미술관에서 『우리 사진의 역사를 열다(2006)』를 구입했다. 본서는 2006년 9월부터 12월에 열린 신장 확장 기념전 「우리 사진의 역사를 열다」 전시를 기념하여 출판된 것이다. 『우리사진의 역사를 열다』에는 한미사진미술관이 소장한 고사진古寫眞들이 도판으로 실려 있다. 이들은 전쟁의 피해를 피할 수 있었던 귀중한 사진들이었을 뿐만 아니라 비쥬얼한 한국근대사, 혹은 제국일본에 의한 조선식민지 지배사의 일단을 볼 수 있는 귀중한 역사적 사진이기도 했고, 연면히 계승되어 왔거나 혹은 쇠퇴해버린 풍습의 실마리가 되는 귀중한 민속사진이기도 했다.

이경민씨는 『우리 사진사의 역사를 열다』의 「사진집을 열다 : 기념사진에서 보는 근대한국의 초상」에서 조선의 근대개화기와 식민지시대의 사진촬영의 주체가 일반 민중이 아니라 사진관의 사진사였다는 점에서, 이를 "사진관 시대"라고 칭하고 있다. 이때 촬영된 사진들에는 사진사가 경영하는 사진관에서 찍은 것뿐 아니라, 사진사가 의뢰를 받아 여러 시설이나, 학교, 관광지 등의 실내나 야외로 가서 찍은 것들도 있다. 19세기 후반~20세기 초반에는 사진기나 조명기구 등의 기재가 고가이며 또한 사진촬영이나 현상에 관한 지식이나 기술이 매우 수준 높은 것이었기 때문에 교육을 받고 수업修業을 거쳐서 사진관을 설립/경영하는 자산을 가진 프로 사진사가 활약하고 있었다. 이는 일본에서도 마찬가지이다.

이경민은 사진관시대의 역사를 문서와 신문광고, 고사진을 들어 명확히 한다. 도입 초반에는 일본인이 경영하는 사진관이 주류였다. 1882

년 가이군지甲斐軍治가 가이사진관甲斐写真館을 개설한 것이 그 시작이다. 조선인 사진사의 개척자인 이종원이나 황철, 지운영 등이 1883년에서 1884년에 사진관을 열었으나 이는 오래 지속되지 못했고, 1907년이 되어 김규진이 박주진과 함께 평양에 「천연당 사진관」을 개설함으로써 조선인에 의한 사진관시대가 본격화된다. 김규진에 관해서는 박종기의 『황실서화사진사, 해강 김규진의 천연당 사진관』에서도 자세하게 기술되고 있다.

사진관시대의 초반에는 왕족이나 귀족, 양반 등의 상류계층이 주 고객으로, 그들의 초상사진이 촬영되었다. 또한 외국인 관광객을 대상으로 명소구적을 촬영한 풍경사진이 나오고 그림엽서가 되어 판매된다. 그리고 1920년대 후반부터 조선인이 경영하는 사진관이 본격적으로 등장하여 사진촬영이 점차 민간으로 퍼져 나갔다. 초상사진뿐만 아니라 행사나 의례, 여행 등에서 기념사진의 촬영이 광범위하게 이루어지게 되었다. 이경민은 이를 "기념사진의 대중화와 관행화"라고 하며 "이미 모든 행사나 사건은 사진 없이는 종결될 수 없게 되었고, 기념사진 촬영이라는 행위를 통해 비로소 역사화 될 수 있었다"고 지적한다.

여기에서 기념사진의 대중화와 관행화는 기념사진촬영의 민속적 관행화로 바꾸어 부를 수 있다. 또한 기념사진의 촬영은 근대사회가 낳은 민속 혹은 관습으로 위치규정 할 수 있겠다. 이렇게 사진 그 자체가 민속자료로서 활용될 수 있게 된 것이다. 민속학에서는 아직 사진을 민속자료로 적극 활용하고 있다고는 할 수 없으나, 사진은 연중행사나 의례, 통과 의례 등의 변화를 살펴보고 민중의 심의/심성의 변용을 탐구하는데 있어 중요한 자료가 될 것이다.

또한『우리 사진의 역사를 열다』에는 돌 사진, 환갑축하, 그리고 전통혼례식과 신식결혼식 사진이 실려있다. 이들 의례도 본래 민속학에서 다루어져온 것들이나, 그 통과의례사진으로부터 민속의 변화를 분석할 수 있다.

1940년대에 촬영된 돌 사진을 보면 중앙의 돌을 맞은 아이를 중심으로 그 양측에 아이들이 나란히 앉고, 어른들은 오른쪽 상단에 늘어선 구도이다. 이 1940년대의 사진과, 1950년대, 1960년대, 나아가 2000년대의 사진을 비교해 보면, 의상이나 머리모양, 돌 상에 올려지는 음식, 실내의 가구, 그리고 그곳에 찍힌 사람들 등 다각도에 걸쳐진 변화를 읽어낼 수 있을 것이다. 1920년대의 환갑축하 사진 또한 마찬가지이다. 사진에는 여성이 흰색 한복(전통복)을 입고, 남성은 한 사람만 한복차림으로 다른 사람은 모두 양장이다. 의복의 상이에 의해 남녀의 젠더가 구별되고, 또한 전통과 근대를 표상하고 있는 것이다.

1880년대에 촬영된 전통혼례식과, 1934년에 촬영된 신식결혼식의 사진도 흥미 깊다. 전자는 한복, 후자는 양복이다. 전자는 매우 신분이 높은 계층의 자녀로 남녀 모두에게 아직 어린 티가 남아있고, 실제로 이 시기의 결혼연령도 현재보다 빨랐다. 아직 양복은 보급되지 않았을 것이다. 후자는 중산계층 남녀의 결혼식으로 보인다. 남자는 검은 양복으로 왼쪽에 위치하고, 신부는 웨딩드레스, 다른 여성들은 흰 치마를 입은 양장차림으로 오른쪽에 늘어선다. 흑백의 콘트라스트가 선명하여 모던한 분위기를 자아내고 있다.

현재의 결혼식은 어떤가? 신부는 웨딩드레스, 신랑은 턱시도, 피로연에서는 신랑 신부 모두 한복으로 갈아입을 것이다. 전통과 현대를 병존시키고 있으나, 현대적 서양풍이 우선시된다. 여기에는 어떠한 심성이 역사적으로 생성되어 왔을까, 그 프로세스를 탐구하는 것이 역사 민속학이 할 일이다. 현재의 사상을 과거의 중층화로 받아들여 고찰하고 지금 현재에 대해 물음을 던지는 것이, 즉 민속학의 사명이다.

『우리 사진의 역사를 열다』에 게재된 초상사진, 혹은 여행사진이나 결혼사진, 입학/졸업사진 등의 사진에서 피사체의 표정은 모두 딱딱하게 굳어있어, 말하자면 무뚝뚝한 표정이다. 또한 직립부동 자세로 경직된 분위기를 감지시킨다. 이를 포멀한 기념사진에는 공적인 장에서는 웃는 얼굴을 보이지 않는다는 작은 상식/규범이 엿보인다. 미소를 보이는 사진이 나타나는 것은 1950년대 이래가 아닐까? 카메라의 보급으로 사진을 손에 넣기 쉬워졌기 때문만이 아니라, 사회구조나 인간관계의 변화와 함께 사진촬영이 공적 영역에서 사적 영역으로 이행한 것이라고 할 수 있다.

현재의 사진촬영에서는 예전의 굳은 표정이나 직립부동의 포즈는 '부자연'스러운 것으로 경원시되고 '자연'스러운 포즈나 스타일이 '요구'된다. 그러다가 어딘지 어색한 미소가 되어버려 예전의 부자연스러운 표정이 되어 버리기도 한다. 이러한 신체동작의 표정도 역사적이며 사회적인 상황에서 형성/배양되어 언제부터인지 변용되어 가는 것으로, 민속학의 중요한 연구영역이다.

특히 예전의 가족사진에서는 가족구성원의 굳은 표정이나 직립부동 자세가 두드러지고 있다. 그렇다면 언제 어떠한 계기로 일부러 사진관까지 가서 가족사진을 찍었던 것일까? 가족구성원에게 중요한 어떤 사건이 있었을 것으로 추정할 수 있다. 부부의 결혼 몇 주년, 아들이나 딸의 입학/졸업 등 가족 멤버에게 중요한 인생의 순간에, 고가이지만 가족의 현재를 기념으로 남기고 싶어서 가족사진이 촬영된 것이다. 가족사진의 촬영은 일종의 의례, 말하자면 세속적인 의례가 되어 민속적 관행으로 정착되어 갔다. 어떤 인생의 순간 혹은 사건으로 중시되었던 것일까? 가족이나 사회에서 중시된 세속적 의례도 또한, 민속학이 연구해야 할 중요한 테마가 된다.

나아가 가족사진에서 어떤 가족구성원으로 사진을 찍고 어떤 식의 배치를 보이는가를 분석함으로써, 가족관, 가족제도, 또한 사회의 가치관, 도덕의 변화를 연구할 수 있다. 지금 일반화된 핵가족이 고대에도 상당히 존재했다고 하는 논의가 행해지고 있으나, 가족 구성원은 역사적으로 다양했고 가족의 형태는 역사적으로 변화해 왔다. 그 양태가 가족사진에는 드러나고 있을 것이다.

또한 가족사진의 구도에는 사회의 가치관이나 도덕적 규범이 반영된다. 조부모 등의 연장자는 대부분의 경우 중앙에 위치한다. 또 연장자는 중앙, 연소자나 여성은 측면에 위치한다. 노인공경, 장유유서, 남녀유별이라는 유교적 도덕이 가족사진의 구도에 표상되고 있다. 어머니와 아이를 앞에 세우고 그 뒤에 아버지가 서는 가족사진의 구도는, 아버지가 어머니와 자식을 관리/감시하고 지배한다는 가부장제 가족을 표상하고 있는 것이라고 할 수 있다.

이 같은 구도의 가족사진은 지금은 거의 보이지 않는다. 가족사진에 드러나는 피사체의 구도나 포즈, 표정의 변화는, 사회관계, 가족관, 가족관계, 그리고 사상이나 도덕의 변화를 표상하고 있는 것으로, 이 또한 민속학의 매우 중요한 테마가 된다. 이처럼 가족사진은 민속학의 자료나 테마의 보고寶庫라고 할 수 있다.

거의 모든 가정에 가족사진이 담긴 가족앨범이, 그다지 펼쳐 보는 일이 없을지도 모르지만 구석 어딘가에 조용히 놓여져 있을 것이다. 가족끼리 앨범을 보면서 조부모나 부모의 이야기를 듣고 또한 자신의 어릴 적부터 현재에 이르는 사진을 보면서 이를 시대의 사회적/문화적 상황과 관련시키면, 여기에서 가족사 혹은 개인사가 창출된다. 나아가 이를 다른 사람들의 가족 앨범에 중첩시키면 중층화된 사회사/문화사를 교차시킨 민속학을 창출해낼 수가 있게 된다. 자신의 지금까지의 경로를 더듬어 현재의 자신을 아는 것, 이는 민속학의 뛰어난 근저적이고 혁신적 테마가 될 것임에 틀림없다.

한국의 지인 대부분이 지갑 속에 가족사진을 넣고 다니는 것을 보고 놀란 적이 있다. 또한 집안에 크게 확대한 결혼사진을 걸어두고 있는 것도 보았다. 이는 일본에서는 거의 볼 수 없는 풍경이다. 가족사진의 촬영/휴대, 결혼사진의 확대촬영/게시는 한국근대사회에서 배양된 민속이라고 할 수 있다. 한국드라마에서는 가족사진을 찍는 신이 자주 등장하고, 집 안에 결혼사진을 걸어두고 있는 장면도 자주 나온다. 한국과 일본의 가족이나 가정에 대한 관념, 사고가 다르다고 할 수 있으나, 어떤 식으로 다른지는 정확히 알 수 없다. 한국과 일본 나아가 동아시아 가족사진의 비교연구를 공동으로 행한다면 큰 성과를 낼 수 있지 않을까? 본서의 독자인 여러분에게 사진민속학의 실천을 추천하고 싶다.

본서는 원저의 출판사인 쇼와도昭和堂의 큰 배려에 의해 어떤 장애도 받지 않고 출판할 수 있게 되었다. 다시 한번 쇼와도와 편집부에게 감사한다. 그리고 번역을 맡아 수고해준 최은주 선생에게, 고마움의 마음을 전한다.

2014년 8월 태풍이 지나간 나라奈良에서

가와무라 구니미쓰川村邦光

지금 우리를 둘러싼 '문화'란 무엇이며 이 '문화'의 양태와 '민속문화'는 어떤 차이를 가지는 것일까? '민속'이라고 하면 어쩐지 아주 오래되고 고풍스러운, 현재의 삶과는 직접적인 연관성을 가지지 않는 먼 과거의 것처럼 생각되고 따라서 '민속문화'에 대한 우리의 인식도 그와 유사한 것이 되고 있으리라 생각한다. '민속'과 그 문화에 대한 인식의 전환을 유도하는 본서의 서문에서 저자인 가와무라는 현재 자신을 둘러싸고 있는 주변에 눈을 돌릴 것을 제안한다. 우리가 몸에 걸치거나 사용하는 물질적인 것들이 조금씩 변화하는 가운데 우리의 감각, 의식, 그리고 기호 또한 알게 모르게 변용되어 왔고 그 변화의 프로세스와 과정이 지금 현재의 우리를 구성하는 것으로, 이렇게 역사 속에서 외부적 환경에 조응하여 만들어지고 변용되어 온 우리들의 삶의 스타일=생존의 기법이야말로 '민속'이며, 그것이 역사적으로 형성되어 축적되어 온 것이 바로 '민속문화'라는 것이다. 따라서 민속문화의 매체로서는 알게 모르게 변용되어온 우리들의 신체/마음이 제시된다. 즉, 우리들의 신체는 '민속의 지知'의 회로로서 미디어적인 역할을 행하고 있는 것으로 여기에서 주변을 향한 '호기심 어린 시선'은 바로 우리 자신에게 향해져야 하는 것이 된다.

이런 '호기심 가득한 시선'은 전근대와 근대를 가르는 극적인 전환점이자 우리들의 신체를 둘러싼 민속적 기원에 흥미로운 대답을 안겨주는 '환시幻視의' 시공간으로 향해진다. 이른바 '근대화'라는 이름으로 자행된 민속문화에 대한 국가권력의 개입이 어느 때보다도 가시화된 시기이다. 메이지 정부의 성립이라는 역사적 사안을 계기로 국가의 권력은 개개인의 삶의 스타일에 적극적이고 폭력적으로 개입한다. 이런 기존의 생활 기법=질서에 균열을 가하는 외부적 관여에 의해 '민속 문화'는 어떠한 변용과 변화를 감내하게 되었을까? 주목하는 것은 그 결과가 아닌 프로세스로, 일본 근대화 시기에 이루어지는 민속문화와 국가권력의 대치양상이 민중의 시선에서 흥미 깊게 그려지고 있다.

자명시되어 왔던 우리의 주변, 그리고 우리들의 심신에 의문부호를 덧붙일 때 비로소 감지되는 '민속의 지'의 계보 탐구는, 우리들이라는 현재성을 가지는 주체가 과거에도 존재했다는 당연한 사실을 되짚음으로써 비롯된다. 여기에서 '민중'이라는 이름에 주체성을 부여하는 작업, 과거의 사람들에게 현재의 우리들과 같은 생명력을 부여하는 작업은 민중을 연령계층으로 세분화하여 각자의 계층에 일어나는 문화적 변용을 짚어내는 방식을 취하고 있다. 근대와 더불어 '가정의 천사'로 새로운 지위를 부여 받게 된 어린이는 마비키間引き와 고다카라 신앙子宝信仰 사이에서 그들만의 놀이방식과 연령위계제로 질서화된 세계를 구축했으며, 근대권력과의 조우에서 가장 극한 충돌을 보여준 청년층

의 와카모노구미若者組에는 군대와 국가사회적 질서에 편입되기 이전에 그들이 자생적으로 생성해온 내부질서와 성을 둘러싼 담론, 그리고 지역사회의 중심 노동력으로서의 권력이 존재했다. 이런 의미에서 메이지 국가가 와카모노구미를 야만/음란으로 규정하고 경찰 권력을 동원하여 그 해체에 힘을 쏟은 데에는 그만한 이유가 있었다고 할 수 있다. 더불어 와카노모若者와 대칭되는 연령계층인 오토메乙女들은 '여학교'라는 근대적 공간을 중심으로 '오토메 문화才卜乂文化'를 창출해낸다. 이들 각각이 개개의 영역에서 생활의 양태/내부질서를 삶의 필요와 환경의 변화에 의해 자생적으로 만들어낸 주체이며 이 민중 주체의 민속문화가 메이지의 국가권력과 조우하면서 어떠한 일들이 일어나고 있는지가, 본서 I부, 근대 일본과 민속문화, II부, 와카모노와 오토메의 근대, 의 주된 내용이다. 어린이/와카모노/오토메라는 연령 계층적 주체가 '근대'와 조우하는 방식을 보여주는 I, II부의 내용은, 그러나 메이지 근대국가가 민중 문화를 야만/비문명으로 매도하고 이를 억압함으로써 근대적 국민국가를 형성했다는 식의 담론을 되풀이하고자 하기 위함이 아니다. 가와무라가 주목하는 것은 근대성이라는 갑옷을 두른 국가권력의 폭력성이나 국가 대 민중의 이원적 대치에서 반드시라고 해도 좋을 만큼 참혹한 참패를 거듭하는 민중의 연약함이 아니라, 오히려 낯선 근대와 조우한 가운데 나타나는 민중의 힘, '저항적 지知'의 발현인 것이다.

총 5부로 구성되는 본서의 전반부가 각각의 연령계층이 근대와 만나는 지점에 주목한 것이라면 III부, 생활 속의 전쟁, IV부, 신앙과 종교의

틈새, 에서는 메이지 근대국가가 천황제 권력체제를 확립하여 '전쟁하는 국가'를 만들어 내기 위해 민중의 생활과 민속적 심성에 가한 폭력의 양태와 그 안에서 저항/타협해가는 민중의 모습이 그려지고 있다. 국가재정을 보충하기 위한 의도적 행위로서의 주조금지나 전쟁 동원을 위한 내셔널리즘적 이데올로기 형성과정에 있어 민중의 각 계층은 어떤 심성과 습속으로 대항 혹은 타협해 갔을까, 천황제/ 국가신도의 체계를 형성하는 과정에서 미코巫女가 행하는 민속적 행위나 요나오시世直し를 제창하는 나카야마 미키中山みき와 같은 민중종교의 교조는 어떤 식의 매도와 비난 그리고 탄압으로 점차 소멸되어 갔으며 그럼에도 불구하고 그 신앙형태 안에서 읽을 수 있는 민속적 심성은 어떤 것이었을까? 국가가 와카모노를 전쟁으로 동원함에 있어 필요한 것은 군대라는 규율화된 제도/체계뿐만이 아니었다. 전쟁이란 하나뿐인 목숨을 걸어야 하는 사안으로 와카모노뿐만 아니라 그 가족, 그리고 사회 전체를 납득시킬 이데올로기의 선동이 필요했고, 내셔널리즘이라고 부르는 이 이데올로기는 병사의 죽음을 고귀한 것으로 추앙하는 장으로서 야스쿠니靖国를 확보함과 동시에 국가를 위해 목숨을 내놓는 것이 당연하다고 그 어머니들을 설득해야 했다. 그러나 목숨을 내건 병사들과 전쟁으로 자식을 잃은 어머니들이 진정으로 기댄 것은 '야스쿠니의 신' 이나 '군국의 어머니' 표상이 아닌 '신의 출정'이며 또한 미코의 구치요세口寄世로 여기에서 우리는 국가권력에 승복한 듯 보이지만 그 깊은 곳에 남아있는 '민속'의 강한 힘을 읽어낼 수 있다.

Ⅰ부, Ⅱ부의 각 장이 근대라는 생소한 권력과 조우한 민중이 주체성

을 발휘히여 저항하고 균열 속에서 새로운 문화/문화공동체를 생성해내고 있는 모습을 그려내고 있다면, Ⅲ부, Ⅳ부에서 다루어지는 미코, 민중종교, 공수/인형공양의 풍습 등은 메이지의 국가권력이 제시하는 천황제 이데올로기/제국주의라는 국가의 이미지/틀을 보다 가시화하며 민중을 '국민'의 이름으로 전쟁의 비일상성으로 무리하게 끌어들이려 했던 구조/양태를 드러낸다. 지금 우리가 행하는 어떤 종류의 행동양식은 이러한 탄압/규제/폭력을 거쳐 역사적으로 생성−소멸−재생된 것으로, 폭력적 규제의 과정 이후에 재생 혹은 잔존한 뿌리깊은 생존의 기법은 특수한 상황 안에서 돌연 튀어나오기도 한다. Ⅴ부에서는 자식을 잃은 극한의 슬픔과 동요 안에서 돌연 돌출되는 어머니의 '주발을 때리는 행위'로부터 '민속의 지'를 정의하고 민속문화의 연구방법을 제시하고 있다.

본서의 표제이기도 한 '민속의 지'는 마음과 이분화 불가능한 감각/지각의 주체인 우리들의 신체와 그 운영이 실천을 낳는 메커니즘으로부터 도출되는 것이다. 즉 우리들의 신체 그 자체에는 역사/문화적 규제와 각인이 깊이 새겨져 있고, 그러한 심신의 실천을 구성하고 규제하는 정치/문화적 기반이 되는 것이 바로 '민속의 지'이기도 한 것이다. 또한 심신에 내재된 '민속의 지'는 우리들의 신체를 매개로 실천으로 표상되기 때문에 심신을 기축으로 하는 '민속의 지'의 회로로서 신체와 언어, 그리고 마음이라는 세 가지 레벨을 상정할 수 있다. '언어'를 매개로 '신체'와 '마음'에 축적되어온 '민속의 지'의 계보를 추적하는 본서는, 근대일본을 민속적 시좌에서 재응시/재규정한 것이다. 근대와 민중을 대치되는 항으로 설정하고 있다는 점에서 근대일본에 대한 비판으로도 읽힐 수 있는 본서는, 그러나 그보다 근대와 민중을 대치항으로 놓음으로써 부각되는 '민속의 지' 탐구로서 중요하다. 이런 점에서 본서는 근대일본의 재발견/재규정에서 나아가 우리 안의 '민속의 지' 찾기의 회로로서 대단히 흥미 깊은 저작이라고 생각한다.

저자이시며 스승이신 가와무라 구니미쓰川村邦光 선생님께 존경과 감사의 마음을 전하며, 이 책이 한국에 소개될 수 있도록 배려해 주신 쇼와도昭和堂 출판사 편집부와 제이앤씨 출판사 관계자 여러분께 심심한 감사의 뜻을 전하고 싶다.

최은주

▌목 차▐

제Ⅰ부

근대 일본과 민속문화

민속의 知의 계보

제1장

근대와 민속문화

1. '뇌화腦化'사회의 출현

능력(예전에는 '뇌력腦力'으로 표기되었다)을 중시하는 사회, 두뇌로 인해 지배되는 사회, 이른바 '뇌화' 사회의 결정적인 단계를 지금 맞이하고 있다. 말할 것도 없이, 인간의 죽음을 뇌사라고 하는 것이 그것이다. 단순하게 말하자면 뇌가 기능하고 있는지 아닌지에 따라 인간의 존재가 결정되는 것이다. 그 무엇보다도 뇌를 인간의 중추로 보는 사고는 '근대' 사상이 퍼져 나간 결과라고 할 수 있다.

뇌사의 판정기준에는 여러 항목이 있으나 '뇌사란 뇌간을 포함한 전 뇌수의 불가역적 기능상실의 상태이다'고 하는 일본 뇌파학회의 정의를 들어두면 충분할 것이다. 뇌의 움직임만으로 인간의 생사, 특히 존재의의를 결정해버리고자 하는 사고방식은 언뜻 매우 참신하고 효과

그림 1 의관속대(衣冠束帶)한 메이지 천황   그림 2 단발을 한 메이지 천황

적인 것처럼 보인다. 그러나 이는 능력편중의 근대사회적 사고의 연장
선상에 있음을 쉽게 추정할 수 있을 것이다.

두뇌를 인간의 중추로 보게 된 것은 언제부터일까? 흥미 있게도 단
발의 시기에 두뇌 혹은 두부가 클로즈업되고 있다. 1871년(메이지 4
년), 산발/단발은 개인의 자유에 맡겨지고 있었다. 하지만 몇몇의 현에
서는 단발을 장려하는 훈시告諭가 내려지고 있다. 아오모리 현青森県에서
는 다음과 같이, 「남자단발의 의男子斷髪の儀」를 훈계한다.

사람의 두뇌는 정신이 머무는 곳으로 모발이 나와 이를 보호하는 것
은 친히 조물자가 그리 한 것이다. 그런데 중고 이래 전국시대의 여풍으
로 반발半髪하는 자가 많은데, 이는 단지 번거롭고 성가스러울 뿐만 아니
라 모자가 없으면 추위와 더위에 바로 노출되고, 예측 못할 병을 생기게
도 하거늘 태연히 그 괴이함을 알지 못한다. 하물며 만국이 교통하는 시
대에 있어 해외각국이 이를 볼 때 황국이 야만스럽다 하는 비난을 피하
지 못할 것이다. 이 어찌 개탄하지 않으리오. 관하 사민 남자들은 이 취

지를 이해하고, 서둘러 반발/제두剃頭의 구습을 없애, 두발을 길러 그 몸을 보전하고 지치융성治隆盛의 미풍을 널리 보여야 할 것이다.[1]

사이타마 현埼玉県에서도 "인간의 두부는 정신이 있는 곳으로 몸의 수도이니 천연의 모발을 길러 소중하게 여겨야 함은 다시 말할 것도 없고……"라며 비슷한 훈시가 내려지고 있다. 반발+사카야키月代[1]를 비건강/비위생, 야만/누습으로 간주하고 서양의 눈을 의식하면서 부끄러워해야 하는 봉건적 풍속 잔재의 불식에 힘쓰고 있다. 이 시기 이전, 당시의 니시키에錦絵[2]를 보면 단발을 하고 있는 것은 관인이나 군인, 서생 정도로 민중은 거의 촌마게丁髷[3] 스타일이었음을 알 수 있다.

스물 한 살의 청년, 메이지 천황은 이런 훈시가 나온 그 해에 약간 늦게 단발을 하고 있다. 개화의 모델이자 신문명을 솔선하여 취하고 체현하는 개명군주로서 천황은 단발을 해야 했다. 천황이 단발한 모습은 사진으로 찍혔으나 일반인들에게까지는 돌아가지 않았다. 대신 니시키에 속의 단발을 한 천황이 개화 패션으로 최신 헤어스타일을 유행시켰다. 적어도 남자들 사이에서는 메이지 정부의 계몽주의에 의해 신분제의 표징이었던 머리 모양이 거의 균일화되어 문명개화의 스타일을 향수하고 '사민평등四民平等'의 국민의식을 적지 않게 고양시켰을 뿐 아니라 야만과 문명을 구분하는 심볼로써 정신이 머무는 장소인 두뇌/두부

1 에도 시대 남자가 이마로부터 머리 가운데까지 머리털을 깍은 모양.
2 에도 시대의 민중적 풍속화의 양식인 우키요에(浮世絵)에 화려하고 다양한 색을 입혀 인쇄한 목판화로, 1765년 스즈키 하루노부(鈴木春信)에 의해 창시된 이래 우키요에 판화의 대표적인 명칭이 되었다. 이후, 하루노부를 비롯하여 도리이 기요나가(鳥居清長), 기타가와 우타마로(喜田川歌麿) 등의 작가와 조각가 들의 협력 아래 그 주제와 기법의 폭을 넓히며 널리 전해졌다.
3 에도 시대 남자가 하던 틀어 올린 상투 모양.

그림 3 니시키에 속의 메이지 천황

에 새로운 시선이 쏟아지게 된 것이다.

2. 문명개화의 니시키에錦絵

　메이지 초년, 문명개화의 광경을 그린 니시키에가 다수 등장한다. 그 중에 외래품과 일본 국내품의 투쟁 또는 대비를 그린 희화가 있다. 「개화인순흥발경」(쇼사이잇케이昇斎一景), 「인순개화유행격검회因循開化流行撃剣会」(요시후지よし藤) 등은 표제에서 이미 알 수 있듯이 개화와 인순4을 대조시키며 개화=서양의 압도적인 우위를 표현하고 있다.ii

　「개화인순흥발경」에는 개화의 대표로서 우측에 소고기를 나타내는 소머리의 사람이 서 있고, 좌측에는 검은 연기를 내뿜는 증기기관차가 달리는 모습이 그려진다. 인력거와 일본식 가마, 소고기 전골과 오뎅,

---

4　낡은 관습을 지키고 고치려고 하지 않는 것.

샤포[5]와 에보시烏帽子[6], 양산과 우산, 서양글자와 한자, 벽돌과 기와, 의자와 걸상, 램프와 휴대용 석유등 カンテフ, 비누와 겨주머니糠袋, 개화식 단발머리ザンギリ頭와

그림 4 개화와 인순의 싸움(『開化因循興発鏡』)

촌마게丁髷 등이 각각 싸워서 전자의 개화가 후자의 인습을 이기고 있다. 서양요리가 미는 서양 술과 가이세키요리会席料理가 미는 일본 술의 대결은 막상막하이다. 일본이 서양을 이기는 것은 일본 기름 대 남경 기름, 일본 쌀 대 남경 쌀뿐이다. 양복을 입은 개화는 일본식 복장을 한 인습을 압도한다. 이것이 문명개화, 서양과의 만남이었다.

「인습개화유행격검회」에서는 성냥과 불쏘시개, 모자와 투구, 서양시계와 일본시계, 스토브와 코타쓰炬燵, 신발과 게타下駄, 서양학(영국학)와 조루리淨瑠璃[7], 석탄기름과 일본기름, 설탕과 와삼퐁わさんぼん[8], 양검과 일본도, 소와 투계용 닭, 라무네ラムネ[9]와 시라타마白玉[10] 등의 대결

---

5 프랑스어, 모자.

6 옛 무사가 쓰던 건의 일종.

7 반주에 맞추어 읊는 전통 예능, 헤이안시대(794-1154) 중국에서 건너온 맹인법사가 비파를 연주하며 구연한 이야기에서 유래한다. 이후 15세기 중반부터 16세기에 걸쳐 샤미센의 반주에 맞춰 곡조를 넣게 되는 과정에서 작품의 제목이었던 조루리히메모노가타리(淨瑠璃姫物語)가 조루리로 불리게 되었다. 이후 이러한 방식의 구연 장르를 모두 조루리로 칭하게 되었고, 16세기 말에 이르면 조루리, 샤미센, 인형에 의한 새로운 연극이 탄생하여 가부키와 함께 대중적인 호응을 얻게 된다.

8 일본제 고급 백설탕.

9 청량 탄산수에 시럽 향료를 가미한 음료로 병에 담아 유리구슬로 마개를 한다.

그림 5 서양과 일본의 싸움(『因循開化流行撃劍会』)

그림 6 외래품과 일본품의 비교(『船来和物戱道具調法くらべ』)

이 의인화되어 그려지고 모두 전자의 개화가 승리하고 있다. 이 중에서 모자를 눌러쓰고 총탄을 쏘는 군인이 화살을 가지고 갑옷을 입은 무사를 쓰러뜨리는 모습은 서양과 일본의 군사력의 우열을 단적으로 보여준다.

---

10 찹쌀가루를 물에 반죽하여 동그랗게 빚은 경단, 차게 만들어 설탕을 쳐서 먹거나 얼음을 갈아 넣어 먹는다.

문명개화의 니시키에나 그 광경을 통해 서양문명의 압도적인 우위가 관인과 지식인뿐만 아니라 민중의 마음 속 깊은 곳까지 스며들게 되었을 것임을 어렵지 않게 상상할 수 있다. 굳이 실물을 눈으로 보지 않더라도 말이다. 이미지화된 문명, 또한 서양에 의해 뇌수가 지배 받았던 시대였다. 민중의 생활세계, 경험의 세계 안에 서양=과학 세계를 통속화시키는 미디어로서 니시키에는 커다란 역할을 행하고 있었다고 할 수 있다.

3. 문명/개화와 야만/미개

1873년 3월의 "사람의 두뇌는 정신이 머무는 곳" 등의 훈시가 민중의 귀에 들어가, 민중이 이와 같은 사고를 곧바로 몸에 익히게 되었다고는 할 수 없을지도 모른다. 하지만 단발형 헤어 스타일이 유행하여 사람들의 생활스타일을 개변시켰다면, 그때까지 길러져 온 심성이나 신체감각에도 어떤 영향이 미칠 수밖에 없다. 가시화된 신분의 표징이었던 머리는 두발이 균일화되면서 불가시한 뇌력의 표징으로 변화하게 된다. 아까의 훈시가 내려진 다음 해에 생각보다 빨리 머리에 대한 인식이 변화의 징후를 나타내고 있었다.

문명과 야만, 개화와 인순을 대치시키며 문명개화를 말하는 '개화물' 중에 단발령의 다음 해인 1874년(메이지 7) 출판된 가토 유이치加藤裕一의 『문명개화文明開化』가 있다. 여기에서 "머리는 전체 십 분의 일에도 미치지 못하지만 눈, 코, 귀, 입 등 중요한 부분이 모두 모여 있어 가장 중요하게 생각하지 않으면 안 된다. 사람의 혼이 두뇌에 있다는 설

그림 7 문명개화의 심볼−전기등과 벽돌식 서양건물(東京銀座通電気灯建設の図)

은 재미있는 설로, 고래古來에는 가슴에 있다고 하여 그리 생각되고 있었으나 두뇌에 있다는 설을 들으니 정말로 그런 것 같다. 그 정도로 두뇌만큼 중요한 곳은 없다. 작지만 존엄한 것은 존엄한 것으로 이는 일본이 이 지구 안의 머리인 것과 같다"iii라고 한다.

여기에서는 새로운 신체/정신관의 출현과 수용이 자연스레 언급되고 더불어 내셔널리즘도 설파되고 있다. '혼'이란 마음이나 정신으로 바꾸어 넣어도 되는 것이리라. 혼도 마음도 가슴에는 없고 마음도 정신도 두뇌 안에 있는 것이다. 가슴 떨림胸騒ぎ11 이나 '마음속 꿍꿍이胸算用'도 '가슴 속이 뒤집히는胸糞が悪い' 것도 '마음 속내를 털어놓는胸の内を明かす'일도 없어지고 '가슴이 아프다'는 것도 이제는 심신의 감각으로 수용되지 않게 되었다. 단순한 비유의 차원으로밖에 통용되지 않게 되어버린 것이다. 가슴의 떨림도 정신의 움직임도 뇌/신경의 작용에 지나지 않게 되었다. 신체에 있어 두뇌가 특권적인 지위를 차지함으로써 몸도

11 근심이나 불길한 느낌으로 가슴이 두근거림.

마음도 분화되어 정
신과 육체, 혹은 영
과 육이라는 근대적
인간관의 구도가 사
회적/종교적으로
성립되어 수용된 것
이다.

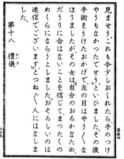

그림 8 트라코마(전염성 만성 결막염, Trachoma)와 미신의 어
리석음(『尋常小学修身書』券四)

4. 기쓰네쓰키狐憑き와 뇌병

마음의 움직임은 말할 것도 없고 감각의 움직임까지 뇌/정신의 작용
으로 과학적으로 설명되어 두뇌와 관련되는 것으로 인식되었다. 이전
의 감각/지각, 그리고 인식의 방식을 비판하는데 있어 그 적정한 타겟
이 된 것은 기쓰네쓰키狐憑き[12]였다.

전술한 단발의 훈시가 나온 다음 해인 1874년(메이지 7), 사카타니
시로시阪谷素는 『메이로쿠샤잡지明六社雜誌[iv]』에 「여우설의 의심狐説の疑」을
발표하여, '우민'의 기쓰네쓰키 메커니즘을 폭로한다. 사카타니는 여
우에 홀리거나 여우에게 속아넘어가는 것은, "근래에 서양의 설이 흘
러 들어와, 이 모두가 일종의 정신착란적 질병임이 밝혀졌다"고 한다.
나아가, "일본과 중국에서 호리狐狸[13]설이 옛적 몽매蒙昧한 때에 생겨나
귀가 되기도 하고 신이 되기도 하며 어릴 적부터 캥캥이 왔다고 하여

12 여우에 홀렸거나 여우가 씌웠다고 하는 미신병.
13 늙은 여우와 살쾡이를 아우르는 말.

그림 9 신경/뇌의 병이 된 기쓰네쓰키
(增山安正『旧習一新』)

그 뇌리에 깊이 각인/고착되어 없어지지를 않는다. 일단 정신이 착란하면 그러한 고정관념들이 다투어 일어나고, 나아가 이를 보는 사람조차 그처럼 대응하니 사방에서 어수선하게 덤비는 꼴이다"라고 기쓰네쓰키의 현상을 분석한다.

기쓰네쓰키는 어린 시절부터 뇌리에 깊이 각인된 여우 '미신' 혹은 '구습의 표식'에 의한 공동의 망상으로부터 발병하는 것으로, '신경착란', '정신착란'의 질병에 지나지 않으며 '천연의 길',

'자연의 이치'에 따라 행동하고 정신과 신체를 건강하게 하면 여우 따위에게 홀리는 일은 없을 것이라고 설파하고 있다. 뇌리에 각인된 몽매한 미신이나 '구습의 표식'을 없애고 일단 뇌리를 '백지' 상태로 돌려 뇌리에 새로운 것을 각인시키는 것이야말로 계몽인 것이다.

이러한 사카타니의 논설에 자극을 받은 쓰다 마사미치津田真道는『메이로쿠샤잡지明六社雑誌vi』의「괴설怪説」에서, "육합六合14에 괴이怪異는 없다. 그 괴기스러운 것이 있다면 내가 그 현상을 보고 그 이치를 알게 되기를 기다릴 뿐…… 물리학자는 심성을 뇌의 작용이라 한다. 뇌학, 전진명료, 의심할만한 것이 없어짐에 이르기 위해서는 영혼도 또한 물리로 풀어야 할 것이다. 만약 그렇게 하지 않으면 우주 내에 괴기스러운 것 뿐이리라"라고 기술하고 있다.

14 천지와 사방을 통틀어 이르는 말, 하늘과 땅, 동서남북.

건전하고 합리적인 정신이라고 불러야 할까. 우주에 괴이한 것 따위는 없고, 그저 '물리' 즉 사물의 도리가 있을 뿐이다. 마음 혹은 정신은 '뇌의 작용'이외의 어떤 것도 아니다. '뇌학' 혹은 '물리의 학문'이 더 발전 한다면 영혼도 '물리'에 의해 설명되고 '지력'의 진전에 의해 더한 문명의 발전을 기대할 수 있다, 고 하는 것이 쓰다의 주장이다. 지력이야말로 우주의 모든 현상을 해명한다. 두뇌에 지력을 축적함으로써 비로소 계몽을 달성한다, 혹은 무명의 암흑이 밝혀지는 것이다.

쓰다가 '괴설'로 탁상에 올린 것은 기쓰네쓰키나 너구리 요괴, 덴구天狗[15], 유령 등이다. 쓰다는 사카타니의 설을 계승하여 "사람이 기괴를 믿는 것은 이것이 어린 시절부터 마음 속에 새겨졌기 때문"이고 "우연히 심산유곡에 들어가 덴구 요괴를 만나거나, 혹은 야간에 무덤가에서 귀신 불이나 유령을 목격하는 자는 마음이 놀라 혼이 흐트러지고 심성이 일시에 착란에 빠져 바로 일시적 풍전병에 걸린다. 이 세상에는 절대 덴구나 유령은 없다"고 한다. 또한 여우에 홀리거나 너구리 요괴를 보거나 하는 것은 '세상의 대중우배'의 '맹신자'들로, 이는 단순한 '정신착란'에 지나지 않는다. 나아가 쓰다는 '풍전병자'에 대해서 자세히 논하고 있다.

　　야유병, 풍전병은 모두 뇌의 병으로, 뇌와 정신의 교감 상도를 잃은 것이다. 그들의 머리 속은 이매망량魑魅魍魎[16]과 천괴만괴千怪万怪가 번갈아

15　깊은 산속에 서식한다고 하는 상상 속의 괴물, 인간의 형상을 하고 있으나 얼굴이 붉고 코가 높으며 날개가 있어 자유자재로 날아다니며 신통력을 가진다고 한다. 코주부 도깨비.
16　산천, 목석의 정령에서 생겨난다는 온갖 도깨비.

가며 괴이함을 나타낸다…… 뇌의 병을 앓는 사람은 오히려 남들에게는 보이지 않는 것을 보고 듣지 못하는 것을 듣는다. 더더욱 그 마음에서 상상하는 것을 보고 듣는다. 이는 꿈속에서 보고 듣는 것과 같다. 이를 자세히 풀어보면 심혼의 상상하는 것이 육안의 망막에 비추어 물상을 그려내고 다시 심혼에 반사되어 제반의 여러 상을 보는 것이다. 이것이 풍전병자의 귀괴요령鬼怪妖靈을 보는 이치이다. 그 때문에 뇌와 신경의 감응이 착란하는 것이다.

야유병은 몽유병을 이르는 것이겠지만 과연 '풍전병[17]자'와 병렬 가능한 것일까. 마음에서 상상하는 것을 망막으로 옮겨 형태화하고 그것이 다시 마음으로 튀어 올라 여러 현상을 보게 한다는 것이 '귀괴요령'이라고 과학적으로 설명하고 있다. 심상이 망막이라는 스크린으로 옮겨져 그것이 나아가 마음으로 반사되어 형상이 떠오른다고 하는 매우 복잡하고 어려운 논리이다. 환등 언저리에서 발상된 이론인 듯하다.

어쨌거나 쓰다에 의하면 '야유병/풍전병'도 기쓰네쓰키도 덴구/귀신불/유령을 보는 것도 '뇌와 정신의 감응착란', 즉 '뇌의 병'이다. 단발을 통해 두뇌가 인간 신체의 중추로 위치되자마자 바로 뇌의 병으로서 뇌병이 출현했다. 두뇌/뇌력 중심 사회가 출현함과 동시에 '뇌와 정신의 감응착란'으로서 뇌병이 나타난 것이다.

쓰다가 뇌병이라는 단어를 사용한 다음 해, 마스야마 모리마사增山守正의 『구습일신旧習一新』이 나와 여기에서도 기쓰네쓰키가 '구습'의 일종으로 '일신' 되어야 할 비판의 대상이 되고 있다. "기쓰네쓰키라 하여

---

17 한의학에서 풍사에 의하여 생기는 간질병을 이른다.

발광에 가까우나 발광이
아니고 전염병의 발열과
비슷하나 이것이 아니다.
진실로 여우에게 정혼을
빼앗긴 것처럼 괴이한 현
상을 보이는 병이나 일종
의 기이한 증상의 신경
병으로 여우에게 현혹된
탓으로 광언망설狂言妄說한

그림 10 잘난척 뻐기는 경관(荻原乙彦 『東京開化繁盛誌』)

다 하나 그렇지 않다. 신경이 기이하게 예민/변성하며 의외로 영묘를
지각하게 되어 과거/미래의 일을 손바닥 들여다보듯 말하기 때문
에 사람들이 놀라 여우에 현혹되었다고 오해하는 것이다"[vii]고 기
술한다.

　마스야마는 '깊은 구습과 오래된 인습을 가지는', '벽촌의 배움 없는
추종꾼'들의 기쓰네쓰키를 계몽하려고 하고 있다. 여기에는 오시에押し
絵[18]가 실려 있다. 여우가 덫에 걸린 그림(구보타 미쓰노리久保田米仙)이
다. '미미한 산간 짐승'에 지나지 않은 들여우에게 어째서 '만물의 영
(장)'이며 '동물의 수장'인 인간을 '현혹하는 신통'이 있는 것일까. 들여
우에게 신통한 능력이 있다면 왜 덫에 걸려있을까, 라고 여우에게 영력
따윈 없음을 계몽하는 것이다.

　마스야마의 경우, 기쓰네쓰키와 발광을 구별하고 있다. 그리고 기쓰
네쓰키란 여우에게 홀려서 '광언망설'하는 것이 아니라 신경이 이상스

18 두꺼운 종이에 모양을 천으로 싸고 안에 솜을 넣어 입체적으로 만든 그림.

그림 11 옷을 벗은 여자를 끌고 가
며 원망의 표적이 되는 경관

레 예민해져 생각지 못한 이상한 감각을 움직여 과거나 장래의 일을 말하여 알리는 것에 지나지 않는다고 한다. 이처럼 기쓰네쓰키는 신경의 이상 과민화, 즉 신경병/뇌의 병이 된다. 이 신경은 어떠한 신체감각에 의해 파악되고 있는 것일까. 두 뇌처럼 물체로서 실체화되고 있었던 것일까. 해부도를 보고 있었다 하더라도 두 뇌처럼 특정 실체화된 기관으로 신체화된 것이 아니라 신체의 감각이나 감정/기분을 전달하는 잘 고완된 장치로서 파악되고 있었던 것은 아닐까. 하지만 신경은 뇌와 직결된 것으로 인식되고 마음이나 정신과 같은 것 혹은 그와 대처할 수 있는 곳으로 받아들여져 뇌의 병과 함께 신경의 병도 문명개화와 더불어 출현하고 있다.

1888년(메이지 21), 만담가落語家인 산유테이 엔쵸三遊亭円朝는『신케이카사네가후치真景累ヶ淵』에서 "괴담은 개화 선생들이 싫어하는 것입니다…… 여우에게 홀리는 것은 있을 수가 없는 일이므로 신경의 병, 또 덴구에게 붙잡혀가는 일도 없으므로 이 역시 신경병이라 하시고 여러 무서운 것은 모두 신경병이라고 밀어 부쳐 버립니다……"고 하고 있다. 여우에게 홀리거나 덴구가 채가거나 유령을 보거나 하는 것은 그저 '미신'이며 또 신경병=정신병으로 인식되게 되었다. 문명개화 시대에는 이렇듯 만담가도 고생을 하게 되었던 것이다.

그림 12 메이지의 소학교(『小学校教導の図』)

5. 능력脳力을 양성하자

　기쓰네쓰키를 뇌병/정신병으로 보고 '미신'을 배척하기 위해서는 '우민'에 대한 계몽이 이루어져야 한다. 이러한 계몽이 어린 시절부터 이루어지는 것이 가장 좋다고 생각했음은 말할 필요도 없다. 두뇌가 능력/지력 혹은 정신의 중추로서 특권화되는 신체관에서 두뇌의 발달이 교육의 중요한 테마로 설정된 것은 당연한 흐름이었다. 그 최대의 타겟이 된 것은 어린이의 신체였다. 학교는 능력/정신력/체력을 육성하는 지육/덕육/체육의 기관이 되고 훈련/교육을 위한 폐쇄적 공간으로 어린이의 신체를 에워싸게 되었다. 또한 학교와 사회를 연결함과 동시에 그 기초가 되는 것은 가정으로, 가정이 훈련/교육의 공간으로 새로이 구축 된다.

　19세기 말, '가정교육'이라는 컨셉이 등장하고 있다. 교육자인 무카이 이쿠向井いく는 "자녀의 성질을 바르게 하고 또한 장래 세상에 바로 서서 해야 할 일의 기초 등을 어릴 때부터 지도하는 힘은 가정을 빼고

그림 13 소녀의 교육(「女子学校
勉励寿語録」)

는 절대 다른 곳에서 얻을 수 없다"^{viii}며 가정교육의 위치규정을 제창하고 있다. 학교교육 이전에 양친, 특히 어머니에 의한 가정교육의 중요성이 설파되고 있는 것이다. 어린이가 '가장 사물을 느끼기 쉬운 시기'야말로 자애 넘치는 어머니의 힘에 의해 어린이를 이끄는 것이 중요하다고 한다. 그것은 가정 내 훈육이라는 심신 도야의 차원을 넘어 서고 있다. 무카이 이쿠의 가정교육론을 인용해보겠다.

어머니되는 자는 그 자식을 교육하는데 있어 책임이 있음을 말해야 한다. 먼저 첫 번째로 소아를 교육하고자 하는 것은 뇌력^{脳力}, 인 지, 정, 의의 세가지를 견고하고 확실하게 하는 것이다…… 신체의 움직임을 이루는 기초는, 신경의 질이라하여 회백색으로 조직되어 있는 뇌의 작용에 의해 그 행하는 모든 행동이 명백한 도리를 이루게 되는 것이다. 이는, 생리학자뿐 아니라 부모 되는 이도 열심히 강구해야 할 줄 안다. 왜냐하면 모든 행동의 기초를 이루는 뇌의 각 부분이 어떻게 하면 서로 잘 조화하며, 완전한 조화를 이룰 때 신체가 건강해짐은 물론, 공부, 휴식 및 양생을 잘 유지하게 되는지를 알아야 하기 때문이다. 1)공부 … 우매하고 어리석은 자란, 매일 심신을 애써 움직이는 좋은 습관을 양성하지 못하고, 또한 소년 시절에 규칙적인 생활을 하지 못하고 무익하게 시간을 보내어 이런 나쁜 결과를 보게 된 것이다. 먼저 첫 번째로, 소아로서 늘 정해진 일인 지, 덕, 의, 취를 생각하지 않는 날은 하루도 없도록 마음먹어

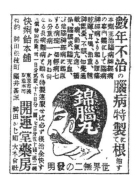

그림 14 뇌병 약 광고

야 한다. 어떤 일에서도 소아 자신이 이해력을 키우고 어떠한 일에도 견
딜 수 있게 습관 들여야 한다.[ix]

공부의 다음에는 '휴식 및 양생의 교대'에 대해 논하고 있다. 뇌에는
적당한 휴식이 필요하고 공부와 휴식의 반복이 '뇌력'을 높이고 신체
를 건전하게 하는데 중요하다고 주장한다. 이야말로 현대의 교육, 특히
유아교육의 원형이라 할 만한 이념을 보는 듯하다. 무엇보다 '뇌력'의
양성이 최대의 목표가 된다. 이 시대, 능력은 '뇌력'으로 표기되고 있었
던 것이다. '규칙적인 일' 즉 공부를 통해 심신을 훈련하는 습관을 확립
하게 하라고 감독자인 모친에게 호소한다. 일상생활 안에서 어린이의
신체/정신을 꾸준한 훈련으로 규율화하고 질서 지우는 무대로서의 가
정의 등장이다.

어린이의 신체/정신은 지역사회에서 떨어져 부모가 감시/관리하는
가정 또는 교사가 감시/관리하는 학교 안으로 격리되었다. 뇌의 힘, 즉
'능력=뇌력' 중심의 인간관 안에서는 학교 위생의 어버이 격인 미시마

미치요시三島道良의 말처럼 "소아를 키우는 것은 바로 자본을 축적하는 것과 같"*고 어린이는 집 혹은 국가를 위해 투하/축적된 자본 그 자체로 인식되어 어린이가 죽기라도 한다면 "생산력을 낳아야 하는 자본의 손실"이 되는 것이었다.

그 기초가 되는 이념 혹은 이데올로기는 경제효율 원리에 의해 관철된 공리주의/'능력腦力' 주의이다. '능력'의 양성을 지상의 사명으로 하여 어린이나 청소년의 신체와 정신의 감시/관리에 의한 통제/규율화가 지향되어갔다. 메이지 초기, '뇌력'을 중시하는 사회, '능력腦力' 사회가 출현하여 현재에 이르고 있는 것이다.

제 2 장

어린이의 민속

1. 어린이를 향한 시선

1997년, 고베神戸의 '사카키바라酒鬼薔薇 사건'[19]은 일본사회에 커다란 충격을 던져 주었다. 어른들은 경악했고 소년법의 개정과 엄벌을 요구

19 1997년 5월 27일 고베시의 도모가오카(友が丘) 중학교 정문 앞에 버려진 검은 비닐봉지에, 그 학교 6학년생인 하세 준 군의 절단된 머리가 들어 있었고, 거기에는 범인이 본인의 이름이라고 자칭하는 사카키바라세이토(酒鬼薔薇聖斗)의 도전장이 동봉되어 있었다. 그는 '자, 게임의 시작이다'라며 사회를 향한 적대의식을 내보였고, 이어 6월 초에 고베 신문사 앞으로 편지를 보내 자신의 범죄 동기가 사회의 의무교육에 대한 분노와 복수라고 밝히고 있다. 이 엽기적인 살인사건의 범인은 놀랍게도 도모가오카 중학교의 열 네살 남학생으로, 평범한 중산층의 소년이었다. 또한 같은 해 3월 도오리마사건(通り魔事件: 길가던 여자 아이 두 명을 습격하여 한 명이 사망하고 한 명이 중상을 입은 사건)또한 이 소년의 범행임이 밝혀졌다. 일본사회는 이러한 희대의 엽기적인 연쇄 살인극의 범인이 사디스트적 성도착자나 사회적 낙오자가 아닌 중산층의 어린 소년으로, 그가 특별한 이유도 없이 살인 그 자체에 쾌락을 느끼며 살인극을 벌였다는 것에 심한 충격을 받았다.

했다. 어린이에 대한 차가운 시선이 쏟아져 나왔다. 이는 사회 스스로가 만들어온 '청정(순진)/무구'한 어린이라는 이미지로부터 배신당했기 때문에 보다 격한 반응을 보인 것이었다.

한편, 어린이는 원래 잔혹한 짓을 서슴지 않는 존재라고 주장하며 어린이 범죄에 관대한 사회를 비난하고 어린이에 대한 관리/감시를 강화해야 한다고 목소리를 높여 주장하는 사람들도 있었다. 청정/무구와 대립하는 잔혹/무도라는 어린이관, 그 어느 쪽이 맞는가를 묻는 것은 그다지 생산적이지 못하다. 적어도 어린이관을 민속으로 키워온 현실의 사회적 장을 역사적으로 고찰하고 어린이의 현재를 냉정한 눈으로 바라보는 것에서부터 시작해야 하는 것은 아닐까.

민속학자 야나기타 구니오柳田国男는 1925(다이쇼4)년에 『부인공론婦人公論』의 「여동생의 힘妹の力」[xi]에서 이와테 현岩手県을 여행하다 들은 충격적인 사건을 기술하고 있다. 여섯 명의 형제자매가 동시에 발광하여 그 지역 사람들을 전율시킨 사건이 그것이다. 조금 긴 인용이나 야나기타의 기술에 주목해보자.

자세한 전말은 더 조사를 해봐야 하나…… 지금 현재 살아있는 그들의 조부도 발광한 적이 있다. 아버지는 광기에 휩싸여 불단 앞에서 목을 매고 죽었다. 장남만이 건강했으나 비운이 겹치자 절망에 빠져 거액의 돈을 주머니에 넣고 도시로 가서 낭비/주색으로 우울감을 달래고자 하다가, 결국 심한 신경쇠약에 걸려 우물에 몸을 던져 자살했다고 한다. 마을의 어떤 절의 현명한 주지스님이 어떻게든 이 번민을 구하고자 여러 방면으로 보살폈으나 효과가 없었다. 이 스님에게 물으면 보다 자세한 사정을 알 수 있을 것이나 여섯 명의 광인은 지금은 모두 완쾌되었다. 발병 당시, 막내 여동생이 열세 살이었고 나머지 다섯 명은 모두 그 오빠들이었다. 이상하게도 여섯 명의 미친 아이들은 마음이 하나였고 게다가 열세 살 여동생이 그 수장이었다. 예를 들면 여동생이 저쪽에서 오는 여행자를 귀신이라고 하면 오빠들의 눈에도 바로 귀신으로 보였다. 때려죽이자고 여동생이 한마디 하면 다섯 명이 달려들어 다같이 공격을 했다. 힘이 쎈 젊은이들이 이러한 무법적인 행동을 하기 때문에 한때 이 강언저리는 인적이 끊겼었다고 하는 이야기이다.

여행자를 귀신이라고 공격해버리는 것은 '사카키바라' 사건을 방불케 하나, 야나기타는 이 사건을 '여동생의 힘', 즉 여성이 태초부터 가지는 영력의 한 사례로 들고 있다. 여동생이건 누나건 여성은 형제들을 자유자재로 조종하는 '예로부터의 숨겨진 힘'을 가지고 있다는 것이다. 이러한 힘을 발휘한 열세 살의 소녀에게 고대 무녀巫女의 면모가 엿보인다고 본 것이다. 또 하나, 야나기타는 이를 단순한 광기라고 하더라도 열세 살의 소녀가 신령이 머물 수 있는 존재로 인식되어왔다는 점도 시사하고 있다.

2. 어린이는 청정/무구한가

어린이=아동에게 신령이 빙의하기 쉽다는 신앙에 근거하여 예로부터 어린이는 신의 제사, 즉 마쓰리에 있어 요리마시ヨリマシ·寄坐·尸童[20] 역

---

20 주술에서 신령을 잠시 들게 하기 위한 아이나 허수아비.

을 맡아 왔다. 현재는 신령을 들게 하여 신탁을 요구하거나 점을 보는 일은 적어졌으나 교토의 '기온마쓰리祇園祭' 처럼 '신동神童'이 된 어린아이가 마쓰리에서 중요한 역할을 맡는 일이 적지 않다.

기온마쓰리에서 나기나타보코長刀鉾[21] 위에 오르는 아이는 목욕재계하고 정진결재精進潔斎한 생활을 한 깨끗한 신체로, 야마보코山鉾[22] 순행에 앞서 시메나와注連縄[23]를 끊는 역할을 행하고 야마보코 순행을 선도하는 성스러운 아동신이 된다. 앞서 언급한 열세 살의 소녀도 그 마을 사람들은 미쳤다고밖에 생각하지 않았을지도 모르지만 신령이 빙의하여 다섯 명의 형제를 선도하는 '수장'으로서 '귀신퇴치鬼退治'라는 성스러운 투쟁에 종사하는 신의 동자였다고 할 수 있는 것이다.

어린이는 요리마시나 신의 치고稚児[24]가 되는 것이 가능하다는 신앙에서, 어린이 그 자체가 청정하고 무구한 성스러운 존재로 인식되어 왔다고 말할 수 있다. 그러나 정말 그러할까.

지금은 마쓰리를 제외하고 어린이를 그렇게 보는 사람은 거의 없을 것이다. 그뿐 아니라 어린이는 사려 깊지 못하고 너무 쉽게 폭력을 휘두르며 악행을 행하는 두렵고 다루기 힘든 귀찮은 존재로 인식되고 있을 것이다.

어린이가 청정/무구한 존재라는 인식은 서양의 부르주아 사상에 의

---

21 기온마쓰리에서 32채의 야마보코 순행에 있어 선두에 서는 가장 큰 야마보코로, 그 높이가 무려 20미터를 넘고 무게는 2톤에 달한다.

22 야마(山)와 호코(鉾)가 결합한 용어로, 여기에서 야마는 산을 모방한 것으로 신이 강림하는 곳, 수레인 다시(山車)의 원형이며, 호코는 창을 의미한다. 기온 마쓰리에 등장하는 호코는 수레 위에 누각을 만들고 그 지붕을 뾰족하게 하여 하늘을 향하여 창을 길게 세운 형태인데, 이 뾰족한 부분으로 신이 강림한다고 한다. 수레에 누각을 만들고 그 지붕에 나무를 세우거나 수레에 여러 가지 장식과 인형을 태우며, 2-3층으로 이루어진다.

23 신역(神域)과 바깥 세계를 구분하기 위해 치는 금줄.

24 신사 축제 때 앞에 서는 아이.

그림 15 미코시(神輿)를 진
메이지 시대의 어린이

그림 16 기온마쓰리의 치고(稚兒)

한 연약한 자연적 존재로서의 '어린이 탄생'의 영향과 다이쇼기大正期,
스즈키 미에기치鈴木三重吉에 의해 창간된 『붉은 새赤い鳥』에 모인 아동문
학가들이 추진한 아동문화에 의한 '전통 창조'의 소산에 불과하다고
보는 사고가 정착되어가고 있다.

어린이가 사회 내에서 보호 받아야 할 특권적 지위를 부여 받게 된
것은, 근대사회에 들어와서부터다. 그러나 어린이가 신을 모시는 제사
에서 신의 대리나 요리시로依代[25]의 역할을 해온 것처럼 특권적인 존재
로 다루어졌던 것도 사실이다. 어린이의 상징적인 지위에 관한 민속적
사례를 살펴 보도록 하자.

교토의 기온마쓰리에서 나기나타보코의 어린아이가 야마보코 순행
에 앞서 금줄 끊기를 행하는 것은 앞서 언급한 대로이나, 이는 어떠한
상징적 의의를 가지는 의례일까. 어린이는 도검을 손에 들고 금줄을 일
도양단한다. 그리고 신령의 요리시로인 야마보코가 교토의 여러 마을

25 신령이 나타날 때 그 매체가 되는 것.

그림 17 신의 사자(使者)가 되는
치고(奈良、春日若宮おん祭
りの馬長児)

을 순행한다. 어린이가 성스러운 공간과 세속
의 공간을 나누고 있는 금줄을 끊는 행위는 말
하자면 신의 그것이다.

성스러운 공간인 야마보코가 세속의 공간인
마을 안으로 침입해 간다. 신령의 힘에 의해 세
속적 공간은 새로운 공간으로 재생된다, 또는
활성화 된다. 생명의 에너지가 퇴치된 공간에
신선한 에너지를 불어넣어 세계가 갱신되는 것
이다. 또한 질병을 부르는 사악한 신이나 요물
을 신령의 힘으로 퇴치하는 것이다.

이런 행위가 지금도 전국 각지에서 행해진다. 여름 마쓰리의 원리라
고도 할 수 있다. 세속적 공간의 재생/활성화, 세계의 갱신을 가능하게
하는 것은 신령을 제외하고는 있을 수 없다. 그것의 대리, 즉 신의 표상
이 되는 것이 치고라 불리는 어린아이인 것이다.

치고는 화려한 의상으로 몸을 감싸고 입술에 연주를 찍고 눈썹을 그
리고 화장을 한다. 지체 높은 귀족의 옷차림이긴 하나 군중이 볼 때는
이질적이고 이상한 형태이다. 치고는 초등학생 중에서 선발되는데, 확
실히 얌전해 보이는 얼굴을 하고 있는 아이가 선발되는 경우가 많다.

그러나 도검을 차고 금줄을 끊는다. 말하자면 이질적인 복장/모습의
어린이가 무력을 행사하는 것이다. 즉 아이의 '폭력'이 야마보코 순행
개시에서 없어서는 안 되는 것이다. 이때 어린이는 광폭한 신을 표상한
다. 이 광폭한 신의 폭력이 세속적인 공간을 재생/활성화하여 세계를
갱신한다. 치고는 거친 신의 폭력을 체현하는 존재이다.

야사카 신사八坂神社의 제신은 스사노오노미코토素戔嗚命[26]이다. 메이지

의 신불분리神仏分離[27] 이전에는 기온사祇園社라 했고 제신은 질병을 다스리는 고즈덴노牛頭天皇로 이는 스사노오노미코토와 일체시 되고 있었다. 고즈덴노는 화재를 등에 업은 격렬한 형상의 화난 신이다. 스사노오노미코토는 잘 알려진 것처럼 다카마노하라高天原로부터 추방되어 이즈모出雲에서 야마타노오로치八岐大日蛇를 퇴치한 영웅신이다.

스사노오노미코토는 해원海原의 통치를 명 받았으나 이에 따르지 않고 어머니의 나라로 가고 싶다며 순진하게 읍소泣訴하여 푸른 산을 메마르게 하고 바다와 하천의 물을 마르게 한 유아적 성격을 가지는 신으로 나타난다. 정기와 사기를 함께 가진 신이 스사노오노미코토인 것이다. 기온마쓰리의 치고는 이러한 스사노오노미코토의 화신이 된 동자신으로 보아도 무방하다.

스사노오노미코토의 자손으로는 긴타로金太郎[28](사카타노킨토키坂田

26 일본신화에 등장하는 신 중 하나인 스사노오는, 『일본서기』에서는 이자나기 이자나미 사이에서 태어났다고 하고, 『고사기』에서는 이자나미가 요미노쿠니(黄泉国)에서 빠져나와 강물에 얼굴을 씻을 때, 그 코에서 태어났다고 전해진다. 바다를 다스리는 아버지 이자나기의 명을 어기고, 어머니인 이자나미가 있는 요미노쿠니로 가겠다고 우기다가 이자나기의 분노를 사서 쫓겨났고, 아마테라스오미카미가 다스리는 다카마노하라(高天原)로 가지만 그 곳에 온갖 난폭한 행위를 일삼다가 아마테라스가 동굴로 숨어버리자 다카마노하라에서도 추방된다. 그 후 이즈모(出雲)에서 야마타노오로치를 퇴출하고, 나중에 대지의 신으로 아시하라나카쓰쿠니(葦原中國)를 건설한 오쿠니누시의 조상이 되었다.

27 1868년의 4월의 신불 분리령을 이른다. 골자는 말 그대로 신도와 불교를 분리하는 것으로, 천황을 중심으로 하는 새로운 통치 이데올로기를 만들기 위해 불교에 유래 없는 박해를 행사한 것으로 이해 될 수 있다. 당시 전국 12만개의 사찰이 호적제도와 비슷한 단카제도(檀家制度)로 막강한 경제력을 가지고 있었으며, 또한 불교는 쇼군 가문과 밀접한 관계를 가지고 있었다. 신관 출신의 신위대(神威隊)가 각 사찰을 돌아다니며 운영권을 박탈하는 동시에, 신사의 불상 숭배를 금지하고 신사에 안치된 불상/범종 등을 철거한다. 불교가 맡아온 국왕의 장례의식도 신도로 넘어가고 신정부의 의도대로 불교의 힘이 약화되었으며, 신도가 통치 이데올로기로 자리잡는데 큰 역할을 하였다.

28 초능력을 가진 아이로 산속에서 키워진 긴타로는 도끼를 들고 곰위에 올라타서 덴구와 힘을 겨루는 일본 설화 속 주인공이다. 헤이안시대 실존인물인 사카타노킨토

金時)를 들 수 있다. 긴타로는 용신의 꿈을 꾸고 임신한 어머니가 낳은 괴력의 소유자로 사나운 신과 영웅신의 면모로 전해진다. 이러한 긴타로의 아들이 긴삐라金平이다. 긴삐라고보きんぴら牛蒡[29]의 기원으로 알려져 있다. 거칠게 날뛰는 폭력자이며 용감한 무장으로, 에도 초기 조루리[30]에 등장하여 큰 인기를 얻었다. 긴타로와 긴삐라 모두, 뛰어난 무력으로 사납게 날뛰는 신의 특성을 가지면서 동시에 무심하고 청정 무구한 특성 또한 함께 가지고 있다고 할 수 있다.

3. 어린이의 청정성/무구성과 폭력성

어린이의 청정성/무구성과 폭력성은 서로 모순된 특성처럼 보인다. 그러나 전술했듯이 이 둘은 실제로 공존한다. 더 나아가, 이러한 두 가지 특성은 상호 보완적이다.

실제로 민속적 관습에서 어린이들은 그 특성들을 동시에 발휘하고 있다. 음력 정월 대보름의 행사로 사에노카미塞の神[31]나 도리오이鳥追い[32], 가세도리カセドリ[33] 혹은 호토호토ホトホト[34]라고 부르는 어린이가 행하는

키의 아명이었던 긴타로의 어린시절 이야기로, 긴타로는 사카타노킨토키라는 이름을 미나모토노 요리미쓰(源賴光)에게서 하사받았다. 노(能)와 가부키에 자주 등장하는 인물로, 어린이날 선물로 인기있는 긴타로 인형에는 아이가 용감하고 강해지기를 기원하는 의미가 담겨있다.

29 우엉을 가늘게 채썰어 간장과 설탕 등을 넣고 볶다가 약간 조린 우엉요리.

30 반주에 맞추어 읊는 전통 예능, 제1장, 각주 7 참고.

31 사령의 침입을 막고 행로의 안전을 지키는 신으로 마을의 경계 등에 세워진다. 도조신, 길의 신, 행신.

32 농가에서 보름날 새벽 전답을 해치는 새를 쫓는 행위.

33 음력 정월 대보름날 밤, 분장을 한 젊은이들이 닭 울음소리 등을 흉내내며 각 집을

그림 18 산골 마귀할멈(山姥)과 긴타 　　　그림 19 괴력의 긴타로(葛飾北斎)
로(善多川歌麿)

의례가 있다. 이때 어린이는 부모와 떨어져 도리고야鳥小屋[35]등으로 불리는 작은 움막에서 아이들끼리만 틀어박혀 있게 된다. 그리고 석양 무렵에 무리를 지어서 마을의 집들을 돌며 농작물이나 자손의 번영을 비는 기원이나 섹슈얼한 말들을 큰 소리로 외치며, 막대기나 딱따기를 치고 떡과 금전 등을 받거나 조르거나 강요 한다.

　또한 아이들은 새로 시집온 새댁이 있는 집에서 신부때리기 봉嫁叩き棒, 하라멘봉ハラメン棒 등으로 불리는 축하 봉이나 남근 모양의 막대기를 가지고 새 신부를 따라 다니며 엉덩이를 찌르거나 쳤다. 이는 아이를 많이 낳도록 기원하는 것이다. 축의를 주지 않거나 적게 주면 들으라는

　　방문하여 물건을 얻는 민간 풍습.
34　정월 14일 밤에 청소년들이 얼굴을 가리고 도롱이와 삿갓 차림으로 호토호토(ホトホト)라고 외치며 각 집을 방문하여 떡이나 사례 등을 얻는 행사.
35　정월 보름날 세우는 작은 임시 움막.

그림 20 스미쓰케(먹물칠)마쓰리의 어린이들
(橿原市 人麿神社)

그림 21 행신 마쓰리에서
경단을 굽는 어린이들

듯이 욕지거리를 퍼붓거나 때론 돌을 던지기도 한다.

어린이는 마을로 유행遊幸하는 내방신의 대리가 되어 신춘을 축복하는 것이다. 이를 위해서는 신에게 올리는 제사에 임하는 치고처럼 움막에 박혀 정진결재하여 심신을 청정한 상태로 만들어야 한다. 어린이가 신의 대리가 되기 때문에 다산을 기원하는 새 신부의 엉덩이를 때리고 인색한 자에게 사회적 제재의 의미로, 욕을 퍼붓고 돌을 던지는 의례적인 폭력이 공인되는 것이다.

어린이들이 보다 폭력적이 되는 돌싸움은 정월의 절구에 행해지는 경우가 많다. 이 또한 귀신을 내쫓으면서 동시에 일상의 세계를 폭력에 의해 해체하고 생활에 활기를 불어넣어 새로운 세계를 구축하는 의례이다.

어린이의 청정성/무구성과 폭력성은 어린이 그 자체의 속성인 것도 아니고 일상 생활 안에서 용인되는 것도 아니다. 일정한 의례적인 수순을 거친 마쓰리나 의례의 시공간에서만 성립하는 것이라고 할 수 있다.

하지만 어린이가 신의 대리가 되어 폭력을 휘두르는 것이 허용되는 것은 어린이의 상징적인 특성을 인정하고 있기 때문이라고 볼 수 있다. 사회에서 어린이는 한몫을 해내는 '어른'도 아니고 그 몫의 반도 채 못 되는, 아무런 힘이 없는 존재이다. 사회에서 '한 사람'으로 인식되지 못하고 있는 것이다.

'사람'으로 인정받기 위해서는 어린이에서 어른으로 이행하는 이니시에션(통과의례), 성인이 되는 의례를 거칠 필요가 있다. 또한 어른임을 증명하는 힘을 발휘하지 않으면 안 된다.

4. 어린이의 경계성

몇 살까지 어린이로 보는가에 대해 확정된 연령은 없다. 전국각지 다 다르지만 대략 열 둘, 열 세 살 근처라고 한다. 그러나 언제부터 어린이가 되는지는 확실하지 않다.

'일곱 살 축하七つの祝い'나 '일곱 살 참배七つの子參り'라고 칭하며, 일곱 살이 되면 진수鎭守[36]/씨족신氏神[37]을 참배하거나 친척들을 불러 축하하는 등 어린이의 의례가 많이 행해진다. 이 일곱 살도 하나의 전환점이었다고 볼 수 있다. 지금의 시점에서 보면 유년기에서 소년기로 이행하는 절목이라고 할 수 있으나 중요한 의의가 있었으리라고 추정된다.

야나기타 구니오는 "일곱 살까지를 신이라고 말하는 지방이 있다"[xii]

---

36 그 고장의 절, 씨족 등을 진호 하는 신이나 그 신사.
37 우지가미(氏神), 씨족의 조상신으로 그 지역을 수호하는 신. 본래는 부계혈연 동족으로 형성된 씨족 집단에서 족장이 제사 지내던 수호신을 의미했다.

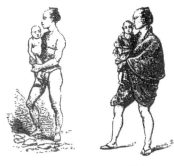

그림 22 아버지에게 안긴 어린아이

고 하며 이는 어린이를 '세속의 때에 더럽혀지지 않았다고 보는 시인 풍의 찬탄'인 근대의 로맨틱한 아동관에서가 아니라, 신의 제사에서 동자가 하지 않으면 안 되는 역할이 있었던 것과 '어린이의 영령은 회개할 필요도 없으니 오히려 금방 다시 태어날 수 있게 되기를' 바랐던 것에서 알 수 있다고 한다.

야나기타는 청정/무구 혹은 신성성, 그리고 재생의 가능성이 일곱 살 이전 어린이의 특성이라고 지적한다. 이 '일곱 살 이전은 신의 영역'이라는 표현에 대해서는 민속적 사례가 적다는 이유로 비판을 받고 있다.

아이가 태어나면 산립밥産立飯, 셋째 날 축하三日祝い, 일곱 째날 축하七夜[38](이름 짓는 축하), 백일 참배 宮参り[39], 초반례 食初め[40], 첫 생일, 첫 명절의 의례가 이어지고 조금 지나면 시치고산七五三[41]이 된다. 일곱 살 근방이 하나의 전환점이 되어, 일곱 살의 축하로 진수에 참배하고 우지코, 즉 씨족의 일원으로 인정받아 지역사회의 구성원이 되어 신의 제사에 참가한다. 이어 열두세 살 즈음에 와카모노구미若者組[42]에 들어가 청

---

38 아이의 탄생으로부터 일곱째 되는 날의 저녁, 이 날 아이의 이름을 지어준다.
39 아이가 태어난 후 처음으로 우부스나(産土) 신에게 참배하는 것.
40 생후 120일째 되는 날에 아이에게 처음으로 밥을 먹이는 집안 행사.
41 시치고산은 각각 7세, 5세, 3세의 나이를 의미하는데, 남자아이는 세 살과 다섯 살, 여자아이는 세 살과 일곱 살이 되는 해의 11월 15일에 아이의 건강함과 성장을 기원하면서 그 씨족신에게 참배하는 축하 행사이다.
42 부락 별로 조직된 청년 남자의 집단, 촌내 경비/소방/제례를 분담하고 와카슈야도(若衆宿)에 모여 친목을 도모했다.

년에 속해진다.

이러한 이니시에션(통과의례)을 거쳐 어린이에서 어른으로 단계적으로 이행하여 '사람'이 되고 한 사람의 인간으로 인정받게 된다. 사회에서는 한 사람의 어른만이 정식적인 구성원이며 여기에서 어린이는 제외된다. 실제로는 가업을 돕는 일도 많았으나 어린이는 노는 것이 그 주된 일이고 노동에 의해 성립되는 사회질서와는 관계 없는 존재로 인식되었던 것이다.

어린이는 이 세상 사람도 저 세상=타계의 존재도 아닌 중간적 존재, 경계적 존재로 특히 일곱 살 이전의 어린이는 사망률도 높아서 이 세상보다는 저 세상에 더 가까운 존재로 취급되었다. 이러한 경계성으로부터 어린이는 상징적으로 죄나 더러움이 없는 존재, 안이 텅 빈 존재로 인식되었고 때문에 신령이 머물 수 있고 또 신령의 대리로 호출되어 사납게 폭력을 휘두르는 것이 용인되었던 것이다.

5. 고다까라 신앙子宝信仰과 마비키間引き

어린이가 미래의 노동력으로 소중히 키워진 것은 말할 것도 없다. 그러나 이 역시 일곱 살 정도까지였던 것으로 볼 수 있다. 어린이는 방치되고 있었다고 보아야 한다.

막부 말기나 메이지 초기에 일본을 방문했던 외국인 들은 일본의 시가지가 어린이들로 넘쳐나며 이들이 온종일 놀고 있는 모습을 놀라운 눈으로 기술하고 있다. 영국인 외교관인 올콕은 "반신 혹은 전신 벌거벗은 아이들의 무리가 별것도 아닌 일로 시끄럽게 떠들어댄다" 혹은

그림 23 술을 따르는 어린아이

"벌거벗은 큐피트가 역시 나체에 가까운 건장한 아버지의 품에 안겨있는" 모습을 보고 『대군의 도시大君の都』에서 일본을 '아이들의 낙원'이라고 표현했다. 메이지 초기에 동경 대학에서 가르쳤던 E. S. 모스도 『일본 그날 그날日本その日その日』에서 일본을 '어린이의 천국'이라 하며 "세계 어디에도 일본처럼 어린이를 친절하게 다루며 어린이에게 깊은 주의를 기울이는 나라는 없다. 웃고 있는 모습에서 판단하면 어린이들은 아침부터 밤까지 행복한 듯하다"고 말하며 서양과 비교해도 어른들이 어린이들에게 매우 자상하고, 자유롭게 지내는 것에 놀라고 있다.

피에르 로티도 『오기쿠상お菊さん』에서 "작은 아이들을 귀여워하는 것, 어린애를 달래고 웃게 하는 기량, 익살스러운 장난감을 발명하는 것, 생애의 시초에 있는 그들을 쾌활하게 하는 것, 머리를 묶어주고 옷매무새를 가다듬어주어 어린이의 얼굴을 가능한 사랑스럽게 해주는 점이 내가 이 나라에서 유일하게 좋아하는 점이다. 즉 어린이와 어린이를 그렇게 이해하는 그들의 방법들이"라며 일본인의 어린이에 대한 자애로움/애정을 칭찬하고 있다. 어린이는 '고다카라子宝[43]'라고 불리웠다. 게다가 어린이는, 금이야 옥이야 애지중지 길러졌던 것이다.

43 자식을 귀하고 소중하게 여기는 마음, 혹은 그 아이.

그러나 이는 정말일까? 상당히 미화되었거나 이상화된 부분이 있는 것은 아닐까? 어린이가 부모에게 혼이 나거나 버려지거나 살해당하거나 팔리는 일은 없었을까. 아동매매는 현재 없어졌으나 그 밖에는 지금도 가끔씩 일어나는 일이다. 부모나 빈부, 신분에 따라 어린이는 아무렇게나 키워지기도 했다. 이는 일본뿐 아니라 어디에서나 마찬가지일 것이다. 그보다는

그림 24 마비키(間引き)
(橘義天『捨子教戒の謠』)

태어난 아이를 '키울 수 없는' 것, 즉 마비키間引き[44]도 예전에는 종종 있었다.

야나기타 구니오는 "별로 유쾌한 이야기는 아니지만 아이가 태어났을 때 이를 유기하는 관습이 있다"고 했는데, "아이를 죽이는 것이 아니다, 키우지 않는 것으로 내 아이로 하지 않겠다며 묻어 버리는 것이다"[xiii]라며 마비키의 심성을 설명하고 있다.

신생아를 가족의 아이, 마을의 아이로 이 세상에 받아들이지 않고 저 세상으로 돌려보내는 것이다. 일곱 살 전후라면 아이를 팔거나 버리거나, 살해하는 것까지도 너무 쉽게 자행할 수 있었다. '일곱 살 이전은 신의 영역'이므로 아직 '한 생명'이 될 수 없고 신에 가까운 존재를 원래 있던 곳으로 돌려보내는 것뿐이다.

에도 시대 중기 무렵부터 어린이 양육서가 간행되어 마비키의 관습은 비난을 받게 되고, 아이를 애정으로 보호하도록 장려했다. 그러나 18세기 이래, 인구가 3000만 명 전후에서 정체되고 있었다는 점에서

---

44 자식이 많아 양육이 어려울 때, 부모가 그 아이를 죽이는 일. 영아 살해.

볼 때 마비키나 낙태가 끊이지 않았다는 것을 알 수 있다. 한편으로는 농민층과 상인층 등, 가족노동으로 지탱되는 가업으로 집안을 유지하기 위해서 노동력의 측면에서 최저한도의 어린이가 필요하기도 했다. 근세 농민이나 상인 층에서 마비키의 관습과 함께 많이 낳아도 적게 기르는 고다카라 신앙子宝信仰[45]이 횡행했다고 할 수 있다.

한편, 어린이는 메이지 시대에 그 특성을 변화시켜 간다. 무엇보다 문명개화기의 학교라는 장에서, 아동/학동이라는 사회적 틀을 부여받게 된다. 따라서 어린이를 보는 시선도 전 시대와는 달라진다. '아동의 창출'이라는 상황에서 어린이들은 어떤 식으로 변해 갔을까. 여기에서 현대와 관련된 문제를 발견할 수 있다.

---

45 아이를 낳게 해달라고 신불(神仏)에게 기원하는 신앙의 형태를 이른다.

제3장

'어린이 영역'의 근대

1. '가정의 천사'의 탄생

어린이는 메이지의 한 시기부터, 다음과 같은 아름다운 말로 언급되기 시작했다.

> 어린아이는 태어난 그날이 아닌 그 이전, 부모가 이제나 저제나 기다
> 렸던 그때부터 스스로 천직을 가지고 있어 절대로 불완전하고 쓸데없는
> 존재가 아닙니다. 더구나 우리가 탁한 세상의 연꽃, 가정의 천사라고 헤
> 아리는 그 작은 아이의 천직은 전혀 가볍지 않은 것입니다. …… 먼저 가
> 정의 지도자를 이끌어 가르치는 그 청초 난만한 용모를 발휘하게 하여
> 그 미션을 완성시키는 것은 또한 양친을 비롯한 그 동포의 의무입니다.

그림 25 『소공자』의 표지   그림 26 와카마쓰 시즈코(若松賤子)

이는 기독교인 와카마쓰 시즈코若松賤子가 버넷의 『소공자小公子』를 번역하면서 붙인 서문이다.[xiv] 때는 1891년(메이지 24), '교육칙어'가 발포된 이듬해이다. '교육칙어'는 '유사시에는 의용공으로 천양무궁의 황운에 부익하여야 한다'고 하여, 어린이에게 국가에 유용한 인재(충량한 신민)가 될 것을 설파했다. 어린이를 국가의 기초, 교육의 대상으로 여긴 것이다.

와카마쓰는 어린이가 '불완전하고 쓸데없는 것'이 아닌 '청초하고 난만한 용모'를 가진 '탁한 세상의 연꽃', '가정의 천사'로 '가정(home)의 지도자'인 양친을 이끌어 가르칠 미션을 가진다고 말한다. 이렇게 19세기 말에 이르면 사회에서 '불완전한 쓸데없는 것'이었던 어린이에게, 가정 내 중심이 되는 지위가 부여된다.

와카마쓰의 표현은 기존의 어린이관에 커다란 전환을 불러일으켰다고 해도 과언이 아니다. 사회의 '불완전한 쓸데없는 것'으로부터 '가정의 천사'로의 전환, 그리고 '청초난만'을 특성으로 하는 어린이. 여기에서 어린이의 근대가 시작되었다. 새로운 역할과 특성을 부여 받아 어린

그림 27 누나와 남동생　　그림 28 일하는 아이들·가쿠베에(角兵衛) 사자탈

이가 탄생, 혹은 재발견되었던 것이다.

　국가의 어린이와 가정의 어린이, 이 두 측면은 절대 모순되지 않는
다. 가정/가족은 국가의 기초로 위치되었을 뿐만 아니라, 어린이는 지
역사회로부터 단절되어 국가의 관리 하에 놓인 학교라는 사회에 속하
게 되었다. 가정과 국가라는 두 영역을 직접 연결시키는 것은, 바로 학
교였다.

2. '악마의 유치원'에서의 구제

　구 아이쓰현会津県 출신인 와카마쓰 시즈코의 표현은, 과연 어디까지
퍼져 갔을까. 영국여성 이자벨 버드는 『일본벽지기행日本奧地紀行』에서
"부친이나 모친들은 심한 피부병에 걸린 아이, 머리에 화상을 입은 아
이, 백선 피부염인 벌거벗은 아이를 안고 있고…… 아이들은 벌레에 물

리거나 눈병으로 반쯤 감긴 눈을 깜빡거리고 있었다"고 기술했다. 그녀의 말은 이러한 후쿠시마 현福島県 아이쓰会津 깊은 산골의 아이들이나 어른들에게는 전해지지 않았을 것이다. 또한 기모노 앞섶을 벌린 채 여기저기서 뛰어 놀거나, 견습 고용살이로 열심히 일하는 도쿄 시타마치下町[46]의 아이들, 혹은 그 부모들에게는 미치지 않았을 것이다.

그러나 어떤 도쿄 토박이는 와카마쓰의 자애에 찬 언어를 확실히 수용하고 있었다. 조각가나 대공의 장인기질을 기개 있는 필지로 그려낸 사키타 로한幸田露伴이 그 사람이다. 언뜻 보면 '천진난만'한 어린이와는 인연이 멀 것 같은 사람이다. 그러나 어린이를 대상으로 『니노미야 손토쿠二宮尊徳[47] 옹』 전기를 출판하고 있다. 그것도 와카마쓰가 『소공자』를 출판한 것과 같은 해인 1891년이다. 왜 그가 니노미야 긴지로二宮金次郎의 전기를 발간했는지는 알 수 없으나, 효행과 입신출세라는 덕목을 어린이에게 가르치려 했던 것 같다. 어쨌든 그는 어린이에게 눈을 돌렸던 몇 안 되는 메이지 지식인 중 하나였다.

사키타는 1899년(메이지 32)에 "일국의 수도는, 비유하자면 한 사람의 머리와 같다"고 하며 수도 도쿄의 건설을 주장한 『일국의 수도一国の首都』를 집필하고 있다. 그 내용을 보면, "소아는 일가의 무용지물이 아니라 실로 머지않아 일가의 운명을 지배하게 될 존재"라며 하며 "청정

---

46 상인/직인이 많이 살던 낮은 곳에 위치하던 시가지. 동경 스미다가와(隅田川) 강의 이남에 걸친 지역.
47 1787-1856, 에도시대의 권농가로 통칭은 긴지로(金次郎)이다. 철저한 실천주의로 신/유/불의 사상을 취한 보덕교(報徳教)를 만들고 스스로 음덕과 적선, 검약을 실천하였다. 가난한 농부의 아들로 일찍 부모를 여의고 제대로 배우지 못한 일개 농민이었지만, 꼭두새벽부터 밤까지 근면하게 밭을 일구는 성실함으로 막부에 초빙되어 닛코(日光) 등의 각지의 황무지를 개척하고, 605개소에 달하는 농촌을 부흥시켰다. 근면과 효행으로 입신출세를 이룬 상징적인 인물로 기술되어 왔다.

무구한 사람의 아이"를 보
호해야 한다고 주장한다.
어린이는 무용지물=혹과
사마귀, 즉 쓸데없는 것
이 아닌 나중에 성장하여
일가의 명운을 좌우할 존
재라고 한다. 남자아이만
을 중시한 발언이기도 하

그림 29 애보기 여자애

나 와카마쓰의 말과 매우 비슷하다.

　사키타는 도시문제의 일환으로 교육문제를 들며 어린이에게 새로운
시선을 보내고 있다. 당시로써 매우 참신한 점은 대학이나 고등학교,
중학교, 소학교보다도 유치원의 설치가 급선무라고 말한 부분이다. 유
치원의 설치는 그의 어린이관 및 도회관에 근거하여 제창提唱된 것이다.
사키타에게 있어 어린이는, 전제 없이 '구슬'처럼 '청정무구'한 존재였
다. 그러나 그러한 어린이가 서식하는 도시는 "악마의 유치원"이었다.

　도회지의 어린이는 유아기에 고용살이를 하는 애보기 여자애나 나
이든 유모에게 업혀 도시를 배회한다. 욕망을 자극하는 물건을 전시한
가게나 저급한 니시키에를 파는 가게, 연극 극장의 그림 간판 아래 마
차가 달리는 위험한 거리, 요상스러운 신불을 모시는 사원이나 신사의
경내 등이 애보기 여자애나 유모가 배회하거나 모여드는 장소이다. 도
시는 '일상적 욕념을 유발하는 사물'로 넘쳐 흐르는, '불건전하고 선량
하지 못한 분위기'로 가득 찬 외설스럽고 위험한 장소로 경고된다. 그
리고 사키타가 볼 때는 이러한 장소에 열리는 것이, "악마의 유치원"인
것이다.

더욱이 애보기 여자애나 노파들은 '천한 경력과 성정'을 가진 '사리 분별 없는' 이들이다. 더욱이 칠칠치 못한 언행에 의해, 그녀들의 천박한 이야기나 외설스러운 노래, 마음 내키는 대로 하는 행동들로 '선량한 가정의 소아에게 불량한 성향'이 생기게 된다. 즉, "청정 무구한 아이는 저주를 받아, 나쁜 분위기에 유도되고 도취되어 귀하게 여길만한 부모의 양질의 유전은 없어지고 그 대신 숨은 유전이 이를 계기로 발전하고 확충되어 버린다"며 규탄한다. 소학교에 들어가기 전의 이 "악마의 유치원"의 어린이는, '해면'과 같은 존재로, '불건전하고 선량하지 못한 분위기'를 그대로 흡수해 오염되어 버린다.

이 '청정무구' 한 어린이에게 나쁜 영향을 미치는 것은 분별없는 애보기 여자애나 노파 뿐만이 아니다. 어린이들끼리 집단을 만들어 야비하고 속되며 위험하기 짝이 없는 놀이를 하면서 서로에게 나쁜 영향을 미친다. 여기에서 문제가 되는 것은 어린이들이 가정을 떠나 '집의 감시 밖' 혹은 '부모의 감시 밖'으로 나가버린다는 점이다. 어린이가 가지는 상호적인 감화력을 배제하기 위해서는 '청정무구한 어린이'에게 무해하고 안전한 '청정무구한 유희'를 '상당히 사려 깊은 사람의 감시 하에서' 하게 해줄 필요가 있다고 친절하게 말하고 있다.

유치원의 창설은 1876년(메이지 9)경이다. 나카무라 마사나오中村正直를 원장으로, 도쿄여자사범학교(현 오차노미즈여자대학)부속으로 개설되었다. 그러나 메이지 초기의 소학교 취학율은 전국 평균 38%에 지나지 않았고, 유치원의 원아 수는 실로 미비하였으며 사치스러운 공간으로 인식되고 있었다. 하지만 1898년이 되면서 유치원 수는 국립 1, 공립 175, 사립 55개로 총 229개소에 달하고 원아 수는 2만명을 넘어섰다. 그리고 그 다음 해, 사키타가 『일국의 수도』를 출판한 해에는

그림 30 유치원의 어린이들

'유치원보육 및 시설규정'이 제정된다. 여기에서는 유치원의 목적을 '유아를 보육하기 위해서는 그 심신의 건전한 발육을 이루고 선량한 관습을 기르도록 하여, 가정교육을 보좌하는 것이 필요'하다고 설명하고 있다. 사키타가 제창하는 "악마의 유치원"의 '불건전하고 선량하지 못한 분위기'에서 격리, '사려 깊은 어른의 감시'가 실행되었던 것이다.

1909년에는 모든 현에 적어도 한 곳 이상의 유치원이 설치되었고, 유치원이 차츰 보급되어 가기 시작했다. 5세 아동의 취원율은 1899년 0.8%에서 1925(다이쇼 14)년에는 4.4%까지 상승되었다.[xv] 유치원아가 계속 증가함에 따라 청정/무구의 건전/선량한 어린이와 더럽고 야비한 불건전/불량한 어린이가 확실히 나뉘어져 차별화되어 갔다.

3. 훈련/규율화의 학교

　도시라는 '악마의 유치원', 혹은 미심쩍은 경력과 성정을 가진 애보기 여자애나 노파로부터 멀어진 것은 어린아이뿐만이 아니었다. 사키타가 '지육知育'보다 '덕육德育'을 우선해야 한다고 주장했듯이 학교는 단순히 지식을 습득하는 것에서 나아가 일종의 격리 시설이 되어 도덕화를 위한 제도로 구축되었다.

　어린이들은 학교 안에서 어떠한 체험을 하게 되었을까? 의자에 오랜 시간 앉는 체험이 가장 새로운 것이었다고 할 수 있다. 최근, 이 의자에 앉는 자세를 둘러싸고 흥미로운 연구가 발표되었다. 니시무라 히로시西村大志의 「일본의 근대와 아동의 신체-앉는 자세를 둘러싸고日本の近代と児童の身体―座る姿勢をめぐって」라는 표제의 논문은 이러한 연구를 담고 있다. 니시무라의 논문에 근거하여 의자가 도입됨으로써, 어린이들의 신체가 어떤 식으로 다루어졌는지를 살펴보도록 하자.

　메이지 초기, "다다미 위에서는 수업을 할 수 없다며, 무슨 일이 있어도 페인트 칠을 한 서양관으로 한다. 그 안에 책상과 의자를 넣는다"xvi라는 기세로 서양풍의 교사校舎 안에 책상과 의자가 연달아 들어왔다. 그러나 니시무라에 의하면 당시 책상/의자와 어린이 신체의 관계를 배려하고자 하는 생각은 전혀 없었다고 한다. 그저 서구화 하지 않으면 안 된다고 하는 생각이 급했던 것이다.

　메이지 20년대 중반 이후, 서구화 사상이 침정화 되어 가며 아동의 신체와 책상/의자의 관계를 배려하고자 하는 사고가 나타난다. 여기에는 신체측정-건강진단을 통해 아동의 신체를 파악/관리하려는 학교 위생이 출현하여 크게 개입하고 있었다. 당시 근시나 척추 만곡증을 보이

그림 31 의자와 책상

그림 32 소학교 학생과 교실

는 아동이 많아 '학교병'이라고 불리우며 문제시된다. 특히 척추 만곡증은 의자에 앉아 책상에서 교과서를 읽고 공책에 문자를 기입하는 자세가 악화되어 발병하는 것이었다. 이 '학교병'은 어린이의 신체와 책상/의자와의 관계를 다시 생각하게 하는 계기가 되었다. 그리고 신체검사에 의한 측정을 통해 평균 신장, 평균 체중 등이 설정되고, 어린이의 신체 규격화가 진행되었다.

신체검사에서는 미터법이 쓰였으나, 1912년(메이지 45)부터 척관법으로 바뀐다. 당시에는 미터법보다 척관법이 일반적이었다. 니시무라는, 척관법의 개정으로 아동은 자신의 신체를 인식하게 되었다고 지적한다. 신체검사의 결과는 학생뿐만 아니라 각 가정으로 통지되었고 어린이의 신체검사를 매개로 학교 위생의 사고가 가정까지 유입 된다.

어린이들은 학교의 신체검사를 통해 교사나 양친으로부터 끊임없이 감시/관리를 받음과 동시에 자신의 신체를 알고 나쁜 점을 스스로 고치는 것, 즉 자신을 통제하는 법을 배우게 된다. 니시무라가 말하듯 신체를 매개로 타자에 의한 감시/관리, 나아가 주체화/자기규율화라는 의

그림 33 정좌한 소학교 학생들

무가 생긴것이다.

특히 수업에서건 체조에서건 자세야말로 학교에서 훈련되고 규율화된 신체 기법이었다. 앉는 자세, 걷는 자세는 어린이들이 학교에 들어가 처음 접하는 신체 체험이었다. 이 자세는 학교 위생의 가정화를 통해 나중에는 가정 내에서도 중시되게 되는데, 이는 학교라는 닫힌 공간 안에서 처음 나오게 된 것이다.

자세의 바름/나쁨에 따라 지적 능력의 우/열, 품행의 방정/불량, 신체의 정상/이상이 구별되었다. 무엇보다 바른 자세는 학교교육의 제 1의 과제가 되어 어린이들은 자세의 교정을 강요 당했다. 학교가 자세라는 신체기법을 조수로하여 도덕 제도가 되어, 어린이들의 신체를 에워싼 것이다.

4. 축소하는 '어린이 영역'

학교에서 아무리 지루한 자세로 수업에 임하게 해도, 어린이들은 학교에서 돌아오면 산이나 들, 길거리, 노지 뒤, 빈터, 공터 등에서 뛰어놀았다. 어린이들은 실로 다채로운 놀이를 옛부터 이어왔을 뿐만 아니라 궁리를 하여 새로운 놀이를 만들어 냈다. 민속학자 야나기타 구니오는 전쟁 중에 『어린이 풍토기こども風土記[xvii]』를 집필하여 어린이들의 수많은 놀이에 대해 기록하면서, 어린이가 민속/풍속의 계승자였다고 말하고 있다.

『어린이 풍토기』에서는, "옛날 부모들은 아동에게 유희를 고안해 주는 것을 전혀 하지 않았다. 그런 것 없이도 건강하고 활기차게 뛰어 놀며 자란 것은, 미심쩍게 보는 사람이 없다고도 못하지만 전대의 이른바 아동문화에는 지금과는 상당히 다른 점이 있었기 때문이다"라며 흥미있는 지적을 하고 있다.

'옛날 부모들'이 도대체 언제적 부모인지 확실하지는 않지만 대략 메이지 시대 정도를 말하고 있다고 보인다. 이 옛날 부모들은 어린이에게 일부러 놀이를 가르치지는 않았다. 그러나 아동문화라는 장르가 성립한 다이쇼 시대 이후에는 부모나 어른들이 어린이에게 유희나 오락을 가르치게 되었다. 이것이 위험하지 않고 더럽거나 음란하지도 않은 어린이의 '순진무구'라는 특성에 걸맞는 것이었음은 말할 것도 없다. 보호/교육의 명목 아래, 어린이의 놀이에 어른이 간섭하게 된 것이다.

야나기타는 앞의 문장에 이어 지금과는 매우 다른 전 시대의 아동문화 특징으로 세 가지를 든다. 첫째로, '소학교 등의 연령별 제도와 비교하여 연상의 어린이가 더 어린 아이를 보살피는 경우가 많았다'는 점,

그림 34 "모범상은 니노미야 긴지로"(群馬市)   그림 35 교실의 풍경

두 번째로 '소아의 자치', 세 번째로 '어른 흉내'이다.

예를 들면, 어린이들은 음력 정월 대보름의 행신塞の神[48] 마쓰리가 되면 연령별이 아닌 연령 위계제라고 말해지는데, 이렇듯 나이와 관계없이 임시로 조組를 짜서 그 중 연장의 아이들이 대장親分(말하자면 꼬마 대장)의 시중을 들고, 더 어린아이들은 연장의 아이들을 얌전하게 따르고 있었다. 이는 일상적 놀이에서도 마찬가지였다. 야나기타는 이러한 어린이 집단이 있었기 때문에 오래된 놀이가 이어져올 수 있었다고 지적한다.

이 어린이조子供組에는 부모나 어른들의 간섭이 없는, 과장해서 말하면 '소아의 자치'가 있었다. 지역사회 안에 '어린이 영역'이 확실하게 존재했던 것이다. 이는 음력 설날의 행신 마쓰리 등에서 이 아이들끼리

---

48 이자나기노미코토(伊奘諾尊)가 이자나미노미코토(伊奘再尊)를 요미노구니(黄泉の国)로 방문했다가 도망쳐 돌아왔을 때, 뒤따라온 요미쓰시코메(黄泉醜女)를 막기 위해 던진 막대기에서 나왔다는 신, 사령의 침입을 막는 신, 행로의 안전을 지키는 신으로 마을의 경계 등에 세워진다. 근세에는 그 형태로부터 혼인, 출산, 부부원만의 신이 되기도 하였다. 도조신(道祖神), 사에노카미(塞の神), 길의 신.

운영하는 '도리고야鳥小屋'나 '본 야라 당ポンヤラ堂', '정월 고야正月 小屋' 등으로 불리는 가설 움막 의 활동에서 드러난다. 어린이 들은 부모 품을 떠나 이처럼 움막 안에서 자기들끼리만 지 냈다. 또한 음력 정월에는 행 신의 권신勸進이라 칭하는, 금

그림 36 주고야(十五夜)[49]의 경단 훔치기

품을 요구하거나 8월15일 밤에 경단을 훔치거나 하는 '공인된 못된 놀이' 가 어린이들의 특권으로 행해졌다. 어린이들은 지역 행사에서 자신들만의 역할로 독자적인 활동을 하고 있었다.

야나기타의 지적에서 흥미로운 것은 어린이가 '지금은 별로 반기지 않는 어른 흉내'를 내었다는 점이다. 야나기타는 "옛날 어른들은 자신 들도 단순하여 뭔가를 숨기거나 하는 일이 별로 없어 가만히 옆에서 보 고 있으면 조금 큰 아이라면 자연히 알게 되는 일만 했다. 이는 머지 않 아 그 아이들에게도 시킬 일이니 미리 보여주자는 의미도 있었을 것이 다"라며 어른이 어린이에게 자신이 하는 모양을 보여주며 훈육하려 했 던 점을 들고 있다. 말하자면 '작은 어른'으로서 어린이들은 일에서건 놀이에서건 어른을 흉내 내며 '와카모노구미若者組'[50]에 들어갈 준비를

---

49 음력 8월 15일 밤, 달을 바라보며 기원을 드리는 민속행사로 가을의 한 가운데라 는 의미로 '중추(仲秋)'라고 했다. 민간에서 쓰키미경단(月見団子)과 감자/토란, 풋콩과 밤 등과 함께 술을 올리고, 참억새와 가을 풀꽃을 올려 달에게 기원한다. 예 전에는 9월 13일 밤의 달인 주산야(十三夜)를 나중의 달(後の月)이라고 하여, 둘 중에 한 쪽 달만을 보는 것을 불길하다고 보기도 했다.
50 부락별로 조직된 청년남자로 구성된 집단. 자세한 내용에 대해서는 제4장 참조.

그림 37 죽마 놀이

그림 38 어린이들의 놀이(아이를 뺏어라 뺏어라)

그림 39 고무줄 놀이

하고 있었다.

야나기타가 말하는 어린이 문화의 세 가지 특징은 근대의 학교교육 제도와 대조되어 나온 것임을 알 수 있다. 학교교육은 연령에 따라 지식을 습득하는 것을 목적으로, 학년을 설정하고 연령별로 나누어 조직한다. 잡다하고 대략적인 어린이 영역은 소멸되고 같은 연령의 어린이만으로 구성되는 클래스=학급이 어린이 영역으로 편성되어 단계적으로 학년을 거쳐 진급하는 클래스로 분류/등급화 된다. 그리고 부모의 보호 하에 두면서 교사가 이 어린이 클래스를 관리/감시하는 것이다.

어린이가 사회의 구성원으로 명확해지고, 교육받아야 하는 주체=학동으로 특권화되어 중심적 안건으로 올라 서는 한편, 야나기타가 말하는 '소아의 자치' 혹은 어린이의 영역은 박탈당하게 된다. 어린이의 영역이 가정/학교라는 격리된 공간으로 국한되고, 아동 중심주의가 성립 된 것이다.

메이지 초기의 문명개화기에는 민간의 여러 관습이 '악습', '구폐'로 금지됐다. 어린이가 음력 정월에 각 집을 돌며 축하 인사를 하고 떡이나 금전을 받는 행사는 '거렁뱅이 소행', '풍속을 해치는 소행'이 되었고 내기가 걸린 놀이는 어른이 되면 '가산을 탕진'시키는 '도박과 같은 소행', '불량한 유희'로 금지되었다. 아동을 교화하고 풍속을 순양하는 소학교 교육의 방해가 되기 때문이었다. 어린이는 학교교육 안에서 신체와 정신의 훈련/교화를 받게 된다. 따라서 어린이는 나쁜 영향을 미치는 어른으로부터 격리/보호될 필요가 있었다.

특히 어린이에게 직접적인 영향을 미치는 와카모노구미는 '야만'스럽고 '음외'스러운 악습의 집단으로, 모임이 금지되어 해체의 대상이 된다. 도당을 꾸려 유흥을 위해 낭비를 일삼고 말싸움 몸싸움뿐 아니라 난폭, 낭자한 행동, '요바이夜遣い51'라 하는 금수와 같은 외설 행위를 하는 악의 소굴로 인식됐다. 어린이가 와카모노若者나 어른의 흉내를 잘 낸다고 해서, 기뻐할 것이 아니라 어른스러운 꼬마로 빈축을 살 뿐이었다.

어린이에게 학동=아동이라는 틀이 주어지고 이들이 문제시 되어야 할 안건으로 부상했다. 바로 문명개화기의 근대화=서양화를 목적으로

---

51 밤에 성교를 목적으로 남의 침소로 들어가는 일본의 옛 풍습. 체계적이고 조직적인 촌락 공동체의 통제 아래 있었으나, 특히 에도 중기 이후 마쓰리를 빌미로 야외, 혹은 와카모노야도 등에서 남녀 혼음이 행해지게 되자, 근대 이후 퇴폐적이고 음란한 풍속으로 금지되었다. 자세한 내용은 본서 제 4장에서 언급된다. 제 4장 각주 14 참조.

하는 학교교육의 장에서였다. 학동=아동이라는 개념은 단순히 서양의 아동문화를 흉내 낸 것이 아니다. '악습'이 만연했다고 하는 전 세대의 어린이와 대조된 것이다. 특히 '어른 흉내'를 내는 어린이와 대조됐다.

이렇게 유년기/소년기가 분할되어갔듯이, 어린이는 지역, 또는 와카모노라는 어른과 따로 떨어져 학교와 가정의 폐쇄적인 공간 속으로 들어섰다. '어른 흉내'를 내는 어린이와 반대로 연약하고 귀여운, 무엇보다 순진/무구하다는 어린이의 이미지가 형성됐던 것이다.

i   『府県資料 日本庶民生活史料集成 21』

ii   小西四郎編『錦絵幕末明治の歴史6 文明開化』

iii   『明治文化全集 20』

iv   20号

v   『明治文化全集 18』

vi   25号, 1874年

vii   『明治文化全集 20』

viii   「泰西家庭教育」『太陽』4巻 2号, 1898年

ix   家庭教育,『太陽』4巻4号, 1898年

x   「幼児衛生の一筋」『太陽』4巻1号, 1898年

xi   『柳田国男全集 11』所収

xii   「神に代りて来る」『柳田国男全集22』所収

xiii   「小児生存権の歴史」『正本 柳田国男集 15』

xiv   「小公子前編自序」

xv   文部省編『幼稚園教育百年史』

xvi   相沢照『日本教育百年史談』

xvii   1942年『柳田国男全集23』

제Ⅱ부

와카모노若者와 오토메オトメ의 근대

민속의 知의 계보

제 4 장

와카모노若者의 민속

1. 와카모노구미若者組란

일찍이, 라고 해도 에도 시대이지만, 모든 정촌町村에 와카모노구미若者組(와카이슈若い衆, 와카슈나카마若衆仲間, 와카렌쥬若連中)라고 하는 것이 있었다. '와카모노若者'라는 층이 확고하게 존재하고 있었던 것이다. 이는 메이지 시기에도 계속된다. 남자들은 달력 나이로 15세에서 30세 혹은 35세 정도까지 혹은 '야쿠도시厄年[1]'인 42세를 상한선으로 하여 와카모노구미를 조직했다. 와카모노의 범주는 지금보다 훨씬 그 폭이 넓었다.

---

1 신변에 재난이 닥치기 쉬워 매사 조심해야 한다는 나이, 남자는 25세, 42세가 이에 해당한다.

그림 1 단고(反後:현 교토 북부)　　　그림 2 구마모토(熊本)의 와카모노들
　　　지방의 와카모노들

이 와카모노가 1873년(메이지 6)의 징병령을 계기로 20세 이상의 성인남자인 병사로 재편 된다. 지역의 지연적/자발적/구속적인 통합=민중결속에서 국가권력에 의한 국민적/의무적/강제적인 통합으로 이행한 점은 대조적이다. 이와 병행하여 와카모노가 행사해 왔던 '힘', 단적으로는 완력/폭력에도 변화가 일어났을 것이다. 역사적인 맥락에서 와카모노의 '힘'이란 어떤 것일까. 그 '힘'이 어떠한 경로를 거쳐 왔는지 살펴보도록 하자.

와카모노구미는 마을 공동관리 임야의 유지관리, 도로/보/다리의 공사, 화재나 천재의 방비/복구작업, 지역 경비와 치안이라는 지역사회 생활 전반에 걸친 균일한 노동력을 담당하고 있었다. 그뿐 아니라 휴일의 결정, 씨족신 마쓰리나 본오도리盆踊り[2] 등의 연중행사 운영, 지시바이地芝居[3]이나 데오도리手踊り[4]의 상연, 연극과 스모 등의 개최에서도 주

---

2 우라본(盂蘭盆)인 7월 13일부터 16일에 걸쳐, 정령을 달래기 위한 음악에 맞춰 추는 춤, 원시무용에서 유래하고 불교가 도래한 후에는 우라본의 의식으로 행했으나, 무로마치(室町) 말기부터 민중 오락으로 발전했다.

도적인 활동을 했다. 노동
과 오락, 질서의 관리/통제
와 활성의 중심이 바로 와
카모노구미였던 것이다.

그림 3 지역 마쓰리를 주관하는 와카모노들
(福島県 下郷町 高倉神社)

지역사회의 계층적 질서
는 사회적 계층과 함께 연
령에 의한 계층으로 구성되
고 있었다. 연령에 따라 어

린이子供組, 젊은 남자若者組, 중장년中老組, 노년年寄組의 피라미드형 계층조
직(연령 위계제)이 구성되어, 연령층에 의해 지역사회의 조직/질서가
편성된 것이다. 젊은 청년들로 구성된 와카모노구미는 중장년층中老組
과 노년층年寄組에 종속하는 지위에 있었다. 그러나 지역 내 실질적인 노
동력이자 실무집단으로, 나아가 제례나 제사의 담당자로, 이와 같은 사
회적 및 종교적 '힘'이나 혹은 권위에 의거하여 제재권을 가지고 권력
을 행사하는 자주적이고 자립적인 집단의 측면도 가지고 있었다.

따라서 지배자층이나 무라야쿠닌村役人[5], 중장년층中老組/노년층年寄組
에서 보면 이들은 때때로 지역사회의 질서를 뒤흔드는 일탈집단적인
색채를 띠기도 하였다. 특히 노는 날을 정하거나 연극/스모 개최를 자
주적이고 자의적으로 여는 경우, 질서를 혼란스럽게 한다거나, 가업에
태만하다거나, 낭비/도박에 빠져 있다거나 하는 일탈집단적인 와카모

---

3 농촌 각지에서 민간 계승되어 제례 등에서 행해지는 그 지역 주민들이 주체가 되
  는 연극.
4 다수가 모여 앉아 같은 손동작으로 추는 춤, 본오도리의 일종.
5 에도 시대, 군다이(郡代) 혹은 다이칸(代官)의 지배 아래 있으면서 각 촌의 민정을
  담당했던 공사(公使).

노구미의 이미지가 형성 혹은 날조되어 간세이개혁寬政改革[6]에서 풍속 단속의 주요 대상이 됐다. 이렇듯 근세후기 이후 와카모노구미 그 자체가 통제/금지의 우울한 상황과 만나게 된다. 이는 메이지 시기에 이르러 각 부현 차원에서 공통되는 긴급을 요하는 문제로 대두 되었다. 국민국가의 형성 과정에 있어, 전국 차원의 중요 과제로 와카모노구미의 해체, 와카모노와 '국민'으로의 재편/통제가 부상한 것이다.

2. 일탈집단으로서의 와카모노구미

'근대'라는 시점에서 와카모노구미를 바라볼 때, 근세에서 이미 문제시 됐던 일탈집단적 성격 또는 그 통제/금지뿐 아니라 와카모노구미의 재편/재조직화가 전국적인 차원에서 탁상 위에 올랐다는 점이 근대의 특징으로 중시돼야 할 것이다. 연령 집단/종당의 와카모노구미 해체와 함께 청년회(청년단)나 군대, 학교를 중심으로 다방면에 걸친 조직/제도의 재편/재조직화가 국가주도뿐 아니라 와카모노에 의해서도 자발적이고 자주적으로 추진됐다. 이 프로세스는 한편으로 국민의 문명화, 다른 한편으로는 국가의 종속/복종으로 추진된다.

근대국가는 국민국가로 형성됐으나, 이때 몇 가지 과제가 남겨져 있었다. 이것이 '근대'와 '국민'이라는 컨셉에 관련된 것은 말할 것도 없

---

6 일본 정치가 마쓰다이라 사다노부(松平定信)가 1787-1793년에 도쿠가와 막부(德川幕府)의 재정난과 도덕적 위기 상황을 타개하기 위해 실시한 개혁. 무역, 특히 서양과의 무역을 제한하고 농업을 장려했으며, 농민의 도시이주 또한 엄격하게 제한하며 전반적인 검약 정책을 실시했다. 에도의 3대 개혁 중 하나이다.

으나 와카모노구미도 이 관련성 안에서 문제시 된다. 이러한 컨셉이 일단 가치 있는 것으로 등장하면, 상대적으로 낮게 평가되는 컨셉도 덩달아 날조되는 것이다.

'근대'('문명')에게는 폐습/미개/야만/봉건, '국민'('신민', 나중에는 '황민')에게는 우민/완민/폭도가 대립항으로서 부정적인 형태로 사용되었다. 여기에서 교육의 보급, 교화/훈육이 학교와 군대를 거점으로 하는 중요한 스트라테지(전략)가 되나 이는 단순한 우연이 아니었다. '근대' 혹은 '문명'이나, '국민' 혹은 '신민'이라는 컨셉이 자명하고 긍정적인 가치로 표준화 되는 가운데 와카모노구미가 가장 중요한 타겟이 되었다.

문명개화는 단순히 국가가 주도하는 서양화 정책뿐만 아니라 민간 차원의 계몽운동으로도 전개된다. 와카모노뿐만 아니라 많은 사람이 신기한 물건이나 새로운 정보에 호기심이 왕성했다. 자유민권운동의 조류는 이러한 가운데 조성되었다. 한편, 당연하게도 민간의 관습은 저평가됐다. 이는 메이지 초기에 이미 시작되고 있었다.

메이지 초기의 와카모노구미가 어떠한 색채를 띠는 집단으로, 어떠한 언설로 표현됐는지를 메이지 초년에 발간된 『부현 사료府県史料』에서 살펴보도록 하자. 먼저 전형적으로 미야자키 현宮崎県에 내려진 와카모노구미에 관한 포고를 들 수 있다.

　　와카모노구미 또는 무슨 고쥬講中[7]라 하여 사적으로 당을 조직하고 신사제례를 빙자하여 다른 지역에서 예능인을 불러…… 그 비용을 걷으려

7　신불참배 계원.

고 사람들에게 들은바 없는 금품을 구걸하고, 만약 이를 거절하면 그 사람에게 앙심을 품고 미코시神輿 [8]순행 때를 노려 술에 취해 그 집으로 쳐들어가 행패를 부리는 일도 있다고 하니, 그 손해뿐만 아니라 남들 보는 눈이 무서워 어쩔 수 없이 돈을 내놓고…… 이는 제례의 본 취지를 퇴색시키고 개화된 오늘날 절대로 있을 수 없는 일이므로 이후 와카모노구미 혹은 무슨 무슨 고쥬라고 하는 것을 일절 금한다.[ii]

많은 현에서 와카모노구미가 해체의 대상이 됐다. 와카모노구미를 사적인 '당'으로 규정한 것이다. 제례 때 예능인을 부르거나 아마추어 연극을 하거나 술에 취하여 가업을 태만히 하고, 낭비를 일삼으며 기부를 강요할 뿐 아니라 기부금이나 술값 등을 거절하면 난폭한 행패를 부리는 이들이 '와카모노구미'라고 하고 있다.

특히 와카모노구미의 '폭력', '폭행'이 부각된다. 상당히 일상적으로 '폭력'을 휘두르는 것처럼 보인다. 그러나 이는 제례라는 특수한 상황에서 그러한 것이다. 이렇게 공통된 판에 박힌 디스쿠르[9](언설)에 의해 와카모노구미의 다른 활동은 전혀 고려되지 않고 폭력이 부각되고 있다.

본오도리盆踊り 단속─ 구래 풍습에서 본오도리라고 하여 나체나 그 외 이상한 몸으로 춤을 추는데, 매우 체계가 없으므로 만약 본오도리를 연다고 하더라도 이와 같은 일은 절대 없도록 ……[iii]

---

8 신여, 제례/마쓰리 등에서 신위 등을 모신 가마.
9 Discours, 담화, 언설. 푸코가 사용한 디스쿠르라는 개념은 무언가를 주장하는 기호의 집합으로, 푸코는 인간이 하는 문화적/언어적 활동 전반을 분석의 대상으로 삼으면서 이를 디스쿠르라고 불렀고, 이것이 사회의 권력 구조와 밀접한 관련이 있음을 밝혔다.

8월 3일 본오도리를 금지한다- 이 지방의 인민은 아직 종전의 인습에서 벗어나지 못하여 음력 본盆[10]에 해당하는 날에 본오도리라 하여 한밤중에 길거리나 신사지 등의 곳곳에서 다

그림 4 와카모노들의 본 오도리

수가 모이는데, 그 중에는 기괴한 차림을 하고 남녀 서로 복장과 분장을 바꿔 유희하는 일이 있으니, 이런 음란한 폐습에 휩쓸리면 풍속을 어지럽히고 교화의 방해가 될뿐 아니라 그 추태가 극에 달해 이를 미리 금지하나니 절대로 그리하면 안 될 것이다. 무엇보다 유신 이후, 연중 축제일이 정해졌고 또한 태양력이 정해져 오늘에 이르니 이 같은 폐습에 빠짐은 있을 수 없다. 따라서 다시 본오도리 등을 금지하니 잘 유념하여 이를 없애고 이 취지를 각 호 빠짐없이 준수해야 할 것이다.[iv]

여기에서는 본오도리에 대한 포고를 인용했으나 이들은 제례에서도 나체가 되거나 남장/여장을 하며 즐긴듯하다. 예를 들면 국가에 의해 새로이 제정된 축제일, 메이지 천황의 탄생일인 천장절에는 미에 현三重県에서 '남자가 여장하고, 여자가 남장하여 경진을 축하하는 등의 풍습

---

10 오본(お盆), 불교의 우라본에(盂蘭盆会)를 기원으로 하고, 석가가 아귀도에 떨어져 고통 받는 중생을 구하기 위해 7월 15일에 공양을 드리도록 권한 것에서 유래한다고 하는 일본의 대명절. 조상의 영혼을 영접하여 자손이 번영하기를 기원하는 풍습으로, 현재 정월 쇼가쓰(正月) 함께 일본 최대의 명절이다.

그림 5 남장여자   그림 6 여장남자

을 금함'이라는 금지령이 내려졌다. '이제까지 축제일에 정촌町村에서
남자가 여장을 하고 부인이 남자 옷을 입고 일부러 우스꽝스럽고 기묘
한 풍채로 꾸며서 사리에 어긋난 행동을 분별없이 한다.'고 하니 제례
에서 남장/여장이 흔하게 행해지고 국가의 축제일 또한 종래의 다른 제
례와 다름 없었던 듯하다.

　와카모노들이 본오도리나 제례의 모습에서 '이상한 형태', '이상한
복장'을 보였고, '체계 없음' 혹은 '음풍', '외설', '풍기문란'이라고 기
술됐다. 이 때문에 와카모노구미의 습속은 '개화'에 반하는 '폐풍', '폐
습'으로 규정된 것이다.

　포고의 언설은 언뜻 보아도 알 수 있듯이 매우 판에 박힌 형태로, 정
형화된 디스쿠르로 넘쳐난다. 또한 의도적으로 본오도리나 제례만을
들어 와카모노들의 모습을 부각하고 있다. 실태 조사를 행하지 않고 편
견이 넘쳐나는 일정한 이미지로 일괄시켜 지역의 차이 등은 고려하지
도 않은 채 공통된 이외의 요소를 소거하고 있다고 할 수 있다. 행정적
차원의 언설은 와카모노구미의 실태/진상을 전하는 것이 아니라, 날조

된 픽션으로 구성되고 있다고 해도 과언이 아니다.

그러나 역설적으로 이러한 날조된 픽션이야말로 '사실'과 '진상'을 드러내고 있다고 볼 필요가 있다. 왜냐하면 '사실'이란 언설에 의해 날조되거나 현실로 실체화된 것일 뿐만 아니라, 그 '사실'에야 말로 정부/관료 측의 위급하고 위기적인 현실 인식과 와카모노구미 측의 돌출된, 혹은 문제시된 동향이 우연히 폭로되고 있기 때문이다. 따라서 조사 부족이라는 비판 또한 정곡을 찌르는 것은 아니다. 지방의 관료는 내탐으로 지방의 실태를 매우 잘 알고 있었고, 그렇기 때문에 정치적/사회적 문제군을 부각시켜 과장된 디스쿠르를 가능하게 할 수 있었다.

3. 와카노모구미의 악습과 폭행

다음으로 와카모노구미의 '악폐', '악습'으로 특히 부각되는 관행/풍습을, 『부현 사료』에 수록된 아이카와 현相川県(현 니가타 현新潟県)의 1876년(메이지 9)의 포고에서 살펴보자.

> 혼인을 축하 할 때, 사고를 빙자하여 그 가택에 통행 혹은 방해를 행하는 자들……종래의 풍습이라 하여 고쳐지지 않고, 다루이레樽入11라고 외치며 이상한 차림새로 빈 나무통이나 미곡 등을 가져와서는 마시고 싶은 만큼 마시고, 가져온 것의 열 배에 달하는 답례를 요구하는 등의 악폐가 벽촌과 향촌은 물론이거니와 현 내 시가지에서도 아직까지 행해진다고

---

11 혼약성립의 징표로 신랑 집에서 신부 집으로 중매인이 술통을 가져가는 것=기마리자케(極り酒).

들리니 이는 당치않고…… 단연코 이 악폐를 그만두어야 할 것이다.

재중에 네도코야寢床屋[12]라고 하여 마을 내 길가 작은 불당이나 청상과부 등의 집으로 처녀/와카모노 등이 들어가, 표면상으로는 방직 등을 한다고 하면서 내실은 주로 음란한 행위를 함이 있다고 들리나, 이는 금수와 같은 짓으로 크게 부끄러워해야 할 일이니, 이와 같은 일은 분명 금해야 할 것이다.

재중에 와카이슈나카마若い衆仲間[13]라고 하여 젊은이가 당을 짜서 대장을 세워, 신사제례 때 걸핏하면 다른 연령층의 사람들과 말싸움/몸싸움을 빚어, 매우 격해지면 그 안의 처녀는 자신들의 관리 아래 있으니 부모의 지령에도 맡기기 어렵다고 하는 악습이 있음을 들어, 이와 같은 일을 금지한다.

와카모노구미가 지역사회 내에서 갖고 있었던 권력의 기반은 이들이 행해온 공동의 노동력에 있었던 것만은 아니다. 지역사회의 경비/치안의 실질적인 담당자로 그 지위를 획득하여 유지해온 점에 있었다. 위의 포고에서는 이러한 점에 대하여 어떠한 언급도 하지 않는다. 일부 특정한 측면을 부각시켜 와카모노구미의 '실태'가 구성 혹은 날조되고 있다. 여기에서 권력의 디스쿠르를 읽어낼 수 있을 것이다.

와카모노구미의 관습은 '악행' '악습'이라는 단어로 폄하되고 있다. 앞서 언급했듯이 정형화된 언설의 방식이다. 그러나 '다루이레'나 '네도코야'라는 민간의 언어로부터 알 수 있듯이, 이는 그저 관료가 작성한 문장이라기 보다는 적지 않게 지역사회의 관습에 정통한 이의 언설

---

12 청년들이 방직 등의 일이나 수양을 위해 합숙했던 장소를 이른다.
13 와카모노구미의 다른 명칭.

이라고 할 수 있겠다.

여기에서는 와카모노구미가 매우 난폭한 집단으로 부각되고 있다. 이는 '사실'이었을까. 만약 그렇다고 해도 그저 폭력으로 다루기 전에 그 폭력의 질, 혹은 혼례/축의나 제사/제례라는 문맥에서의 의의를 생각할 필요가 있다. 이러한 문맥을 도외시하고 폭력 일반으로 처리/처벌하여 이를 허용하지 않는 것이 근대의 법률이었다.

분명 근세에도 와카모노구미의 '말싸움/몸싸움'은 금지되어 있었고 자신들도 규칙으로 정해 규제하고 있었다. 이 혼례/의례나 제사/제례에서의 '폭력성'은 개인적인 '몸싸움/말싸움'과는 전혀 다른 것으로 와카모노가 지역공동체를 위해 행사해 온 공동의 '위력'을 나타내는 것이었다.

혼례나 제례 등에서 와카모노구미의 관행과 함께 '네도코야'('요바이'[14])의 관습은 '음행', '금수와 같은 짓'이라며 그 야만성과 비문명성을 강조하고 있다. 또한 마을의 '처녀는 그들의 관리'라는 혼인매개의 관행에 대해서는 있었는지 없었는지 모를 '부모의 지령'을 빌미로 비난하고 있다. 특히 혼인 관행과의 관련에서 지역사회 내에서 권력을 행

---

14 밤에 성교를 목적으로 남의 침소로 들어가는 일본의 옛 풍습. 일반적으로 서일본을 중심으로 크게 유행하였다. 일본에서는 결혼이나, 혼(婚), 요메(嫁)등의 글자를 이전에는 요바우(よばふ), 요바이(よばひ) 라고 하여, 동사인 부르다=요부(呼ぶ)의 재활용형인 쓰마도이(つまどい), 쓰마마기(つままぎ) 등과 더불어 남자가 구혼을 위해 여자의 침소에 들어가는 행위를 의미했다. 일본 옛 혼인 풍습에서는 결혼 중에도 남녀가 따로 살며 남자가 여자네 집으로 다니는 것이 보통이었는데, 이 또한 요바이라고 했다. 근대 이후 퇴폐적이고 음란한 풍습으로 금지됐으나, 요바이에도 일정한 규칙이 있어 여자들의 경우 거부권을 행사할 수 있었기 때문에 오히려 마을의 젊은 남자들은 거절당하지 않기 위해 용모/체력/평판을 관리하게 되었고, 정한 규칙을 무시하면 무력으로 응징하는 등 체계적이고 조직적인 통제 안에 있었다고 할 수 있다. 에도 중기 이후 마쓰리를 빌미로 야외, 혹은 와카모노야도 등에서 남녀 혼음이 행해지고 있다. 자세한 내용은 본문에서 언급된다.

사할 수 있는 와카모노구미의 지위가 부정된 것이다. 혼인은 와카모노구미가 주도권을 쥔 공동체적 관행에서 가장이 관할/지배하는 이에家[15]의 의례로 전환하게 된다.

그렇다면 와카모노구미가 실제로 제례나 혼례/축의 등에서 난동을 피우거나 방해를 하는 일은 없었을까? 말싸움/몸싸움이 가끔 있었을 것이나 항상 그러지는 않았을 것이다. 제례 등에서 가끔 난폭한 행동이 보이기도 했다는 것이 아마 그 '진상'이리라. 또한 제례 등에서 그들이 날뛰거나 싸우거나 미코시를 메고 난동을 부리거나 술을 마시고 주정을 부리는 일에도 의의는 있었고, 이것이 공인된 것도 사실이다.

와카모노구미의 '폭력', '폭행' 중, 내부 통제를 위한 제재를 제외하고, 공적인 두 가지 폭력을 들 수 있다. 먼저 제례에서 소우주론적 공동체의 질서를 관할하기 위해 발휘되는 비일상적이고 의례적/종교적인 '폭력'이다. 다른 하나는 근린지역(혹은 관헌)과의 싸움/투쟁 등에서 공동체의 세속적 질서를 유지하기 위해 행사되는 비상시적이고 사회적/정치적인 '폭력'이다. '폭력'은 이 두 가지로 구분될 수 있다. 양자는 때와 장소에 따라 분화되지 않아 구별이 불가능한 경우도 있고 전자에서 후자로 과감하게 전개되는 경우도 있다. 메이지 초기에 문제시되었던 와카모노구미의 활동 중 하나는, 이와 같은 특성을 띠는 '폭력'이었다.

1869년 야마나시 현山梨県에서는, '시와 촌의 도조신제道祖神祭[16](사에

---

15 메이지 근대 민법에 따라 채용된 가족 제도, 좁은 범위의 친족 관계로 하나의 이에(家)를 구성하고, 호주에게 전면적인 통솔/지배권이 부여되었다. 호적법의 실시와 함께 전국민은 이에의 단위로 편재되어 파악되게 되었고, 여기에서 호주에게 전면적 지배권을 부여하는 방식은 근대일본 천황제 국가가 수립하려 했던 가족국가형성의 기초였다.

노카미(塞の神 마쓰리)의 폐
습을 금한다'고 하여 정
월 14일의 행신 마쓰리
를 금지했으나 그 후의
보고서에서 와카모노구
미가 행한 의례적/종교
적 '폭력'의 한 양태를
볼 수 있다.

그림 7 도조신 마쓰리(長野県野沢温泉村)

　　구습으로 매년 정월 14일에 시촌市村의 제사가 있어 이를 도조신 제례
혹은 사에노카미 마쓰리 혹은 14일 제례라고 하여 하루 전인 13일, 와카
모노라고 칭하는 열 다섯살 이상으로 아직 아내를 얻지 않은 자들이 모
여 나무 깃발장대棋幟山木······ 및 사키쵸左義長[17] 등을 마을 시가지에 세우
고, 이것을 세울 땅을 파는 것은 반드시 신부를 얻은 자가 모두 해야 한
다고 하며 와카모노가 제멋대로 위엄을 떨며 세력을 형성하니 그곳에서
는 모두 광기에 휩싸여 연일 북과 피리를 울려대며 소란스럽게 밤을 새
운다. 신혼/신축 혹은 고사가 있는 집에 머물면서 축제비용을 모아 그 많

16　이자나기노미코토(伊裝諾尊)가 이자나미노미코토(伊裝再尊)와 요미노구니(黄泉
　　の国)에 방문했다가 도망쳐 돌아왔을 때, 뒤쫓아온 요미쓰시코메(黄泉醜女)를 막
　　기 위해 던진 막대기에서 나왔다는 행신 사에노카미(塞の神, 障の神)는, 사령의 침
　　입을 막는 신, 행로의 안전을 지키는 신으로 마을의 경계 등에 세워졌다. 근세에는
　　그 형태로부터 혼인, 출산, 부 부원만의 신이 되기도 했고, 근래에도 음력 정월 대
　　보름 행사로 금줄을 태우는 등의 의식을 동반한 도조신제가 행해지고 있다.
17　도조신의 사당 길을 끼고 두 개의 장대를 심어 금줄을 장식하고 출입구를 만드는
　　것. 정월 보름의 궁중 악귀 퇴치 행사로 궁중에서는 정월 15일과 18일에 고서를 태
　　우는 의식을 행하고, 민간에서는 정월 14이나 15일에 긴 대나무 막대 몇 개를 원추
　　형 등으로 짜 올려 정월의 현관장식이나 시치고산 장식 등을 가져가서 태운다. 그
　　불로 떡을 구워 먹으면 연중 병에 걸리는 것을 막아준다고 한다.

그림 8 메이지 시대의 경찰

고 적음을 추론하지 않고 걸핏하면 폭행한다. 시촌의 장이 이를 타일러도 듣지 않고 오직 말하길 도조신이 씌여 이와 같이 행하는 것으로 이를 강제로 제어한다면 천벌이 내릴 것이라고 하니 사람들이 모두 두려워 접근하지 못한다. 14일에 이르면 긴 궤짝에 작은 신단을 놓고 그 위에 붉은 사자머리를 안치하고 이를 거리에 둔다. 도조신의 사당은 따로 정해지지 않아 시가지 내에는 거리에 하나씩, 인가의 행랑에 안치하고 촌과 리에서는 한 리 안에 23개소, 혹은 56개소 길가에 석단을 세우고 그 위에 돌로 만든 불상대 혹은 원형의 돌을 올려두고 이를 신위(위패)라고 하여 그 제사는 신관이나 승려가 관여를 못하는 것이라 한다.

도조신 제례의 3,4일 전부터 와카모노구미는 단어 그대로 위세 좋게 행동한다. 이는 '광기'와 같은 것이다. 밤낮에 걸쳐 피리/북을 울려대고 마쓰리의 기부금을 걷었다. 와카모노구미는 기부금의 많고 적음에 따라 폭행을 했다고 한다. 이 폭행은 네거티브한 낙인이 찍혀 비난 받고 있다. 하지만 실제로는 지역사회에서 어느 정도는 시인되고 있었던 지역공동체의 소우주론적 질서를 갱신하는 신의=신위神威의 의례적/종교적 '폭행'으로, 암묵적인 사회적 제재로서의 의의를 가졌던 것으로 보인다.

여기서 흥미로운 것은 와카모노구미가 폭행의 정당성의 근거로 '도조신이 내렸다고 하여 이처럼 하는 자를 억지로 제어하면 천벌을 받을

그림 9 니시키에 속 경찰관

것'이라고 한 것처럼 신의神意를 가져왔다는 점이다. 폭행은 도조신에
씌인 자들의 행동, 즉 도조신 그 자체의 행위로 이를 제지하면 도조신
의 '천벌'을 받을 것이라고 협박하는 것이다. 이 말은 와카모노구미가
'미신'에 사로잡혀 '개화'하지 못했다는, 미개성/야만성의 증거로 쓰여
지고 있다. 국가의 언설과 민간의 언설이 대치한다고 할 수 있다.

　도조신제에서 와카모노구미는 각 집을 돌며 사자 춤을 추고 '악귀를
쫓는' 종교 의례를 담당했다. 도조신의 광폭한 위령을 체현함으로써 지
역공동체 안에서 '악마'를 몰아내는 것이 가능하다고 보는 민속적 심
성을 읽어낼 수 있다. 또한 마쓰리의 기부금이 강요된 것은 신혼이나
신축 등, 축하 할만한 일이 있는 집이며 이들은 스스로 '악귀를 쫓는'
의례를 원하고 있었다.

　이뿐 아니라, 축의로 모은 금전은 균등하게 지역공동체로 환원됐다.
더 가진 사람의 것을 빼앗는 지역 의례상의 관행적 의미도 있었던 것이
리라. 와카모노구미의 폭행을 질서에서 일탈한 사회적 폭력으로 인지
할 것인지 아니면 신위에 의한 의례적 폭력으로 감지할 것인지, 말하자

그림 10 나체의 남자를 벌하는 경찰관

면 와카모노구미의 존립 그 자체가 기로에 서 있었다.

도조신제는 3년 후에도 금지의 포고가 내려진다는 점에서 경찰력에 의한 탄압이 있었는지는 분명치 않으나 어지간한 설득으로 이들이 굴하지 않았음을 알 수 있다. 이때 도조신의 사당이 신사 경내로 옮겨져 북, 피리, 깃발, 장대깃발을 소장하는 것이 금지되었으나 한참 동안은 "그 풍속, 바로 근절되지 못하는" 상태가 계속되었던 듯하다. 그러나 1876년(메이지 9)경에는 "이 제사에 관한 추폐, 전혀 그 흔적을 찾을 수 없음에 이르러"라고 보고되고 있는 것처럼 도조신제는 소멸했던 것 같다.

자세한 경위는 알 수 없으나 도조신제에 있어서 와카모노구미가 현청 측에 굴복해 버린 것이라고 할 수 있다. 와카모노구미가 지역사회 내에서 점차 고립돼 갔을 것으로 짐작한다. 지역사회의 양태, 권력구조의 피라미드 형태가 변화했다. 상징적으로 말하자면 지역공동체의 자치가 해체되어 중앙집권국가의 지배 속으로 포섭된 것이라고 할 수 있다. 와카노모는 와카모노구미로서 지역공동체의 자치를 위해 폭력/권력을 행사하지 못하고, 국민으로서 국가에 대한 의무를 다해야 하는 존재가 된다. 그때까지 지역사회에서 허용되었던 의례적 폭력뿐 아니라 자치를 위해 행사했던 폭력/권력 또한 인정되지 않아, 국가의 법률에 의해 폭행/범죄로 인지된 것이라고 할 수 있다.

제 5 장

와카모노의 근대

1. '민간의 축제'와 '국가의 제사'

1873년(메이지 6), 메이지 정부는 태정관 포고에 따라 먼저 전년도에 태음력을 폐지하여 태양력으로 바꾸고 인일人日[18], 상사上巳[19], 단오, 칠석, 중양의 고셋쿠五節句[20]를 폐지하고 이어 원시제原始祭, 신년연회新年宴会, 고메이 천황제孝明天皇祭, 기원절紀元節, 진무 천황제神武天皇祭, 간나메

---

18 진지쓰(人日)는 음력 1월 7일이다. 1일부터 6일까지는 가축을 점치고, 7일에는 그 해의 인사를 점치는 일본의 다섯 명절 중 하나로, 이때 나나쿠사가유(七草粥: 봄 푸성귀 일곱 가지를 넣고 쑨 죽)을 먹어 만병을 예방한다.

19 조시(上巳)는 음력 삼월 삼짓 날, 주로 여아를 축하하는 절구로 히나마쓰리(雛祭)가 행해진다.

20 일본의 5대 명절. 진지쓰(人日, 1월 7일), 조시(上巳, 3월 3일), 단고(端午, 5월 5일), 다나바타(七夕, 7월 7일), 쥬요(重陽, 9월 9일)를 이른다.

그림 11 천장절에 게양된
어진영

사이神嘗祭[21], 천장절天長節[22] 니이나메사이新嘗祭[23] 등 8개의 축제일을 제정했다. 다섯 절구는 민간에서 자주적으로 정한 휴일로, 지역에 따라 다르지만 다섯 절구 모두를 쉬는 날로 하고 있었던 것은 아니었다. 따라서 이 휴일은 정부에 따라 폐지되고 말고 할 종류가 아니었으니 그 폐지는 민간의 생활에 공권력이 개입하여 균일하고 평준화된 전 '국민'적인 생활 방식을 구축하려 했던 스트라테지(전략)의 일단이었다고 할 수 있다.

다섯 절구뿐만 아니라 휴일은 모두 와카모노구미가 독자적으로 정하고 있었으니 그 해체가 표적이 되고 있었음은 말할 것도 없다. '민간의 축제'와 '정부의 제사' 혹은 '천황의 제사'의 상충이 적지 않았다. 그렇다고는 하나, 메이지 초기에는 '국가의 제사' 안에 와카모노를 중심으로 하는 '민간의 축제'가 게릴라적으로 개입하고 있었다. 1874년 천장절, 고치현高知県에서는 남녀 와카모노들의 기상이 유감없이 발휘되고 있다.

당일은 서민, 각 호가 국기를 걸고 만세를 공축하며 또한 성령(어진영)을 공원에 두어 절하는 등은 말이 더 필요 없으나, 특히 이상한 것은 봉축 흠양하는 나머지 관청 근방의 인민이 각 마을에서 사자머리/북 받

---

21 10월 17일 천황이 햅쌀을 이세신궁에 천신하는 궁중행사이다.
22 천황탄생일의 옛 명칭.
23 11월 23일에 천황이 햇곡식을 천지신에게 바치고 먹는 궁중행사, 지금의 근로감사의 날이다.

그림 12 국가적 의례에 대한 '민간 축제'의 개입(사쿠라다의 헌법발포식「憲法発布式桜田之景」)

침 등의 물건을 낼 때에 남자가 여장을 하고 여자가 남장을 하는 등, 참으로 기괴하고 이상한奇怪異形 분장을 하고, 심지어 무사들이 싸움터에서 쓰던 깃발 같은 것을 올리고 군무리 행렬을 이루니, 이는 거의 백귀야행의 형태라 할만하다. 우매한 인민이 오늘은 경찰의 관인이라 하더라도 관대하게 불문에 부칠 것이라며, 봉축의 뜻을 나타냈다. 그러다 자기도 모르게 불손한 인식이 드러나니, 이 또한 풍속 폐습의 하나로다.^v

과연 각 집에서 국기를 게양했는지 안했는지, 또한 공원에 걸린 메이지 천황의 '성령', 즉 '어진영'에 절을 했는지 안했는지 매우 의심스럽다. 그러나 거리에서 북을 치며 사자탈춤을 추고 여장/남장으로 분장하는 '기괴이형奇怪異形'이 천장절에 횡행하고 있었다. 와카모노들은 '민간의 축제'를 통해 '국가의 제례'에서 환골탈태한 것이다. 이는 민간이 실천을 가능하게 한 하나의 전술이었다고 할 수 있다.

새로운 권력은 축제일이라는 하나의 시스템에 침투하여 균질화된 질서로 '국민' 국가의 시공간을 수립하려 했다. 그러나 국기게양/만세 삼창/어진영 예배라는 의례적 시공간은 '기괴이형'이 개입함으로써 다른 차원의 시공간, 즉 '백귀야행'의 시공간으로 변질됐다. '풍속폐습'의 '우매한 인민'이 '국민'의 표식을 무효로 하여 '근대'와 '개화'에 대치했던 것이다.

다른 현에서도 이와 같은 방식을 반복한 것으로 추정된다. 무거운 포고에 의해 와카모노구미가 쉽게 해체되는 일은 없었다. 그러나 이들을 둘러싼 정치적/사회적 상황은 점차 변모했다. 기원절과 천장절에 각 학교에서 식전이 열렸다. 어린이들을 표적으로 학교교육의 장에 '국가의 제사'가 침입했을 뿐 아니라 러일전쟁 이후에는 마을의 유력자층이 학교 식전에 참가하고 지역별로도 '국가의 제사'를 수행하여 침투하게 된다. 국가의 축일에 학교 행사를 집행하는 방식은 국민을 교화하고 국가와 국민을 일체화시키는 결절의 지점이 됐다.

'구습일신'의 이름 아래, 민간의 많은 풍속들이 결국 폐절로 내몰리게 되나 그 과정에서 행정 측과 와카모노구미를 중심으로 하는 세력 간에 연이은 충돌이 일어났다.

『부현 사료』에 의하면 니가타 현新潟県에서 "엣슈越州[24]는 다른 지방에 비해 음풍이 많이 행해지고 그 폐습이 줄지 않아"라고 하여, 그 예로 매춘과 본오도리[25]를 들고 있다. 본오도리에 대해서는 다음과 같이

---

24 현 후쿠이현(福井県) 동부에 해당하는 에치젠(越前)과 현 도야마 현(富山県)인 에치쥬(越中), 현 니가타현(新潟県)의 에치고(越後)를 총칭한다.
25 오본 때에 남녀 노소가 광장에 모여 함께 춤을 추는 것으로, 본래의 의미는 오본 때에 맞아들인 사자(死者)의 혼령을 저 세상으로 돌려 보내는 것이다. 석가의 제자가 석가의 가르침에 따라 어머니의 고통을 없앨 수 있게 되어 기쁜 나머지 저절로 춤을 춘 것이 기원이라고 전해진다. 제4장 각주 2 참조.

기술된다.

예년 7월 본마쓰리盆祭에서 본오도리盆踊라 하는 일종의 음란폐습이 있어, 먼저 그 각 마을 안에 한두 곳의 전망대(판자로 만든 임시관람석)를 두고 피리/북으로 반주하여 선창을 함에 따라, 남자는 여장을 하고 여자는 남장을 하여 혹은 이상한 것을 쓰거나 제각기 기묘한 차림으로 남녀가 뒤섞여 춤을 춘다. 그 노래에도 음란한 가사가 많고 또한 놀라운 것은 춤을 추다가 혼잡한 틈을 타 처녀의 손을 잡고 마치 공공연하게 자기 아내처럼 대하니 이를 본오도리라 하여 연중 제일의 호락이다.

이것이 메이지 초기의 본오도리의 모습이었다. 1874년에 본오도리가 금지되고 그 폐해는 줄었다고 보고된다. 그러나 본오도리가 모두 소멸되고 '음풍'이 없어진 것은 아니었다. "본오도리는 메이지 유신 때까지 매우 성했으나, 근년의 금지에 따라 순사가 다른 곳을 도는 틈을 타서 홀연히 흩어지고 모여서 남녀가 섞여 유락한다"고 하는 식이었다. 관헌의 방해/개입이 없는 틈을 타서 게릴라식으로 모여 시시덕거리고, 그렇게 빈틈을 노려 '민간 축제'의 시공간을 생성했다고 말할 수 있지 않을까.

그러나 1879년(메이지 12)에는 와카모노구미가 단호히 본오도리를 강행하여 관헌과 충돌한 일도 있었다. "음외스러운 일도 적지 않아 근년 이를 금지했으나…… 유행병 때문에 상업도 휴업상태로 한가한 곳이 많아, 젊은 이들이 몰래몰래 본오도리를 열어…… 원래부터 인기있는 일이라서 많은 군중이 모였다", 순사 세 명이 막아 섰으나 "난폭하게 대항하여 순사에게 중상을 입혔다"[vi]라는 사태가 일어난 것이다. 이 '유

그림 13 메이지 시대의 미코시 순행(神輿渡御)

행병'이란 콜레라로, 당시 전국적으로 만연하였고 콜레라 잇키一揆[26]도 일어났다. 순사에게 중상을 입힌 자는 체포되어 처벌받았을 것이다.

2. 와카모노와 권력의 폭력

와카모노구미의 제례 봉사도 권력의 기탄忌憚과 조우하게 된다. 메이지 10년대에는 「미코시 난폭 유행神輿暴れ流行」이라는 신문기사가 나오고 있다. 와카모노구미의 폭력이 사회문제가 된 것이다.

"진수 우시지마牛嶋 신사(도쿄 무코지마向島)의 제전祭典은 이곳의 와카모노가 크게 분발하여 근년 보기 드문 성황"으로 그 비용은 지주나 부자의 기부에 의해 충당되나 요릿집 야오마쓰八百松만이 '그들에게 술 두 되' 밖에 내어 주지 않았다고 한다. 때문에 "일동은 화를 내며 미코시를 지고 이 집으로 들어가 집의 골대는 물론 여러 도구까지 때려 부수자고 의논을 하여…… 야오마쓰를 노리고" 미코시를 짊어지고 들어

---

26 지배층에 대한 저항투쟁을 목적으로 하는 농민의 무장봉기.

갔다. 처마 밑에 있었던 야오
마쓰의 주인을 향해 "미코시
의 봉을 그 가슴팍에 거칠게
부딪히니 주인은 악 소리를
내며 기절하고…… 망설이는
기색도 없이 미코시를 짊어
지고 돌아 문 앞 격자와 상인

그림 14 미코시 순행 (福島県会津 田島町)

방, 처마를 부수고 더 깊이
들어가려 하는 것을 순사 여러명이 달려가 겨우 말렸다"고 한다. 또한
"간다 신사神田神社에서는 미코시 순행 때 통행인의 방해가 된다 하여 순
사가 이를 제어하자 다들 난폭하게 달려들어 순사를 후려쳐서 여러명
을 구속"했다는 기사도 있다.[vii]

이 모두 와카모노구미가 행한 제재이다. 홧김이라는 것은 신문기자
나 유식자의 표현이다. 후자의 경우, '통행인의 방해'가 아니라 신의 순
행=신의 행차의 방해이며 이에 미코시를 진 와카모노들이 신벌을 운
운하며 날뛴 것은 당연했다. 신의와 민의의 두 측면에서 폭력이 휘둘러
졌다고 할 수 있다. '음란'이나 '때려 부숨'의 시작은 마지막엔 '통행인
의 방해'(이것도 범죄였다)라는 사소한 이유에 의한 것이다. 관습적인
규범이 아닌 근대법에 의한 치안/통치가 노골적으로 드러난다. 이 과정
에서 와카모노구미가 종래 가지고 있던 사회적 제재의 행사권이 관헌
과의 투쟁을 통해 그 골자를 잃어갔다. 제재가 '폭행'이 되어 형사사건
의 범주로 포섭 된 것이다.

와카모노구미의 투쟁 방식은 '민간 축제'의 연장 선상에 있었다. 세
상에 넘쳐나는 사악한 힘을 축제의 도가니로 몰아넣어 다시 질서화 하

려는 전략이다. 때문에 의례적 폭력이 발휘된다. 그러나 이러한 민속종교=코스모로지를 인정하지 않는 이질적이고 딱딱한 시공간이 출현하여 권력기구와 대치한다. 와카모노구미는 상당히 이질적인 '힘'과 조우했다고 할 수 있다. 와카모노들의 '힘'은 '혈기 넘침', '기세 좋음'이라는 단어로 표현되는 것처럼 때묻지 않은 숫된 기세를 본성으로 한다. 이는 단적으로 신체의 '힘'이며 체력이고 코스모로지컬한 위력=에너지에 넘치는 것이라고 할 수 있다. 이들에게는 재앙이나 사악함을 동반하는 힘과 대치될 힘이 기대되었다. 그 때문에 일상적 노동의 장에서의 '자연' 혹은 세상과 조화된 '힘'과는 다른 파괴적이고 폭력적이며 무질서한 거친 힘=의례적 폭력이, 마쓰리의 장에서는 허용되고 나아가 그런 힘이 기대된 것이다.

새로이 출현한 '힘'은 경찰력/군사력이다. 이 또한 직접적인 담당자는 와카모노/청년이었으나 그 '힘'을 뒷받침하는 정당성의 관념이나 발현의 형태는 근본적으로 전혀 다른 것이었다. 지역공동체의 사회적 혹은 종교적인 암묵적 허가에 의한 '힘'의 행사는 위법이 되고 명문화된 법률에 근거하는 국가(최종적으로는 천황으로 이어진다는 점에서 천황제 국가) 권력의 '힘'의 행사를 규정한다. 지역공동체가 가진 '힘'에 대한 국가에 부속하는 조치로서의 '힘'이다. 전국을 망라하여 네트워크화된, 상시 무장을 한 전문적 계층의 기구를 구축하여, 집약화하고 응집한 형태의 '힘'을 발휘한다. 돌발적인 신의, 이른바 상궤를 벗어난 형태로 폭력이 행해지는 것이 아니라 상시적인 폭력 기구에 존속하는 것이다. 힘이 있는 신체를 내재한 와카모노구미의 '힘', 시스템화된 기구 그 자체가 체현하는 경찰/군대의 '힘'. 여기에 양자가 가지는 힘을 둘러싼 감각/관념의 차이가 있다.

그림 15 메이지 초기의 우치코와시(打壊し)[27]

　이질적인 권력기구를 전면에 내세운 국가의 균질화/시스템화된 질
서 앞에서 와카모노구미는 패배를 경험하고, 이러한 기억을 각인시킨
다. 지역에 따라 차이는 있지만 자생적인 폭력과 조직화된 폭력의 대결
을 통해 와카모노구미의 사회적 및 의례적인 '힘'은 굴복을 강요당하
고 혹은 박탈되어 후퇴할 수밖에 없게 되었다.

　메이지 10년대에는 콜레라 대유행을 발단으로 각지에서 관헌과 의
사 그리고 민중 간의 소동/잇키가 빈번해지고 행정/치안/의료의 담당
을 둘러싼 무력 투쟁이 반복되었다.

　가가와 현香川県에서 일어난 콜레라 소동을 보자. "산슈讃州의 쇼도군小豆
郡 도노쇼무라土庄村에서는 콜레라 퇴치의 기원으로 '햐쿠만펜 기원百万篇
の祈念28'을 올리고 싶다며 관청과 경찰분서에 출원했으나, '다수의 인원

27　에도 중기이래 민중이 부자 상인, 호농, 고금리업자, 관인 등을 습격한 행위.
28　승려와 신도가 함께 모여 한 개의 커다란 묵주를 굴리며 다 같이 아미타 염불을 백
　　만 번 외우는 법회.

그림 16 콜레라 유행(콜레라 퇴치「虎例刺退治」)

이 집합하면 오히려 유해하다는 것을 간곡하게 설득' 당했다. 그러나 이를 듣지 않고 '절의 범종을 탕 하고 울리자마자 마을 내 와카모노 사백여 명이 순식간에 모여들어 모두 나체로 바다에 뛰어들거나 하수/저수지 등으로 기어 들어가 너도 나도 진흙을 얼굴과 몸 전체에 바르고(햐쿠만펜 기원에서는 진흙을 묻히는 풍습이 있다고 한다), 마치 흑인과 같은 모습으로 많은 사람들이 뱃전 밧줄을 끌며 마을 안을 거듭 순회한다." 이에 "군사와 순사는…… 설득에 전력을 기울였으나 전혀 멈출 기색도 없이…… 이 마을 모 의사의 집으로 쳐들어가 악담 폭언하고 어둠 속에서 그를 때리고 그 아내의 얼굴에 진흙을 묻히는 등 매우 난폭한 행위를 하여" 주모자 세 명을 포박하고 겨우 진정되었다. 기사의 마지막은 "백치 같은 짓에도 정도가 있다"viii 로 마무리된다.

이는 콜레라 퇴치를 위한 상시 제례가 소동으로 바뀐 경우이다. 이 신문기사에서는 와카모노들의 '폐습'에 의한 완고함/무식함과 '난폭함'이 더욱 강조됐다. 이들이 절 안의 종을 울리자마자 순식간에 결집한 것은 각 지방의 와카모노구미의 연대가 촘촘했기 때문이며, 이야말로 와카모노구미가 키워온 단결의 '힘'이었다.

의사는 환자의 치료뿐만 아니라, 순사와 한패가 되어 위생 경찰의 협력자로서 콜레라 환자를 격리했기 때문에 공격을 받았다. 의사가 사회적인 제재의 표적으로 설정되고 있다. 얼굴이나 신체에 진흙을 묻히거나 악담을 퍼붓는 것은 부정이나 악을 내몰고 생명을 재생하기 위한 것으로 조금 과격한 일탈 행위였다고는 하나 '민간 축제'의 연장 선상에 있는 행위이기도 했다. 그러나 이는 근대법에 의해 '폭행', '난폭'으로 낙인 찍혔다.

와카모노구미는 근대법적 질서를 완전히 무시하지는 않았다. '햐쿠만펜 기원' 집회를 열기 위해 관청과 경찰서의 허가를 받으려고 했다. 이는 근대법적 질서에 사로잡혀 와카모노구미가 가지는 종래의 '힘'을 스스로 포기하고 후퇴해 가는 과정이었다고 할 수 있다. 그러나 한편으로는, 시스템화 하려는 근대의 시공간을 축제의 도가니로 밀어 넣어 다시 생성하고자 하는 전략이기도 했다. 이러한 소동이 대규모 농민 투쟁의 양상으로 종종 나타났다. 그러나 와카모노들은 관헌과의 무력 투쟁에서 패배하였고 결국에는 스스로 굴복할 수밖에 없었다.

니가타 현新潟県에서 '쌀값 폭등', '과도한 콜레라 예방', '어류매매 금지 반대'를 슬로건으로 하는 어민들의 '완민 폭거'가 일어났다. 먼저 '완민'의 집회를 감시해온 순사 두 명을 보고 '포박하러 왔다, 때려 죽이자'라며 몰려들어 '완민'이 절의 종을 울리자마자 바로 오, 육백 명이 모였다. 그들은 무료 배식을 거절한 부자, 쌀 상인, 구 서기의 집을 때려 부수고, 폭도는 점점 날뛰어 서양식 칼과 긴 경찰봉을 갖춘 경관대와 대치한다. '폭도'는 지붕 위로 올라가 돌을 던지고 '흉기'(구체적으로는 확실치 않지만)를 가지고 돌격하는 한편, 경관대는 칼을 빼서 휘둘렀다. 일곱 명이 체포(그 중 부상자는 두 명)되고 잇키는 끝났다.[ix]

이는 전 정촌町村 규모의 잇키로, 주모자는 와카모노가 아닐지도 모르지만 때려 부수는 행위나 '흉기'에 의한 항쟁의 주된 역할은 역시 와카모노구미가 담당했을 것으로 추정된다. 콜레라 잇키나 그 이전의 징병제에 반대하는 혈세 잇키血稅一揆[29]등의 신정반대잇키新政反対一揆는 근세의 하쿠쇼 잇키百姓一揆[30]와 비교할 때 그 차림새나 휴대하는 도구/때려 부수는 작법과 함께 결집하는 인원, 즉 와카모노가 투쟁의 주모자로 중심적인 역할을 했다는 점에 큰 차이가 있다.

결정적인 차이는 전자에서 농민의 와카모노들이 무력 투쟁을 감행하고 있다는 점이다. 그러나 농민들은 무력 투쟁에서 패배를 맛보았고 상당히 철저한 탄압/처벌을 받았다. 지역에 따라 다르다고는 하나, 경찰/군대 무력과의 투쟁에서 패배한 경험은 와카모노뿐만 아니라 민중의 기억에 깊게 각인되어, 경찰력의 침투를 용이하게 하고 경찰/군대에 대한 공포심을 심어주게 된다.

이러한 패배의 역사 안에서 와카모노구미가 변모해온 것은 확실하다. 그러나 이 '민간 축제'의 전통이라 할만한 것이 얼마동안 후대에 계승되었다. 콜레라 잇키의 40년 후인 1919년(다이쇼 8), 미야자키 현宮崎縣의 시오가마塩釜 신사 호테帆手마쓰리의 미코시 행차에서 미코시가 인가를 두세 채 파괴한다. 여기까지는 흔한 일이나, 그 후 경찰서의 관내로 난입하여 미코시를 진 와카모노와 경찰관 사이에서 난투가 벌어지고 있다. 마을의 장이나 씨족신 총대가 경찰 측의 신에 대한 불경을 규탄하는 한편, 경찰 측에서는 미코시 뒤에 숨어 사사로운 원한을 갚으려는 행위는 공안상 허용될 수 없고 '미신타파'를 철저하게 수행하지 않으면 안 된다고 했다.

야나기타 구니오는 『제례와 세상祭礼と世間』(1922)에서 이 사건을 '신구 경찰력의 충돌'로 분석한다. '신(新)'이란 관헌, '구(旧)'란 와카모노

---

29 서일본을 중심으로 일어난 메이지 초년의 징병제 반대의 농민 투쟁.
30 에도 시대 농민 투쟁으로 물가상승 등을 이유로 농민이 결집하여 일어났다.

구미이다. '사(私)'를 '민(民)'으로, '공(公)'을 '관(官)'으로 본다면 미코시의 경찰서 돌입/난투는 공적인 원한이 아니라 사적인 원한이라고 할 수 있으나 이 또한 공적인 원한이라고 한다. 그러나 "공공단체의 제재를 통일할 수 있는 힘이 진수신鎭守神 신앙 이외의 다른 곳에서 와서 군림하고 있었다"라며 사회적 제재의 실권, 폭력=권력의 공적인 행사권능이 경찰 측으로 이행해갔음을 지적하고 있다.

미코시를 짊어진 자의 난폭은 신의/민의의 표출 혹은 와카모노구미에 의한 사회적 제재이기도 했으나 근대법 아래에서 그러한 신념은 무효가 되어 범죄적 폭력/폭행 이외의 것으로는 존재할 수 없게 되었다. 야나기타의 말을 빌리면 "구두를 삐꺽 삐꺽, 양검을 짤그랑 짤그랑 거리는 사람이 군중 속에 섞여 있어, 실권은 일찌감치 그곳으로 완전히 옮겨 있었다."* 만약 신의의 폭력이라 할지라도, 이는 사회적 일탈/범죄적 폭력이 되어 법에 의해 처벌되고 통제를 받게 된 것이다. 와카모노의 기존의 '힘'은 박탈되어 해체되어 가는 가운데, 이 사태로 후퇴전을 거듭할 수 밖에 없었다. 이러한 과정을 거쳐 '민간의 축제'는 '국가의 축제' 안으로 해체/흡수 된 것이다.

3. 청년회의 형성

와카모노구미는 촌장을 회장으로 하고 소학교장을 부회장으로 하는 청년회(청년단)가 새로 조직되면서 재편되거나 소멸 혹은 한편으로 병치되어 가기도 했다. 도식적으로 나타내면, 러일전쟁 이후 와카모노들은 의무교육-청년회-군대-재향군인회라는 루트로 편성됐다. 하지만 이미 그 이전부터 전통적인 와카모노구미의 방식을 부정하는 청년회가 등장하여, 그 재편과 조직화를 자주적으로 수행하기도 했다.

관제 청년회 운동의 이데올로그가 되었던 것은, 히로시마 현廣島県의 소학교 교사인 야마모토 류노스케山本竜之介였다. 1890년경부터 마을 청년회와 함께 학습회, 나아가 청년회를 조직하여 청일전쟁 후에 양병/양민으로 국민 조직화를 추진하려 했던 내무/문부 관료의 후원을 받아, 청년회운동의 재야 이데올로그로 각광 받은 인물이다. 1896년(메이지 29)에 간행된 『시골청년田舎青年』에서는 문명개화의 물결을 타지 못하고 문명에서 버려진 '시골청년'에게 격려를 보내는 아래에서부터 '자력갱생'의 노선을 제창했다.

메이지 10년대에 도쿠토미 소호德富蘇峰나 오자키 유키오尾崎行雄등의 '청년론'이 유행했으나 이는 '학생서생', '도회청년'을 대상으로 한 것으로 '길가에 버려진 청년' 즉 '시골청년'을 도외시하고 있었다고 야마모토 류노스케는 비판한다. "지금 우리 제국은 지나를 뒤쫓아支 세계로 나아가 한쪽 발은 타이완을 내딛고 유럽/아시아 대륙의 부름을 받으니 시대의 조류는 지금부터 일대 전환하려 한다…… 시골청년이 각성하고 분발할 기회이다"라고 청일전쟁 후의 국제정세, 즉 '국가 진운의 가을'에 시골청년이 국가의식에 각성하여 제국주의적 팽창/침략의 주된 일꾼이 되어 '공명'을 세우고 '입신출세'해야 한다고 촉구했다.

야마모토 류노스케는 '시골청년'의 사치호강, 인순고식, 연약비굴, 음험교활, 태만방종, 비외사소卑猥瑣末[31]를 철저하게 비판한다. 또한, 검소절제, 풍속개량, 각고정려, 강건한 정신, 진취의 기상이 청년의 기개

---

31 야비하고 외설스러우며 매우 사소함.

라고 고쳐시키며 '시골'에 박혀 이를 실천하지 않는 것을 질타하고 있다. 통속도덕에 근거하여 이른바 토착개량주의를 제창한 것이다.

야마모토는 와카모노구미의 '타락'으로 '음풍'을 비판한다. "즐거이 노는 곳은 홀어미 청상과부의 집이고 이들의 네베아^{寐部屋}[32]는 어려운 것 하나 없는 무엇하나 거리낌 없는 곳이다. 그 외설스러움은 글로 다 표현하지 못할 정도이니 부모형제 앞에서 태연하게 음담패설을 말한다"고 한다. '시골청년을 지배하는 것은…… 오직 부녀자'라는 '연약하고 비굴한' 상태를 한탄한다.

그리고 "부녀를 피하지 않으면 안된다. 청년의 신체에 있어서는 부녀는 대단한 연화력을 가진 무서운 괴물이니…… 부녀는 정욕을 불러일으키는 매개가 되는 것"이라고 단정하고 있다. 방만한 성욕에 대하여 여성을 '괴물'로 금기시하고 있는 것이다.

또한 "망촉^{望蜀}[33]의 마음 없이 그저 약간의 지위를 얻어 작은 직업에도 바로 안심하여 만족하고, 이미 얻은 지위를 토대로 더 높은 지위를 얻으려고 하지 않는다…… 서둘러 아내를 얻고 서둘러 아이를 낳아 그 정도에서 우물쭈물하는 것은 머리에 욕심이 없어 그러는 것이니 어찌하랴. 마누라를 핑계로 결국 야망이 없음을 자백하기에 이른다"고 하며 지역공동체에 매몰되어 안온한 인생을 보내려 한다며 진취의 기상이 없는 젊은이들에게 자비 없는 비난을 가한다.

야마모토가 구상한 청년회는 "강건한 정신, 진취적 기상은 청년의

---

32 와카모노들이 수양이나 공동작업을 위해 합숙했던 장소. 네도코야(寢床屋)=와카모노야도(若衆宿).
33 등롱망촉에서 비롯된 뜻으로 만족할 줄 모르고 계속해서 욕심을 부리는 경우를 비유적으로 이르는 말이다.

그림 17 청년회의 봉사활동

특성으로, 청년의 진미眞味는 오직 여기에 있다"라고 주장한다. 이는 태만/안온에 빠지는 일 없이 끊임없는 정려를 목표로 하는 수양단체적 성격을 띠고 있다. 지방의 인텔리였던 야마모토는 문명개화된 도시에 만연한 '화미사치華美贅沢[34]'가 시골로 파급되는 것을 경계하고 토착적이고 자생적인 청년운동을 일으키려고 했다. 그러나 이는 종래의 와카모노구미와는 전혀 다른 양상을 보인다. 지역공동체라기보다는 국가와 직접 연결된 단체가 지향됐다.

청년회의 임원으로 지역 유력자나 명망가의 이름을 올려 청년회는 자율적인 단체가 아닌 행정의 끄나풀로 행정의 말단기관 또한 수양단체로 변질되어 간다. 청년회는 지역의 번영이나 청년의 각성/교육을 목표로 자주적으로 조직화 되었으나, 이는 국가적 요청에 성실하게 응한 형태로 국가권력에 의해 구속되는 역설적 프로세스를 거쳤던 것이다.

34 화려하고 사치스러움.

제 6 장

와카모노와 군대

1. 징병검사와 '남자'

자신의 '힘'을 지역사회의 자율적 자치를 위해 발휘했던 와카모노구미는 그 '힘'으로 지역 행정기구의 말단을 담당하는 청년회(단)로 개편되어 오직 내부로 향하는 상호 감시/통제의 '힘'을 의식적으로 행사하게 된다. 그러나 이것은 자신의 목을 조르는 것이었다 할 수 있다.

청년회를 시작으로 군대 병력과 재향군인회의 활동에서 이들이 강제적으로 도야된 것은 아니다. 지역사회 내에서 일정한 지위를 획득할 수 있고 이익의 분배에 관여할 수 있는 '힘'을 발휘하는 노선이 구축된 점에 청년층이 크게든 적게든 자발적으로 참여하는 의의가 있었다.

와카모노구미가 본격적으로 청년회로 재편된 것은 러일전쟁 이후이다. 청년이 국민으로 조직된 것은, 무엇보다 징병제=군대를 통해 달성

그림 18 징병검사

되었다고 할 수 있다. 청년회는 군대-재향군인회의 지지대와 같은 위치를 차지하게 되나, 지역사회 안에서 그 세력은 크게 쇠퇴했다.

1889년(메이지 22), 징병령의 대개정 이전에는 여러 면역규정이 있어 국민 모두가 병역의 의무를 진다는 것은 명분뿐이었다. 또한 징병 회피자가 속출하기도 했다. 병역은 집안과 지역(향리)의 명예라고 했지만 실제로는 노동력의 손실 이외의 아무것도 아니었고, 어떠한 경제적인 메리트도 없었다. 1900년경, 임영하는 자는 5, 7엔의 조세나 영업세를 내는 정도의 '중류 이하의 사람'으로 병역을 수행함으로써 3백 엔 정도의 조세를 내는 것이라고 했다. 따라서 군대는 매우 인기가 없었다.

징병검사는 체격에 따라 20세의 청년남자(장정)를 등급화한다. 갑甲종 합격자라는 '남자'의 규격이 새로 설정되었다. 기구치 구니사쿠菊池邦作의 「징병기피의 연구徵兵忌避の研究」에 의하면 "모든 남자는…… 병역에 나갈 수 없는 신체를 부끄러워하는 기질"이 생겨난 것이다.

지방출신자의 경우, 행정기관이 있는 정町이나 시市에 설치된 징병검사소에 가서 검사를 받고 등루登桜[35]를 한다는 관행이 생겼다. 즉 매춘이다. 징병검사와 등루가 한 쌍이 되어 이것을 통과해야만 제대로 된

35 유녀가 있는 기루, 청루에서 유흥하는 것.

남자로 인정받는다.
이것은 실질적인 성
인식이라고 할 수 있
다. 와카모노야도若
者宿(네야도寢宿)[36]나
요바이라는 와카모
노구미의 관행은 소
멸할 수밖에 없게 된
것이다.

그림 19 징병검사를 받는 청년

2. 신체의 훈련과 규율화

제비 뽑기로 입영하게 된 젊은이들은 징병의 의무를 지게 된다. 현역 3년(해군은 4년), 예비역 4년(해군은 3년), 후비역 5년을 합쳐 12년에 이른다. 군대 내의 생활은 학과교육과 실과교육, 즉 군사교육과 군사훈련이었다. 러일전쟁 전의 『군대내무서軍隊內務書』(제2판, 1894년, 1901년 개정)를 보자.

제1장의 '총칙'에 이어 제2장은 '복종'이다. 군대에서 가장 중시된 규율을 의미하고 있으리라. 제1조에는 "통상 목숨을 바쳐 복종하는 것은 군 통치의 기본이니 상하존비를 흐트리지 말고 윗 사람은 아랫 사람

---

36 와카모노=청년들이 공동작업 혹은 수양을 목적으로 합숙했던 장소로, 여기에서는 요바이(夜這い)가 행해진 곳이라는 의미를 담고 있다. 요바이에 관해서는 제4장 각주 14 참조.

그림 20 신체 종합 검사

그림 21 『군대내무서』 표지

을 아끼고 아랫 사람은 윗 사람에게 순응하여 모두 마음을 공평하게 두어 만사 유화하게 하며 절대로 위압 조폭한 거동을 하면 안 된다"고 한다.

계급의 상하관계는 엄수되었다. 그것은 군대의 질서를 형성하는 유일한 원리였다. 따라서 제5조에 "통상 아래에 있는 자는 위에 있는 자에 대해 공사 모두 전 조에서 규정하듯 순응과 존경을 다하고 특히 명령에는 경의를 표해 이를 지키고 바로 수행해야 한다. 절대로 그 정당/부당을 논하지 말고 이치/불이치를 따지지 말라"에서 알 수 있듯이, 후반부는 그저 명목일 뿐 절대복종을 이른바 금과옥조로 하고 있었다. 입단 연차에 따라 병사생활이 운영되고 고참병에 의한 신병 폭행이 군대라는 미크로 코스모스=소우주를 구축한다고 볼 수 있다.

러일전쟁 후, 1908년에 전면 개정된 『군대내무서』를 보면, '요강'의 맨 첫머리에 "병영은 고락과 생사를 함께하는 군인의 가정으로, 그 일상생활에서 군기를 익히고 군인정신을 단련하는 것을 주목적으로 한다"고 하고 있다. 이러한 절대복종의 군인정신-권위주의적 정신은 청년/병사에게 그저 폭력으로 강제되어 주입된 것만은 아니라고 본다. 이는 계급과 폭력에 의한 지배를 전제로 하는 군대라는 소우주의 일상생활 안에서 길러지게 됐다. 단순한 일상생활의 반복, 되풀이되는 의식주의 프랙티스(실천) 안에서, 계급과 폭력의 지배를 자명시하는 심성이 육성되었으리라.

먼저 눈길을 끄는 것은 제3장의 '존칭 및 호칭'이다. 아래에서 위에 대한 호칭의 종류가 매우 자세하게 규정되어 있다. 끝없는 부름과 대답을 통해, 상관 그리고 최고권위로서의 대원수=천황의 명령에 의한 지배/복종 관계를 확인하고 특히 복종하는 주체의 형성으로 이어지는 것이다. 제15조에는 '영중 일과의 정칙'이 보인다. 기상/점호의 시각, 교육에 관한 일과/교시, 조석 점호, 정시각 집합/정리순서, 검사법 등이 나온다.

그리고 다음 장에는 26조에 이르는 '기상의 정칙'이 있다. 병졸 점호, 의복의 바른 착용, 모포, 시트 정리, 병기 정비, 피복 정돈, 침상 준비, 실내 청소, 노래 및 고성 담화금지, 흡연, 가래/담배 꽁초, 대소변, 등화/점등, 창문 개폐, 조수(금수)사육금지('실내에서 새와 짐승을 키우면 안됨'이라 함), 의복 청결/세탁, 신체 청결, 짧은 두발 등에 대해 자세하게 기입되어 있다. 흥미로운 것은 '기상 후, 오후 점호까지는 침상에 있으면 안되며 여기 앉는 것도 금한다', '창문에 동물이나 그 외 물건을 놓거나 빨래를 널거나 창문 가에서 물건을 절단하면 안 된다' 등이다. 조석 점호에 따라 하루가 나뉘어 편안한 자세를 허락하지 않고 있다.

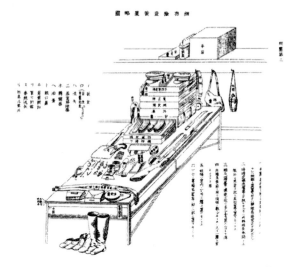

그림 22 검사에 의한 신체의 관리/감시(군대내무서의 오시에 「精密檢査裝置略図」)

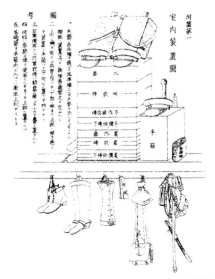

그림 23 병영의 정리정돈(군대내무서의 오시에「室内裝置図」)

병영생활은 정신적/신체적인 긴장을 강요하고 있는 것이 특징이다. 그리고 정리, 정돈, 청결이 부과된다. 이를 끊임없이 점검하기 위해 제17조에는 '검사 정칙'이 정해져 있다. '무장을 똑같이 하기 위한 무장 검사', '무기, 기구, 재료, 피복, 그 외 여러 물건의 작은 부분에 이르기까지 면밀하게 그 청결 및 정리 정비를 검사하는 세밀검사', '하사병졸의 숙소, 마굿간, 병기, 기구, 재료, 피복 그 외 여러 물건의 청결 및 수리 정비를 검사하는 청결검사'가 그것이다.

러일전쟁 후의 군대를 분석한 마쓰무라 마사카즈松村正員(육사 17기, 육군대학 28기, 시모노세키下関 요새 하사관, 중위)는, 「러일전쟁에서 보는 우리 국민성의 일단日露戦争より観たる我国民性の一端」에서 "내무교육도……엄격을 제 1로 하여 피복장구의 정돈에 힘쓰며, 신고新古를 명확히 구분하는 병영은 노고를 함께하는 엄격한 가정이었다"[xi]고 기술한다.

3. 병사의 신체와 돌격

규율과 훈련으로 일관되는 군대생활은, 이전 일상 생활에서의 태도를 거의 전면적으로 전환시켜야 하는 장으로서 병사들과 직면한다. 농민이면 농민, 장인이면 장인의 다종 다양한 직업에 걸맞는 신체 움직임의 방식이 있다. 그것이 완전히 통용되지 않게 된다. 단적으로 말하면, 군인과 농민의 자세나 걷는 모양에는 각기 다른 관습적 성과가 나타난다.

병사는 지금까지와는 전혀 다른 신체 움직임 법을 배우고 몸에 익히지 않으면 안된다. 몸에 익힌다기보다는 정형화된 판에 끼워 맞춰진다

그림 24 군대의 정연한 행진과 혼잡한 왕래(동경 사쿠라다 외육군조련장 「東京桜田外陸軍調練場之図」)

그림 25 통제된 군대 연습(동경 사쿠라다 외육군 조련장)

고 하는 편이 옳을 것이다. 훈련/교화를 위한 신체의 '조작법'은 규격화된 집단적 행동양식을 형성했다. 이는 경험에 의해 길러진 신체기법과는 다른 것이었다. 1915년 참의원 병역세법 위원회의 한 의원의 말을 빌자면, 군대의 훈련/규율화를 통해 "노동으로 자연스럽게 굳어진"[xii] 신체가 명령에 복종하여 획일적 행동을 수행하는 신체로 정형화된 것이다.

군대는 세상과 전혀 다른 규율/행동양식에 의해 지배되는 별세계=폐쇄적 세계로, 그 성격은 전장-전투장면에서 보다 강해진다. 러일전

그림 26 러일전쟁을 보도하는   그림 27 러일전쟁의 개선문
미디어

쟁의 료요회전遼陽会戦에서 부상 당한 오쓰키 다카쓰에大月隆伐는『병졸이
본 러일전쟁兵卒の見たる日露戦争』에서 "현대의 군대생활은 특수한 개인이
강자에게 강요를 받는 별천지의 생활이라고 할만한 것이었다"[xiii]고 말
하고 있다. 그것이 어떤 것이었는지, 당시 군대교육의 실정을 기술한
마쓰무라의 문장을 인용해 보자.

병사 교육은 상황에 따라 활용 가능한 훈련을 경시하고, 외형의 정제
획일성을 기하여 이를 근거로 군기를 세워 정신을 강건히 하도록 정한
것이다. 예를 들면 전투에서 필요한 것인 적의 사정에 따라 지형 지물을
이용하여 행진하고 정지하며 돌격하는 것을 숙련해야 하는데도 관병식
등의 의례에서 요구하는 정돈, 총의 조작법, 보행 등에만 힘쓴다.

또한 보병 교련에서는 병졸 개인의 능력향상을 꾀하기보다는 오히려
일정 간격과 일직선으로 배열하여 중대장의 호령에 따라 일제히 발진하
고 정지하며 원대 예비대 등은 적의 총알 아래에서도 밀집대형으로 보조
를 맞추어 행진하는 등 외형의 미관을 중시하는 식이었다. 또한 돌격

은…… 적의 200~300미터 앞에서 정지하는 이른바 돌격사격을 하여 보폭 협동은 고려치 않고 나팔 취주, 장구의 울림에 따라 일제히 적을 향해 돌진하니 승패는 이미 정해진 것이나 다름없었다.[xiv]

러일전쟁의 호텐회전奉天会戦 때 제3군 좌익 2개 여단이 전의둔으로 궤란/패주했던 것처럼[xv] 군대의 통제된 밀집성/제일성斉一性은 일단 사기를 상실하고 패주하면 허무하게 해체되어 버리는데, 이는 절대 복종의 군기에 의거한 정신주의에 따라 관철되었다. 이것이 돌격에서 단적으로 드러났다.

러일전쟁 종군기자인 다야마 가타이田山花袋는 "우리는 이번 6월 17일에 상륙했으나 전투에 나간 것은 이번이 처음이에요. 탄구가 슈우슈우 날아오는 소리를 들었을 때는 이상했어요. 어쨌든 전진하자고 생각하면서도 무서워서 발이 안 나가요. 하지만…… 기세가 붙어 와아 하고 밀고 가면 이게 또 쾌감이 있지요. 이때만큼은 이미 무서움을 뛰어넘어 적의 탄알이 날아와 바로 옆의 동료가 쓰러져도 아무렇지 않게 앞으로 앞으로 나가는 거지요"[xvi]라고 병사로부터 전해 들은 이야기를 기술하고 있다. 나쓰메 소세키夏目漱石의 말을 빌자면 병사들은 "야마토다마시大和魂37의 정형화된 제작품"[xvii]으로 개조되었던 것이다.

다야마의 문장에는 조직된 폭력의 일단을 이루었던 병사들의 감격이 잘 드러나 있다. 국민으로서 국가와의 일체감을 느끼는 귀중한 순간이다. 정도의 차이는 있으나 평상시의 연습과 전쟁을 통해서 이와 비슷한 감개를 고참병이 되었을 때 이미 품고 있었을 것이다.

37 일본의 정신, 혼.

4. 재향군인의 감시

병역을 마치자마자 병사의 대부분이 본래의 직업으로 돌아갔다. 군대 생활을 통해 익힌 신체기법에서 본래 직업의 신체기법으로 돌아가는 데 상당한 혼란이 있었으리라는 것을 상상하기 어렵지 않다. 병역에 임한 것은 주로 농가의 차남, 삼남이었고 병역의 명분은 마을의 명예를 지키는 것이었다. 그러나 마을로 돌아가도 작은 전답에 기댄 가난한 생활 혹은 본가의 종복과 같은 대우가 기다리고 있을 뿐이었다. 마을의 명예는 허울뿐인 것으로 귀촌 후의 대우는 차가웠고 이에 난동을 부리거나 유민이 되는 사례도 있었다. 재향군인에 대한 감시/관리가 이미 문제시되고 있었다.

1887년 나가사키 현長崎県에서 「재향군인 단속조항在鄕軍人取締心得」이 내려오고 있다. "군인으로 품행이 방정하여 가업에 힘쓰고 그 행적이 저명한 자와 행위가 부정하고 오만무도하여 군인의 풍기를 어지럽히는 자를 구별하여 구호장이 행적표를 작성하고 점호 소집 시에 군관구 주재관에게 제출하여야 한다"고 전한다. 자산의 많고 적음, 생계비의 상태, 생활의 상황에 더하여 소집에 대비하여 실종/도망을 하고 있는지를 조사한 것이다. 이미 지방 행정기관에 따라 재향군인은 조직화를 시작해 관리/감시를 해야 하는 상태에 이르렀다.

청일전쟁 이후, 재향군인이 주체가 되어 재향군인 단체가 형성되었다. 군대교육을 국민교육으로 위치시키고, 지역주민뿐 아니라 징병조사를 받는 자나 입영 예정자에게 군대교육을 실시하는 체제가 형성됐다. 1910년 '재향군인으로서 지방 양민의 모범을 보이도록……'하여 제국재향군인회가 설립, 연대 구사령부-군-정촌이라는 병사 행정 루트

에 의하여 재향군
인회가 재편된다.
지역사회에서 재
향군인회는 수양
단체화된 청년회
(단)를 하부단체로
하여 군과 지역, 군
대교육과 국민교

그림 28 육군 개선 관병식 그림 엽서

육을 연계하는 매개항/결절의 지점이 됐다. 군대를 체험한 청년들은 국
가의 군사 담당자라는 사회적인 지위를 부여 받았다. 나아가 재향군인
회의 분회장이나 청년훈련소의 지도원, 소방단의 간부, 사회 의원 등이
될 수 있었고 지역에서 어느 정도의 권력을 장악할 수 있었다. 청년들
은 국가의 잠재적 폭력 기구 담당자로부터 끊임없는 감시/관리를 받으
며 지역사회 내 기구로 재편됐다.

5. 와카모노 힘의 재편과 분지分枝

러일전쟁 후, 와카모노들은 기로에 서 있었다. 대부분은 국가와 지역
사회를 직결하는 여러 시스템 안에서 그 '힘'을 수렴하는 경로에 따라,
자발적으로 스스로를 훈련시켜 조직화하고 있었다. 와카모노들의 생
활 공간은 종횡으로 나누어진 시스템으로, 돌발적으로 흐트러지거나
짜여진 틀 밖으로 나가는 것조차 곤란했다. 내키는 대로 일탈을 하기보
다는 지역사회 행정기구의 말단 혹은 군대라는 엄격하고 폐쇄적이며

음습한 시스템 내 권력 네트워크에 속해지거나 여기에 위치하는 이해를 누리면서 응집된 '힘'을 효율적으로 발휘하도록 구조화됐다. 그러나 와카모노들은 병역을 마치고 재향군인회로 조직

그림 29 히비야 폭동

되서도 지역사회 안에서 그 삶을 영위하고 있었고, 그곳에 사회적/경제적 거점을 두고 있었다. 병역을 마친 청년들에게 지역의 계층적 권력 네트워크 안의 이해 분배가 늘 만족스러운 상태였다고는 볼 수 없다. 러일전쟁 후 바로 일어난 히비야 폭동日比谷暴動[38]은 이를 단적으로 드러내고 있다. 더 주목할 것은 1918년, 약 한 달간에 걸쳐 방방곡곡, 1개 도道와 3개 후府, 38개 현県에 이르렀던 쌀소동米騒動[39]이다. 와카모노의 '힘'의 분극화가 뚜렷하게 나타난 지점이다.

쌀소동에서 눈길을 끄는 점은 참가자 중에 재향군인회나 청년회, 소방단에 속하는 자들이 적지 않게 있었다는 점이다. 한편, 재향군인회,

---

38 히비야방화사건(日比谷焼打事件)은 러일전쟁 직후인 1905년 9월 5일, 일본 도쿄의 히비야공원에서 러일전쟁 보상 문제에 불만을 토로하는 집회 중에 일어난 방화/소동사건이다. 민중은 내무대신 관저, 어용신문사, 파출소 등에 불을 질렀다. 다음날인 9월 6일 일본정부는 긴급 칙령에 따른 계엄의 형태로 계엄령을 발포하여 소동을 진압했다. 이 사건으로 17명이 사망하고 500여명의 부상자가 발생, 2,000여 명 이상이 검거되고 그 중 87명이 유죄를 선고받았다.

39 일본 내 농민인구가 감소하면서 쌀 도매상들의 가격 담합으로 인한 쌀값폭등에 항의하는 민중들이 일으킨 소동. 1918년, 도야마 현에서 쌀가게를 습격하고 방화한 사건을 시작으로 전국적으로 확산되었다. 1920년대 조선의 산미증식계획의 계기로 작용했다.

그림 30 쌀소동 기사　　　　　　그림 31 쌀소동 기사의 게재 금지

청년회, 소방단이 쌀소동의 진압이나 치안유지/경비를 위해 동원되었던 점도 주목할 만하다.

소동 사건에 이들 단체가 동원된 것은 이때의 쌀소동이 처음으로, 거의 전국적인 규모였다. 관헌은 재향군인회가 적극적인으로 소동을 진압해줄 것을 기대한 것이 아니라, 경비를 하거나 소동에 참가하지 않기만을 바랬다. 재향군인회는 총검, 칼, 막대기, 쇠갈고리 막대 등의 무기를 갖추었으나, 소동 참가자와의 충돌은 일어나지 않았던 것 같다.

시베리아 출병 후 얼마 되지 않아 정부/군부가 가장 우려했던 것은, 재향군인이 소동에 참가하여 지휘/지도하는 것이었다. 소란죄로 검사처벌을 받았던 8,185명 중 재향군인이 990명, 청년회원이 86명이었다. 재향군인회나 청년회 모두 지역의 주민으로, 개별적으로 참가하는 것이 당연했겠지만 집단으로 소동에 참가한 지역도 있었다. 재향군인회의 경우 그 수는 적으나, 고베시神戸市는 재향군인인 하사관이 지휘하는 민병이 군대의 실탄사격을 두려워하지 않고 흩어져 싸웠다고 한다. 청년회가 집단으로 참가한 곳으로는 오사카후大阪府, 교토후京都府, 야마구치 현山口県 등이 있고 와카모노구미의 '민간 축제'의 전통이 아직 남아 있어 돌발

그림 32 쌀소동에서 히비야 공원(日比谷公園)에 모여든 군중들

그림 33 쌀소동 진압을 위해 출동한 재향군인

적이고 의례적인 폭력이 발휘되었던 것이라고 할 수 있다.

　그러나 이는 앞서 언급한 미코시 난폭神輿暴れ사건과는 매우 다른 양상을 보이고 있었다. 어느새 와카모노구미와 같은 의례적 폭력의 범위를 넘어서고 있었던 것이다. 여기에서 처음으로 여성의 폭력이 나타났고 또한 이 소동은 정치적/사회적 폭력의 성격을 띠었다. 사회적/경제적인 요구뿐 아니라 정치적인 요구가 계급투쟁의 과제가 되어, 그 실현을 위해 정치적 폭력이 이데올로기적으로 요청되는 시대로 돌입하고 있다고 인식된다.

그림 34 1925년 제1회 노동제(メーデー[40])

그림 35 노동운동 포스터

경찰/군대에 대항하는 실력을 갖춘 사회운동/계급투쟁이 눈에 띄게 늘었다고 이해할 수 있다. 그러나 무정부주의자나 사회주의자늘 중에 이러한 인식을 가진 자는 적었다. 오스기 사카에大杉榮, 가타야마 센片山潛 정도일 것이다. 정부와 사법권력은 이 사건의 특질을 종합적으로 파악하여 철저한 탄압으로 '과격사상'에 대한 경계를 강화해 갔다. 쌀 소동을 계기로 와카모노들은, 스스로의 새로운 '힘'에 대해 자각하게 되었다. 그 '힘'은 더 이상 지역공동체를 기반으로 하지 않았다. 계층의 분화를 의식화하고 노동자로서의 계급의식을 기초로 하는 노동운동, 농민운동, 부락해방운동, 여성운동이 젊은 층의 '힘'에 의해 전개됐다. 이 '힘'은

---

40 5월 1일에 열리는 국제적 노동자제. 1886년 미국 노동자 운동을 기원으로 하여 1889년 제2회 인터내셔널대회에서 결정되어 1890년부터 세계 각지에서 거행되었다. 일본에서는 1920년에 제1회가 도쿄 우에노 공원(上野公園)에서 개최되었으나, 1936년 이후 금지되었다가 다시 1946년에 부활한다.

군대로 조직화되는 한편, 군대에 의한 쌀소동 탄압을 계기로 공동체에 규제된 사회적 폭력에서 계층의식에 규제된 사보타주나 스트라이크, 실력행사까지 포함하는 정치적 폭력으로 발전해 갔던 것이다.

민속의 知의 계보

제 7 장

여학생 문화

1. 여학생 미디어

　메이지 시대, 여학생은 패셔너블하게도 시대의 최첨단을 달리고 있었다.

　　벨 소리가 높게 울리고 나타난 것은 하늘거리는 늘씬한 어깨, 적황색 자전거와 적갈색 치마, 길게 땋아 늘어뜨린 머리카락, 깨끗한 하얀 리본, 바람에 나부끼는 화살 깃무늬 기모노 소매의 아름답고 기품 있는 열여덟의 아가씨였다.

　고스기 덴가이小杉天外의 『마풍연풍魔風恋風』에 나오는 여학생, 오기하라 하쓰노荻原初野가 시원스럽게 자전거를 질주시키고 있는 모습이다.

그림 36 여학생

1903년(메이지 36) 『요미우리신문読売新聞』에 연재되었다. 머리카락을 리본으로 묶어 어깨 아래로 길게 늘어뜨리고 있었다. 입고 있는 기모노는 두 가지 색깔의 실을 가로와 세로를 달리하여 짠 화살 깃 모양의 직물矢絣로, 긴 소매 자락이 머리카락과 함께 흩날린다. 적갈색 하카마[41]도 바람을 품고 역동적으로 나부끼고 있다.

당시, 이러한 모습을 한 여학생은 어느 정도 있었을까. 혼다 가즈코本田和子의 『여학생의 계보女学生の系譜』에 의하면, 머리를 땋아서 늘어뜨린 여학생은 극히 소수였고 거의 대부분은 트레머리를 하고 있었다고 한다. 그러나 대중소설이나 잡지, 신문보도 등의 미디어를 통해 위와 같이 땋아 내린 머리모양과 화살 깃 모양의 직물, 적갈색 하카마, 직물 구두가 여학생의 상징이 됐다. 여학생들은 이러한 징표를 몸에 걸치고 여학생처럼 행동하고 처신했다.

메이지 시대에 학문은 여자에게 불필요하다고 인식됐으며, 여학생은 그 수가 매우 적었다. 부르주아나 고급 관료의 딸에 한정되어 있었다고 해도 과언이 아니다. 사회적 특권층의 딸들로, 사회적 선망의 대상이었고 여학생은 그 자체로 희소가치를 가졌다. 메이지 시대를 통틀어 여학생이 이른바 '심창의 영애深窓の令嬢'[42]였음은 틀림 없다. 여학교

---

41 일본 옷의 겉에 입는 주름 잡힌 하의, 지금은 하오리(羽織)와 함께 정장의 경우에 입는다.
42 창 안쪽에서, 즉 바깥에 내놓지 않고 집 안에서 고이 고이 기른 귀한 집안의 딸을 이르는 표현이다.

그림 37 심창의 영애 深
窓の令孃(竹久夢)

그림 38 두 명의 여학생

라는 작고 닫힌 공간 안에서 서식하던 것이었다. 그러나 이 아가씨들 사이에서 패션뿐만 아니라 이들을 대상으로 하는 잡지가 간행되는 등 많은 여학생 문화가 생성되어 갔다.

　여학생들이 애독한 잡지 중에 『여학세계女学世界』가 있다. 1901년(메이지 34), 20세기의 시작과 함께 창간되었다. 1911년 4월의 『동경 아사히 신문東京朝日新聞』에 의하면 도쿄의 서점에서 여성잡지의 판매순위는 『부인세계婦人世界』 『여학세계女学世界』 『부인회보婦人会報』 『부녀계婦女界』 『소녀의 벗少女の友』 순이다. 또한 여학생들의 애독지 순서는 『여학세계 女学世界』 『부인세계婦人世界』 『소녀의 벗少女の友』 『소녀세계少女世界』 순이다. 『여학세계』는 여학생의 애독잡지, 여학생 미디어로 확고한 지위를 구축하고 있었다.

　『여학세계』는 "처녀의 학생시절을 대상으로 하기 때문에 모든 것이 유치하여 어른들이 읽기에는 매우 부족하다. 이는 건조무미하여 납을 씹는 듯한 강의록과는 다르지만, 학습이라는 상태는 매우 선명하게 나타나는 듯하다"[xviii]고 평가됐다. 강의록보다는 재미있고 여학생의 학습에는 도움이 된다고 하면서도, 유치해서 어른들이 읽기에는 부족하다고 폄하된다. 하지만 그 유치한 잡지를 여학생 애독자들은 열렬히 응원하고 있었다. '여학세계만이 유일무이한 벗'이라는 식의 독자의 목소리가 상당했다.

2. 오토메オト×들의 목소리

이 『여학세계』는 단카短歌[43]/하이쿠俳句[44]나 단문短文[45]을 시작으로 「지우 쿠라부誌友俱楽部」라는 코너에서 독자 투고를 받고 있었다. 이는 독자들의 편지 코너이다. 매 호 각기 다르기는 하나, 예를 들면 1910년(메이지 43) 3월호(10권 3호)에는 45통 정도의 투고가 실렸다. 이들 편지에는 각각 당시 여학생들의 심정이 토로되어 있어 매우 흥미롭다. 지루하게 설명을 하기 보다는 먼저 몇 개의 투고를 인용해보자.

그리운 나이토 치요코內藤千代子님, 저는 오사카의 ○○여학교에 다니고 있습니다만, 지난번부터 그대의 아름다운 문장에 감동했습니다. 저도 치요씨와 동갑입니다만, 글을 잘 쓰지 못하여 언제나 당신의 글을 읽을 때마다 부럽다고 생각합니다. 제가 여학세계를 보는 즐거움은 그대의 문

---

43 일본의 대표적 정형시의 한 형태, 예부터 일본시의 기본 형식이었던 5/7/5/7/7의 음율을 지닌 5행 31음절로 이루어진다.
44 각 행마다 5/7/5의 음절로 전부 17음으로 이루어진 일본 정형시의 일종. 일반적으로 계절을 나타내는 단어(季語)와 구의 매듭을 짓는 말인 기레지(切れ字)를 넣는 것을 특징으로 한다.
45 하이쿠와 단카로 대표되는 일본의 단문 문학.

그림 39 독서하는 여학생

그림 40 헤매이는 누나와 남동생
(竹久夢그림)

장을 볼 수 있다는 점에 있습니다. 요즈음은 너무나도 만나고 싶어서 참을 수가 없어요. 주소만 안다면 직접 편지를 교환하고 싶습니다만, 부디 저에게만이라도 알려주시지 않겠습니까? 치요코님은 저 같은 것은 안중에도 없으시겠지만, 저는 너무나 너무나 그립습니다. 언제나 잘 알지 못하는 그대를 생각하지 않는 날이 없어요. 치요코님 부디, 저에게 주소를 알려 주세요. 오사카의 화이트 리리.[xix]

하나스즈키花す々き님, 저는 당신께 진심으로 마음에서 우러나오는 동정을 말씀드립니다. 정말 당신도 불행하시군요. 어떻게 말하면 위로가 될런지요. 9월의 편지, 읽으면서 눈물을 훔쳤습니다. 열심히 공부하시고…… 생각하는 바를 이루 말할 수가 없네요. 저의 주소는 멀리 떨어진 치쿠시노筑紫野의 맨 끝입니다. 이 서쪽 끝에서도 뜨거운 눈물을 흘리며 그대를 동정하는 가없은 오토메処女 가 있음을 알아주세요. 그대 영원히 행복하시길. 히젠肥前에서 저녁이슬.[xx]

그림 41 여학생과 모친

그림 42 머리를 땋아 내린 여학생

이 잡지에 투고하시는 모든 분들은 모두가 다 행복한 가정을 가지고 계신 분들뿐 이네요. 저 혼자만 왜 이렇게 불행할까요? 남편과는 취미가 맞지 않아요. 그건 뭐 맞지 않는다고 하는 것은 틀린 표현으로, 맞추지 않으면 안 된다는 것쯤은 충분히 알고 있습니다만. (중략) 어쩌다 취미가 있으면 그건 아내로서 동화할 수 없는 취미이고 처지를 비관하지 않을 수가 없는 것인가요. 정말로 슬프고 한심해서 아침이건 저녁이건 소매를 적시지 않는 날이 없습니다. 만일 저와 같은 분이 계시다면 서로 위로할 수 있겠지요. 시내라면 제가 방문할 수도 있겠지요. 남편이 싫은 얼굴을 해도 잡지를 읽는 정도야 뭐 어떨까 생각하며, 이것이 저의 생명입니다. 아자부麻布, 골짜기의 백합.[xxi]

지카에 아이치가와近江愛知川의 화이트 로즈가 어느 분이신지? 당신도 역시 교코님을 좋아하신다니 기뻐요. 저의 주소입니다만, 밝힐까요? 싫다고 하지 않는 꽃이여, 호호호, 사시는 곳의 반대편 연안이라고만 말씀드리지요. 봄날 아침에, 여름의 석양에 그저 이 잡지만을 더할 나위 없는

위로로 삼아 쓸쓸하게 지내는 오토메乙女입니다. 비와코琵琶湖 서쪽 연안에서 이슬방울로부터.ˣˣⁱⁱ

　여학생들의 편지에서는 매우 특이한 어투로 인한 독특한 분위기가 번져 나온다. 이 중에서 '골짜기의 백합'은 기혼자이나, 이런 기혼여성의 편지도 적지 않다. 오늘날에는 거의 볼 수도 들을 수도 없게 된 '여성의 어투女言葉'이다. 사용자가 당시 특권계층이었던 여학생이라는 점에서 '여학생 어투女学生言葉'라고도 할 수 있다. 내 나름대로 이름 붙인다면 '오토메 어투オトメ言葉'이다. 이들 편지의 주인들은 자신을 '오토메乙女'라고 자칭하고 있고 미혼의 여학생뿐만 아니라 기혼 여성에 이르기까지 이러한 어투를 구사하고 있기 때문이다. 이는 말하자면 오토메라는 아이덴티티를 뒷받침하는 매우 중요한 요소 중 하나인 것이다.

3. 오토메 어투オトメ言葉의 탄생

　이 오토메 어투의 특징은 무엇보다 문말의 어미표현에서 보이는 문체이다. '…아소바세遊ばせ'라는 '아소바스 遊ばす어미'가 사용된다. 이는 '아소바스遊ばす'라는 '하다'의 존경어를 명령형으로 사용하는 것이다. 명령형이라고는 하지만 강한 표현이 아니라, 약간 듣기 거북하기도 하나 가벼운 어감으로, 어딘지 모르게 화려한 분위기를 띠게 하는 어투이다.

　그보다 많이 쓰이는 것은 '…마스(마시)네ます(まし)ね', '…마스와ますわ', '…데스와네ですわねえ)', '…마스노ますの', '…마스모노ますもの', '…데

스요ですよ', '…나사이나なさいな', '…마시나ましな'라는 종조사/간역조사,
여기에 '….데스요ですよ'라는 조동사이다. '데스です', '마스ます'라는 정중
한 기분을 니다내는 조동사에 다른 말을 덧붙인다. 강하게 다짐을 받는
것도 동의를 구하는 것도 아닌 상대에 대해 어디까지나 가볍게 자신의
기분을 전달하고 몸을 맡겨버리고자 하는 듯하다.

　이러한 오토메 어투가 언제부터 여성들에 의해 사용됐는지, 실제로
는 확실치 않다. 그러나 혼다 가즈코本田和子가 세심히 연구하고 있다. 혼
다는 진위의 정도는 확실치 않지만, 1896년(메이지 29)2월『와세다 문
학早稲田文学』에 의하면 우시고메牛込[46]근방의 하층사회에서 사용되어 그
주변근처로 확산되었고, 나아가 시타마치下町[47]로 흘러 들어가 중류이
상의 어투가 된것으로 기술된다고 지적한다. 그리고, 여학생 어투가 메
이지 30년대 즈음 정착한 점을 지적하고 있다. 에도 시대의 '왈가닥',
'말괄량이', '말괄량이 계집애'였던 시타마치 여자애들이 쓰던 경박
하고 품위 없던 어투의 전통을 메이지의 여학생들이 이어받았다는
것이다.

　1899년, 고등여학교령이 공포되어 각 도, 후, 현에 여학교의 설치가
의무화되는 한편, 시, 정, 촌이나 개인 설립도 가능해짐으로써, 고등여
학교는 급속히 증가해 갔다. 중류 여성들에게 중등교육을 통해 국가의
기반이 되는 중류가정을 육성하라는 국가적 과제가 부여된 것이다. 그
러나 그 교육방침은 장래 어린이들에게 가정교육을 시키는 양처현모
로서, 남편에게 헌신하며 우수한 어린이를 키워내는 단아하고 정숙한

---

46 현재의 도쿄 신주쿠 부근에 해당하는 지역.
47 상인/직인이 많이 살던 낮은 곳에 위치하던 시가지. 도쿄의 다이토구(台東区), 지
　요다구(千代田区), 주오구(中央区) 등 스미다가와(隅田川) 이남에 걸친 지역.

가정부인의 육성을 의미
했다.

양처현모주의의 교육
환경 안에서 여학생들
은 에도 시타마치 계집
애들의 어투를 골라 택
한다. 그리고 이것이 여
학교라는 중류이상 여

그림 43 체조하는 여학생

성들의 닫힌 공간 속 특권적 어투로 발전해가게 된다. 메이지의 청춘을
그린 오구리 후요小栗風葉의『청춘靑春(1905-6)』에서 주인공 여학생인 오
노 시게루小野繁와 그 친구인 가우라 소노에香浦園枝의 대화를 보자.

인생의 꽃에 해당하는 묘령의 봄에 실리주의 교육자의 저주로 그 모
습에 처녀티가 보이지 않으며 그 마음에 향기가 없는 음화식물[48] 같은
여학생의 무리에 섞여서 고니시가와小西川 세이조成女대학의 정문을 나온
소노에는, 문 밖의 개천가에 서서 누군가를 기다리고 있다.(중략)

'저기, 언제까지나 생각하지 말고 가자고!'

'그럼 뭐 가볼까……'라고 힘없이 말한다.

'뭐 가볼까라니, 더는 주저하면 안 되는 일이라고'

'전제적이네…… 당신과 만나면 못 당한다니까.'

시게루가 약한 걸까 아니면 소노에가 강한 걸까, 둘 사이는 언제나 이
런 식.

48 꽃을 피우지 않는 식물.

'하지만 당신은 항상 애를 태우니까.'

'어머, 그렇지는 않은데……'

'그럼 잰체하는 건가?'

'뭐라 해도 상관없어!'

오구리가 그려내는 여학생 이미지는 세상의 모습을 반영하고 있는 탓인지 윤기가 없고 매우 어둡다. 그러나 시게루도 소노에도 겉모습만큼은 화려하다. 소노에의 말투는 발랄하고 경쾌하며 여학교 생활을 만끽하고 있는듯하다. 한편 시케루는 독신주의를 표방하고 면학에 열심인 나머지, 쓸데없는 일을 하고 싶어 하지 않는 분위기를 연출한다. 이 또한 여학교 생활의 한 방식이었다. 그러나 이『청춘』의 히로인인 시게루도『마풍연풍』의 히로인이었던 하쓰노도 소설 안에서 불행한 생애를 보내게 된다.

여자답지 못하게 너무 학문에 정신이 팔려 있다가 결국에는 연애로 몸을 망치고 마는 것이 대중소설 속 여학생 히로인의 숙명이었던 것이다. 오토메 어투는 화려하고 특권적인 여학생의 심볼로 찬양 받는 한편, 세상물정 모르고 들떠있는 경박하고 품위 없는 여학생의 심볼로 경계시 되기도 했다.

4. 오토메의 아이덴티티

오토메 어투는 과연 일상생활에서도 사용되었을까? 소설에 그려진 것처럼 도쿄나 그 근방에서는 쓰여지고 있었을지도 모른다. 하지만 그렇다고 하더라도 형제 자매 사이에 한정되었을 것이다. 지방도시에서는 어떠했을까? 여학교 내에서는 다소 그 지방 말투도 섞여서 오토메 어투가 쓰여졌을 것이다. 그러나 귀가하면 바로 지방사투리로 돌아갔으리라는 것을 쉽게 상상할 수 있다. 또한 여학교를 졸업하면서부터 예전의 친구들과 소원해져 오토메 어투를 쓰는 일이 거의 없어지게 되었으리라.

그림 44 야무진 여학생(高畠華宵)

　그럼에도 오토메 어투가 견고하게 지켜져 왔던 영역이 있다. 바로 『여학세계』의 「지우 쿠라부」와 같은 편지 코너가 그것이다. 인용했던 '아자부 골짜기의 백합'이라는 펜 네임의 기혼자도 그 중 한 사람이다. 이 '골짜기의 백합'이 쓴 편지에 대해 몇 통이나 다시 답신 편지가 도착하고 있다. 그 중 하나만 인용해 보자.

　　골짜기의 백합님, 연민의 마음을 전합니다. 저도 당신과 같은 처지에 있는 사람입니다. (중략) 고향의 하늘을 우러러 혼자서 회귀감에 빠져 있습니다. 지금부터 부디 여동생이라고 생각하시고, 잡지상에서 편지를 교환해 주세요. (중략) 부디 이맘때 건강에 주의하시기를, 그리운 당신 그러면 안녕. 사할린의 시골 녀.[xxiii]

　이 '사할린 시골 녀' 앞으로 '골짜기의 백합'으로부터 "사할린의 시

그림 45 기치야 노부코(吉屋信子)『하나모노가
타리』(『花物語』)의 표지(中原淳一)

그림 46 기품있는 소녀(中原淳一)
「セルのころ」

골 녀님, 친절하게도 감사합니다. 저는 이름없는 야생의 꽃이지만 (중략) 문예는 아직까지 버리지 못하고 있기 때문에 번민이 있습니다"라는 답장이 바로 도착했음은 말할 것도 없다. 이러한 '같은 처지' 사이에서 '잡지상의 편지 교환'이 생겨나고, 오토메 어투를 계속 쓸 수 있게 되었던 것이다.

또 하나, 오토메 어투가 계속 쓰였던 것은 편지 코너와도 닮은 여성들끼리의 편지 교환에서였다. 여학교 안에는 친구끼리 서신을 교환하는 일도 있었을 것이다. 또한 요즈음의 장시간 전화와 같이 근방에 살더라도 엽서를 보내기도 했던 것이다. 그러나 오토메 어투는 여성의 어투로서 적당하지 않다고 인식됐다.

1914년(다이쇼 3)에 출판된 서신문의 텍스트『부인의 편지婦人の手紙』(와타나베 하쿠스이渡辺白水)에는, "타임(영어로 시간)이라느니 시크릿(비밀)이라느니 하는 외국어를 넣거나 혹은 의문표(?)나 감탄(!)등을 연속적으로 쓰다가 종국에는 서투른 와카나 하이쿠 등을 써넣고 잘했

다고 하는 것을 종종 보는데, 이는 웃기는 일이다."라고 주의를 환기시키고 있다.

「지우 쿠라부」에서도 많이 쓰이고 있는 '펜'이나 '리본', '클래스'는 그렇다고 하더라도, '차임되어(차임벨이 울려)', '히스테리', '스타일', '새틴', '어드레스', '크리스천', '마담', '스위트 홈', '허니문', '스위트한 꿈', '화이트 라인', '스쿨 걸', '카메라', '올드 미스', '모노포리(독점)하여', '바닐라' 등의 외국어가 보인다. 또한 의문표나 감탄부호는 메이지 시기에는 보이지 않으나 다이쇼 시기에 이르러 외국어와 함께 쏟아져 나온다. 편지에 외국어를 쓰는 것은 신기한 것을 쫓으려는 심리 표현임과 동시에 유행을 공유하는 여학생 혹은 여학교 졸업생의 부호였다고 할 수 있다.

나아가 『부인의 편지』에서는, "평소 사용하는 단어 중 이상한 것은 '… 다와だわ', '… 시데요してよ' 등의 어투이다. 이 같은 어투는 일상 대화에서도 별로 품위 있는 표현이라고 할 수 없으나 편지에 쓰면 더더욱 품위 없고 거슬리므로 읽고 있으면 역겨울 지경"이라고 비난한다. 오토메 어투의 문체가 품위 없고 거슬린다고 전면적으로 부정하고 있다. 이 서간의 저자는 서간문의 모범적인 문체로 '소로분候文'[49]을 추천하나, 「지우 쿠라부」에 모인 오토메들은 품위 없다는 딱지가 붙은 오토메 어투를 절대 버리지 않았다. 일부러 품위 없는 어투를 계속 썼다고 할 수도 있으나 그보다는 오토메어투가 그 아이덴티티를 유지하기 위해서 불가분한 것이 되었다고 보는 편이 더 타당할 것이다.

---

49 문장의 마지막에 정중어인 소로(候)를 붙이는 문장, 중세 이래 서간/공문서 등에 주로 쓰였다.

5. 오토메 어투의 종식

그림 47 동그란 눈동자의
소녀(中原淳一)

패전 후, 『부인공론』[xxiv]에서 「새로운 여성스러움」이라는 좌담회가 개최된다. 여기에서 여성의 어투가 민주화되지 못한 봉건적 잔재의 하나라는 의견에 대해, 소설가 히라바야시 다이코平林たい子가 이론을 제창한다. 그녀는 "자신을 비하하는 듯한 봉건적 어투와 '데요てよ, 다와だわ, 와요わよ'는 다르다"고 하며, '자신의 감정을 강조할 때' 쓰여지고 '그 뒤에는 여성의 감정이 자유/방만하게 타오른다는 증거'가 있다고 옹호한다. 남자와 여자는 다르고 여자에게는 스스로를 표현하는 독특한 어투가 있는 것이 당연하다는 것이다.

그러나 신 헌법 안에서 남녀동권이 제창되고 중학교가 남녀공학이 되고 고등학교도 남녀공학이 늘어감에 따라, 오토메 어투는 쇠퇴해 갔다. 외부로부터 단절된 여학생의 공동체 혹은 오토메라는 아이덴티티를 공유할 수 있는 여성의 환상공동체 안에 있었기 때문에 오토메 어투는 생존이 가능했던 것이다. 여학생 공동체가 해체되고 여성이 현실에 직면해가는 것이 자명시 되었던 고도경제 성장기 이후, 오토메 어투의 사멸은 시대의 흐름이기도 했다.

전쟁 당시 여학생이었던 현재 60세 이상의 여성 중에는 아직도 편지에 오토메 어투를 쓰는 사람이 있을 것이다. 전쟁 중의 여학생들은 군국 오토메軍国乙女로 변신하는 한편, 기치야 노부코吉屋信子의 소설을 애독하고 나카하라 준이치中原淳一의 그림을 모으면서 남몰래 친구끼리 오토메 문화를 만들고 계승했던 마지막 세대라고 할 수 있다. 전쟁이 끝나

더 이상 군국 오토메일 필요가 없게 되서도 전쟁 중의 아름다운 추억으로 오토메 아이덴티티를 지탱시킨 오토메 어투를 가슴 속에 소중히 간직했던 것이다.

i   『日本庶民生活史料集成21』
ii 宮城県、1873年
iii 宇都宮県, 1873年
iv 青森県, 1875年
v   『府県史料』
vi 『朝野新聞』1879年9月5日
vii 『東京曙新聞』1880年9月18日
viii 『朝野新聞』1879年7月18日
ix 『朝野新聞』1879年8月12日
x   『朝野新聞』1879年8月12日
xi 大江志乃夫『日露戦争の軍事史的研究』引用
xii 菊池邦作、前掲書
xiii 大江志乃夫、前掲書
xiv 大江志乃夫、前掲書
xv 大江志乃夫、前掲書
xvi 『第二軍従征日記』
xvii 『趣味の遺伝』
xviii 谷本富「婦人問題の種々相」『女性』1号、1922年
xix 『女学世界』10巻3号、1910年
xx 『女学世界』10巻3号、1910年
xxi 『女学世界』11巻9号、1911年
xxii 『女学世界』12件8号、1912年
xxiii 『女学世界』11巻13号、1911年
xxiv 1948年7月号

민속의 知의 계보

제Ⅲ부

생활 속의 전쟁

민속의 知의 계보

제8장

술 만들기의 민속과 소동

1. '범죄'의 민속

근대 국민국가의 성립과 함께 국가는 지역사회의 다양한 관습과 민속에 '범죄'의 딱지를 붙여 소멸시키거나 교정/개편을 강제했고 '국민'의 일률적인 생활양식과 규율이 축제일과 민법 제정, 학교교육 등을 통해 형성되어 갔다. 이는 국가가 경찰/행정기관을 통해 강제했을 뿐만 아니라 크게든 적게든 민중 자신에 의해 수용되었던 면도 있었다. 그중에서도 시정촌의 장이나 구장 등의 행정담당자, 학교장과 교사, 지주/호농 등의 명망가들이 솔선하여 이를 받아들였고 지역의 지도자로 실권을 쥐었다.

그뿐 아니라 지역의 와카모노구미가 청년회(청년단)로 개편되어 지역행정의 말단기관으로 포섭되면서 '폐풍'이 되어버린 관행/관습의 폐지,

그림 1 야마가타 현 경찰본청 　　　　그림 2 마을 마쓰리(福島県会津郡市下郷町)
(山形県 警察本署)

미신타파를 실질적으로 담당하게 된다. 이와 동시에 가업의 태만에 대해서는 근로가, 낭비/사치에 대해서는 절약/저축이, 싸움과 폭행에 대해서는 법률의 준수가, 풍속 문란/음풍에 대해서는 풍속개정 등이 목표로 설정되어 청년남녀의 일상생활 내 신체가 감시/관리의 대상이 되었다.

이는 때때로 관헌보다 더한 철저한 경찰력을 행사하여 개개인의 사적 생활에까지 개입, 범죄자를 발견하여 본때를 보여주려고 하는 경우도 있었다. 국가에 의해 각인된 '범죄'의 민속을 향리의 수치로 보는 심성 혹은 '경찰의 신세를 지다', '경찰관련 일을 일으키다'는 식의 말로 범죄자가 나오는 것을 두려워하고 이를 일가의 수치로 보는 심성이 뿌리를 내리게 된 것이다. 그러나 '범죄'의 민속이 아주 없어진 것은 아니었다. 민속으로 길러져 온 관습이 법률에 의해 범죄로 규정 된다고 할지라도, 이에家[1]뿐 아니라 지역생활 전체의 필수적 항목인 까닭에, 관헌의 감시 망을 피해 유지될 수밖에 없었던 일도 있었던 것이다.

1 메이지 근대민법에 의해 새로이 채용된 가족제도.

2. 탁주 제조와 주연의 관습

밀조주, 즉 탁주 양조는 1899년(메이지 32)부터 금지되었으나 적어도 패전에 이르기까지 대규모적 '범죄' 민속의 하나였다. 1920년(다이쇼 9)에 간행된 센다이仙台 세무감독국 편『도호쿠의 6현, 주류밀조개정연혁지東北六県 酒類密造矯正沿革誌』는 세관들이 조사한 것을 정리한 관청 측의 자료이기는 하나 탁주의 역사와 당시 상황이 자세하게 기술되어 있다.

1875년(메이지 8)에 주류세칙이 제정되고 양조세가 부과되었다. 그러나 이때 탁주가 면세로 설정됨에 따라, 청주의 판로를 압박하고 국가재정에 영향을 미치게 되어 2년 후부터는 탁주에도 조석수에 따라 양조세가 부과 된다. 이어 1880년(메이지 13)부터 주류세칙이 폐지되고 주조세칙이 제정되어, 한 석 당 30전이었던 탁주 양조세가 조석세라는 이름으로 한 석에 2엔으로 뛰어올라 청주와 같은 세율이 적용된다. 뿐만 아니라, 탁주를 필두로 하는 자가 제조술을 연간 한 석 이하로 제한했다. 3년 후에는 자가 제조술에 면허 감례鑑札제도를 도입했으나, "오래된 인습으로 가족 중에 다수의 음주자가 있고, 또한 너무 즐겨서 도저히 제한된 양으로 그 수요를 만족시킬 수가 없는" 상태였다.

'자양自釀의 풍습'은 없어지지 않았고 면허 또한 그저 형식적인 것이 되어 "매호 자양을 계속하지 않으면 안 되고, 게다가 사계절 모두 이를 제조하여 일상적인 세 끼 식사시간 혹은 낮과 밤의 휴식시간에 마셨다. 뿐만 아니라, 관혼상제 외 크고 작은 주연, 향응 접대 등에는 반드시 집에서 만든 술을 내는 것이 예의라고 하며 그 잘 빚어짐을 자랑스러워하는 풍조까지 나왔다"고 탁주 양조의 성황이 기술되고 있다.

청일전쟁 후인 1896년, 국가재정이 급속하게 팽창하여 핍박해지자

그림 3 농촌의 연회

그 재원을 확보하기 위하여 주조세칙을 주조세법으로 개정, 탁주의 세율을 높였다. 그러나 무허가로 양조하는 사람들이 끊이지 않고 세수 또한 생각만큼 안 걷히자, 1899년에 '국운의 발전에 따른 필연'으로 자가용 주세법을 폐지하고, 자가용 술의 제조를 전면적으로 금지했다.(1916년경, 국가 예산 6억엔 중 약 4억엔은 조세로 충당되었고, 그중 주세가 1억엔으로 가장 많았다)

『밀조 연혁지』의 '총설'에서는 도호쿠東北 지방의 자가용 술=탁주 양조의 요인으로 "산간벽지의 농촌에서는 음주를 빼면 다른 즐거움이 없어 길흉화복과 그 외 사계절 내내 모든 때에 술을 애용하고 이와 같음이 해마다 이어지니, 종국에 자가용 술은 농촌의 필수품이 되고 있는 듯 하다. 부녀자는 더욱 술을 많이 마시니, 양조는 부녀자가 당연히 갖추어야 할 조건이 되어 양조기술의 뛰어남이 혼인의 한 요건이 되고" 있음을 들고 있다. 매우 정확한 지적이리라.

그리고 "지난 날의 권리 행위였던 주류의 자양이 하루 아침에 범죄 행위로 폐지되면서, 자가 양조 술이 농촌의 유일한 즐거움으로 인식되고 지방 농민의 필수품이 되고 있다. 어찌 안이하게 볼 것인가"라고 하여 '과음 관습'에 의한 '밀조 악풍'이 쉽게 소멸되지 않음을 한탄하고 있다.

1916년경, 밀조범이 가장 많았던 곳은 도호쿠 지방으로 그중에서도 아키타 현秋田県(5318건)이 가장 많았고, 이어 이와테 현岩手県(2546건), 미야자키 현宮崎県(1147건) 순이다. 밀조의 일반적 원인으로 '이미 유전적으로 익숙한, 많이 만들어 많이 마시는 인습', '주조세 제도의 변천에 의한 주가 등귀'를 들고 있다.

도호쿠 지방의 '특수원인'으로는 쌀의 산지로 원료가 풍부한 점, 모든 벽지에 누룩 만드는 업자가 있어 탁주의 원료를 쉽게 손에 넣을 수 있는 점, 밀조 전용 병을 제조하여 은폐하기 쉬운 점, 자가용 탁주 양조가 금지되었을 때 그 단속이 느슨했던 것에 익숙해진 점, 공무원이나 지방 유력자 중에 밀조범을 동정하고 자신도 밀조하고 있는 자가 많은 점, 자기 쌀로 자기 술을 만드는 것이 뭐가 나쁘냐는 식으로, 탁주는 '추운 지방의 채온 상의 필수품'이며 '산촌벽지의 유일한 위안'이라는 등의 잘못된 생각을 가진 자가 적지 않다는 점 등을 들고 있다.

그러나 차가운 지역 기후와 밀조주의 관련성은 부정되었고 홋카이도 안에서도 도호쿠 출신의 밀조범이 많다는 점에서 '도호쿠 지방 사람이 탁주를 밀조하는 것은 선천적인 관습인가, 유전적 풍습인가, 한탄하지 않을 수 없을 뿐'이라며, 되는 대로 선천적/유전적이라는 심리학적/생물학적 수식을 덧붙여 개인적/집단적 요인으로 귀속했다. 탁주 가격이 싼 것은 둘째 치고, 아마 이 집단적이고 공동체적인 습관=관행이나 풍습이야말로 '자양의 풍속'이 뿌리깊게 존속해온 근거일 것이다.

그러면 언제 탁주를 마셨던 것일까. 『밀조 연혁지』에서는 아키타 현의 어떤 지방을 사례로 하여 1) 평상시에는 아침과 점심의 중간 휴식 때, 점심 때, 저녁 때 2) 타인 응대에서 용건이 있어 방문객이 왔을 때, 교류를 위해 왔을 때 3) 관혼상제에서 출산 축하객이 방문했을 때, 출

그림 4 술에 취해 미코시를 진
와카모노들(福島県会津田島町)

그림 5 마쓰리의 직회(福島県会津田島町)

생 이렛날 축하, 연초, 혼례를 도우러 온 사람들 대접/혼례식 축하객에 대한 향응 접대/혼례 후의 주연, 다음날의 주연, 장례식에 도우러 온 사람들의 대접, 장례식 당일과 7일째와 백일째, 진수의 제례 4) 축일, 제일/휴일로는 정월, 오본, 절구, 정월 초하루(음력으로 정월의 제1일, 첫날), 모심기, 벼베기, 피안참배彼岸寺参り2, 일반 휴일, 고쥬講中3 회합 5) 그 외에는 무진無尽4, 마을의 회합 등을 들고 있다. 이 음주의 풍습에는 특히 관혼상제, 축일, 제일/휴일에 "방문객이 사리 분별 못하게 만취상태로 취하지 않으면 제대로 대접받지 못했다고 보는 풍습이 있어, 소량의 술을 사오는 것은 의리에 어긋난다고 하는 단순한 구 사상"에 근거하여 탁주가 밀조된다고 보고된다. 따라서 술을 마실 기회와 그 양을 줄이는 것이 '밀조 교정'의 핵심이 된다.

2 춘/추분 전후 3일간 신사에 참배하는 것.
3 신불참배 조직, 계.
4 금전을 상호융통하기 위한 조직, 계.

3. 탁주 단속과 은폐

밀조주 단속에는 세관이나 경찰관뿐 아니라 실로 많은 인원/단체가 동원되었고 여러 시설에서 조직화 되어 행해지고 있었다. 세무서 등이 주최하는 강담, 소학교 교육, 재향군인회, 청년회, 소방조의 밀조 교정 사업, 주류 밀조 교정조합이 시정촌市町村에 빠짐없이 설치됐다. 세무서나 시정촌장의 이름으로 전단지도 뿌려졌다. 아키타 현 센보쿠 군仙北郡의 어느 마을에서 작성된 「인페이密造(밀조)주의서」는 "인페이를 하면 안 된다는 것은 모두 이미 아시실 것이나 매년 모심기 철에 인페이가 늘어나는 악습이 있으니, 이때는 더욱 주의하여 벌금을 물고 명예를 더럽히지 않도록 주의하시오"라는 전단지다. 여기서 '인페이'란 아키타 현의 은어로, 탁주를 이르는 말이다.

탁주 애호가는 검거, 벌금, 유치처분, 징역을 두려워하지 않고 제조/은폐 장소를 고심하여 감시와 수시 점검을 피하려고 교묘한 궁리를 짜내는 등 정력을 기울였다. 예전에는 집에서 탁주를 제조하여 집 안이나 툇마루 아래에 숨겼으나, 단속을 위해 벽지 경비와 기간, 인원을 증가하여 철저한 탐색이 이루어지자 제조/은폐 장소나 방법에도 여러 가지 궁리가 늘어갔다. 주로 산림이나 저수지, 도랑/하천의 연안을 선택했다. 또한 집에서 제조하여 새벽녘에 경작하는 전답으로 옮겨 날이 지면 다시 집으로 가져오기도 하였다. 세관의 탐색을 피하고 도둑맞는 것을 방지하기 위한 것이었다.

이 외에도, 신불을 안치한 등명灯明[5]이나 공양물을 놓은 객실 방의 마

---

5 신령이나 부처를 위하여 밝혀두는 등불.

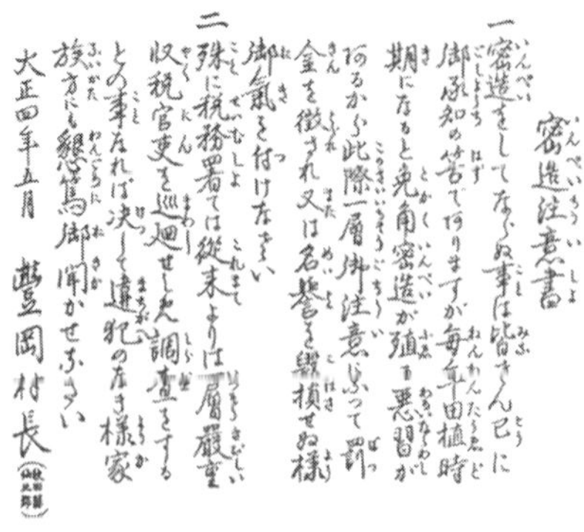
密造注意書
一 密造をしてならぬ事は皆さん已に御承知の筈で有りますが毎年田植時期になると兎角密造が殖て悪習が有るから此際一層御注意ふって罰金を徴され又は名誉を毀損せぬ様御氣を付けなさい
二 殊に税務署では從来よりは一層厳重に收税官吏を巡廻せしめ調査をするとの事なれば決して違犯のなき様家族方にも懇篤御聞かせ下さい
大正四年五月 豊岡村長

그림 6 밀조주의서(「密造注意書」)

루를 개폐 가능하게 하여 그 아래에서 제조하거나 변소 한쪽에 비료재를 쌓아 그 안에 나무통을 넣어 제조하거나, 벽장 벽을 이중으로 하여 제조하거나 집의 부지 내에 사당을 세우고 그 밑에 탁주 병을 넣어두거나 세관의 급작스러운 수시 점검을 피하기 위해 어린아이가 죽은 것처럼 불단을 세워 선향을 피우고 가족이나 옆집 사람에게 가짜로 울게 하고 가짜 승려를 부르는 일도 있었다고 한다. 이들은 '이례적'인 예이다.

밀조로 검거된 사람은 농민이 압도적으로 많아, 1916-17년에는 농민이 전체의 9할 3분을 차지했다. 그 이유는 농촌에 다른 오락기관이 없는 점, '취미가 일반적으로 저급하여 먹고 마시는 것 이외에는 거의 어떤 취미도 없다'는 점, 원료인 쌀이 풍부한 점, 마을에서 멀어 청주를 구입하기 불편한 점 등을 들고 있다. 농촌에서는 "밀조자가 서로 상호 협조하여 범칙의 폭로를 경계하고 어려울 때 서로 돕는 향리적 도덕심으로 같은 장소에 서로 모여 밀조하거나 부락 공동으로 자용적 밀조"를 하고 있다고 분석한다. 밀고자가 아주 없지는 않았을 것이나, 자기가 만든 쌀로 자가용 술을 빚을 뿐 아니라, 지역 전체가 상호 부조하여 공동으로 탁주를 빚는 것을 즐겼다고 볼 수 있다. 탁주 양조가 금지되고 약 17년 밖에 지나지 않아, 국가의 금지를 쉽게 수용하는 것이 불가능했던 것이리라.

밀조자의 남녀구성과 연령에 관한 매우 흥미로운 조사결과가 있다. 이전 사법성 참사관이 도호쿠 감옥을 시찰하며 '노파가 대단히 많은 점'에 기이한 느낌을 받았다고 기술한다. 1908년 아키타 현의 밀조범

그림 7 탁주 제조 금지(「濁酒を造ることなかれ」)

은 남자 311명(3할 8분), 여자 516명(6할 2분)이었다. 다이쇼기에 이르면 남녀의 비율은 남자가 조금 더 높아진다.(예를 들면 1917년, 같은 현에서 남자 1,201명, 여자 1,011명) 이에 대해 『밀조 연혁지』에서는 "모든 밀조는 자양이고, 자양하는 자는 주로 부인인 관계로 실제 부인이 제조 조작에 종사하는 일이 많았던 것은 사실이나 한번 검거되어 조사를 받으러 오면 모든 책임을 부인에게 전가하는 것이 이 지방 밀조 범칙의 통습이다. 이는 죄를 노인이나 여자에게 씌우면 벌금을 경감 받는다는 오해에서 나온 것이며 세상의 체면상, 일가의 주재자가 범칙의 주체가 되는 것을 피하려는 경향에 의한다"라고 기술하고 있다.

술을 양조하는 것은 부인의 역할로, 전술했듯이 여성도 술을 많이 마실 뿐 아니라 '양조기술이 뛰어난 것이 혼사의 한 요인'이기도 했기 때문이다. 여자나 노인이면 벌금이 적어진다는 오해가 있었던 모양이나 실제로는 가부장제 아래서 호주 '대신'이 되었던 경우가 많았다. 일가의 일꾼을 잃기보다는 '생산능력을 가지지 못한' 노인이 밀조자가 되

어 감옥으로 보내진 것이다. 그 불효를 '인도상 한탄하지 않을 수 없다'
고 하나, 노인들이 가족 혹은 마을을 위해 처벌을 감수한 것이라고 할
수 있다.

4. 탁주 소동

1916년(다이쇼 5), 아키타 현 가와베 군河辺郡 후나오카무라船岡村의 어
떤 집락에서, 밀조주를 적발하러 온 세무서 관인 아홉 명을 습격한 소
요사건이 일어났다. 「아키타괴신보秋田魁新報」와 「아키타마이니치 신문
秋田毎日新聞」[ii]에서 이 사건의 개요를 살펴보자.

세무 관리 아홉 명은 '이 산중 마을은 인적이 드문 곳으로 밀조주 같
은 것도 연중 계속하여 양조한다는 풍문이 자자하다'는 단정과 편견에
서, 느닷없는 임검을 감행한다. 30호가 채 못 되는 작은 집락을 하나 하
나 조사했으나, 탁주는 전혀 발견되지 않았다. 이 마을에서 옆 집락으
로 가는 도중에 촌부와 만나니, 세관은 이 부인을 붙잡아 '당신은 옆 마
을 밀조자에게 우리가 온 것을 알리러 간 것'이라며 '마치 범죄자를 다
루듯' 취급했는데, 그 남편이 멀리서 '우리 마누라가 세무 관리에게 이
유 없이 죄인 취급을 받아 수치스러워 하는 것'을 보고 격양되어 달려
들었으나 옴쭉달싹 못하게 제압당한다. 세관 일행은 다른 집락도 조사
했으나 '탁주의 혐의'가 없어 돌아가려 할 때, '모욕에 분개한 무지한
촌민이 복수를 하듯이 잇키적 폭행'을 결행한 것이다.

세관에게 잡힌 농민이 '세관인에게 부당한 폭행을 당했다'고 하니,
금세 마을의 '와카모노'들이 소학교 앞 논으로 결집하여 '무언중에 이

그림 8 술을 만드는 장인(杜氏)

를 복수하여 이후 우리 부락에 기어들어오지 못하게 응징하자'고 '폭행'을 결의한다. 세관들이 옆 마을에서 돌아오는 도중에 신사 근처를 탐색하고 있는 것을 목격하고 반목을 쳐서 울리니 와카모노들이 소학교 앞으로 모여 습격, 네 명에게 중상을 입혔다.

　30호가 채 안 되는 마을에서 서른 명 이상의 '장정'(피고는 열 일곱 살에서 쉰 아홉 살에 이르는, 20대 12명, 30대 9명으로 와카모노가 중심이 되어 있었다)이 나왔다. 도롱이와 삿갓을 쓰고 자루가 긴 도구나 낫 등을 손에 들고, 얼굴을 감추기 위해서인지 지우산[6]을 쓰고 지휘자를 따라, 각 열 명씩 세 방향에서 달려들었다. 와카모노구미가 건재하였고 잇키의 전통, '반질서'의 민속이 숨쉬고 있었다고 할 수 있다.

　세관들은 각 집뿐만 아니라 신사나 그 주변의 저습지, 둑과 논까지 빠짐없이 조사했다. 촌민을 매우 강압적인 태도로 대하면서, 탁주를 적발하고자 혈안이 됐을 것이다. 은닉 방법이 교묘했기 때문일까? 아니

6　대오리로 만든 살에 기름 먹인 종이를 발라 만든 우산.

그림 9 농민의 잇키

면 실제로 밀조가 이루어지지 않고 있었던 것일까? 밀조주는 한 방울도 나오지 않았다.

신문의 논조에서는 '무지한 촌민'의 참혹한 '잇키적 폭행'을 강조하는 한편, "세무서도 다수의 인원을 동원하여 압박적으로 검거하려고 했던 등의 방침은 잘못된 것"이라는 검사의 발언을 전하거나 "밀조자는 무지한 백성이 많아 말을 요하지 않는다. 따라서 이에 대해 세관이 안온하게 대하면 의외로 자백하고 쉽게 검거가 가능하며 오히려 그 죄악을 부끄러워할 것이다. 하지만 대역 죄인을 조사하는 것처럼 '허름한 집이지만 발 뻗고 자는 보금자리'에 난입하여 병자나 임산부까지도 위협하는 등 억압적으로 나가면, 무지한 우민은 슬퍼하며 반항을 하고 결과를 생각하지 않고 무모한 행동을 하기에 이르는 것"이라며 동정적으로 보도하고 있다. 세관 관리의 권세를 등에 업은 횡포성도 문제였지만 '무지한 촌민'에게도 마을을 지키고 유지하기 위한 독자적 반항의 작법

이 있었던 것을 간
과해서는 안 될 것
이다.

그림 10 소작쟁의 연극(小作争議の演劇)

이 사건의 발단은
마을 내 여성이 낯선
세관 관리에 의해
'밀조에 상관없이 죄
인취급을 받아 치욕

을 당한 것'에 있었다. 그 수치감을 되갚아주기 위해 제재를 가한 것은,
와카모노구미나 마을 사람들의 당연한 의무였다. 그러나 마을 관습법
은 '범죄'의 민속으로 폄하되어 효용성을 잃어가고 있었다. 탁주 양조
도 오래된 관행이었으나 근대법 아래에서는 범죄 그 자체가 되어 '범
죄'의 민속으로 영위하게 된 것이다. 야나기타 구니오는 『메이지 다이
쇼사 세상편明治大正史 世相篇(1931)』에서 "일본에는 아직 일년 중에 어떤
계절에 한정하여 반드시 손으로 빚은 쌀 술을 배가 터질 정도로 마시지
않으면 안 되는 지방이 있었다. 도호쿠 근방의 탁주 밀조는, 자타 공인
의 범죄이긴 했지만 도시에서 가끔 발견되는 탈세의 이익에 현혹되어
새로 궁리한 악행은 아니었다"고 지적하는 대로이다. 그렇기 때문에
처벌을 각오하고서라도 '잇키적 폭행'을 행하지 않으면 안되었던 것이
고 탁주를 몰래 만들어 교묘하게 은닉하는 방법을 짜내어 몇 번이고 체
포되어도 '이전 징벌에 싫증도 내지 않고 매년 같은 위반'을 행하며 '여
자나 어린아이도 전투와 같은 태도로 발각 방지에 힘쓰는 식'ⁱⁱⁱ의 '범
죄'의 민속이 영위될 수 있었던 것이다.

야나기타는 이를 "탁밀지옥濁密地獄"이라고 부른다. 이 지옥을 만든

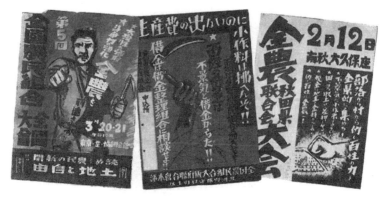
그림 11 농촌조합대회의 포스터(農民組合大会のポスター)

것은 오랫동안 '탁주극락ドブロク極楽'에 익숙해져 범죄조차 마다하지 않
은 도호쿠 지방 등의 농민이었다. 그러나 그 이상으로 팍팍한 국가재원
의 대부분을 주류세로 확보하고자 주조세법으로 술 제조를 주조업자
에게 독점시키고, 술을 청주로 한정하면서 제사나 축하, 그리고 무엇보
다도 노동과 함께 해온 민중의 음주 관습, 또 술에 대한 기호를 무시한
국가에 그 원인이 있었다.

　탁주를 둘러싼 '범죄'의 민속은 야나기타의 표현에서 알 수 있듯이
실로 범죄 따위 신경 쓰지 않는 민중의 깊은 생활세계의 양상을 드러내
고 있다. 이러한 '범죄'의 민속은, 압도적인 국가 폭력 앞에서 퇴진/쇠
퇴할 수밖에 없게 된다. 민중의 일상생활 구석구석에까지 이전의 관행
이나 풍속에 의해 영위되어온 신체를 개편하려는 힘이 침투하여, 민중
은 근대국가의 국민으로 통제됐던 것이다.

　그러나 국가가 범죄로 낙인찍어도 민중의 신체에는 교활함까지 갖
춘 다양한 방법으로 끊임없이 권력에 저항하는 힘이 살아 숨쉬고 있었

다. 이는 아키타 현의 농민습격과 와카모노구미의 항쟁에서 보이는 것처럼, '반질서'의 민속을 동반하면서도 국가의 감시/교지의 힘, 직접적인 폭력장치=권력에 의해 내몰린 끝에 겨우 발휘된, 이른바 궁지에 몰린 쥐가 고양이를 무는 식의 폭력이었을지도 모르지만 생존의 근저에서 발현된 힘이었다.

이러한 힘은 '여자나 어린아이도 전투와 같은 태도'로 동원되었듯이 공동체의 일원으로서 규제 받아 억압적으로 작용된 측면도 있다. 그러나 한편으로는 적지 않게 신체의 일상성을 해방하는 것이기도 했다. '범죄'의 민속은 '반질서'의 민속과 함께 일소되어 버린 것이 아니라 현대에도 신체의 기억으로 축적되어 있는 것은 아닐까.

민속의 知의 계보

제 9 장

전쟁과 민중의 사이

1. '구단의 어머니九段の母'의 염불

국민가수로 불리는 미소라 히바리美空ひばり가 국민학교에 입학하기
전년도에 아버지가 응집되어 요코스카横須賀 해병단에 입영했다. 그녀
는 그 장행회壯行会7에서 '구단의 어머니九段の母'를 부르고 있었다. "아버
지가 출정하는 슬픔보다도 많은 사람들 앞에서 노래를 부르고 박수를
받았던 기억이 확실히 인상 깊었어요. 정말 기뻐서 어쩔 줄을 몰랐거
든요"ⁱᵛ 라고 미소라 히바리는 회고한다. 이른바 히바리의 데뷔 무대
였다.

'구단의 어머니'는 그녀의 데뷔 곡이었다. 아버지가 있는 요코스카

---

7 출발을 성대하게 축하하는 자리.

그림 12 니시키에 속 야스쿠니 신사(靖国神社奥庭図)

로 가서 역시 '구단의 어머니九段の母'나 '전우의 유골을 안고서戦友の遺骨を抱いて' 등의 노래를 부르면 동년 병들은 "펑펑 눈물을 흘려 주었어요"라고 한다. 히바리는, "그때 저는 노래를 부르는 사람으로서 가장 행복한 시간을 가질 수 있었습니다"ⱽ라고 술회하고 있다. 그녀가 누군가의 어머니가 되는 일은 없었지만, 그녀 자신도 '구단의 어머니'처럼 긴밀하고 서로 사랑하는 부모·자식 관계 속에서 평생을 보내고 있다.

하늘을 찌를 듯한 커다란 기둥문大鳥居 이렇게 멋진 신사에
신으로 모셔진 황송함이여 어머니는 웁니다 정말 기뻐서
양 손을 모아 무릎을 꿇고 절하는 그 순간에 염불
퍼뜩 정신이 들어 당황했지요 내 아들 용서하렴 촌사람을

'구단의 어머니'(니시마쓰 아키지西松秋二 작사, 노시로 야로能代八郎 작곡)의 2, 3절 가사이다. 이 노래의 레코드는 1937년(쇼와 14) 4월 테이

그림 13 야스쿠니 신사의 천황친배(靖国神社大祭之図)　　　그림 14 구단의 어머니

치쿠ティチク음반사에서 발매되었다. 제2차 세계대전이 시작된 해로, 일본군의 중국침략이 계속되던 시기이다. 다음 해에는 기원 2600년 식전이 일본 전국뿐 아니라 조선이나 타이완 등의 식민지, 그리고 '만주'에서까지 참배자를 초대하여 거행되었다. 전쟁과 제례 사이에 끼어 '구단의 어머니'라는 상징적인 노래가 나온 것이다.

　노래 속 주인공은 중일전쟁의 전사자인 것일까. 38년의 죠슈작전徐州作戰 혹은 부칸작전武漢作戰에 종군한 전사자이었을지도 모른다. 기원 2600년의 축제 후에는 '영웅'으로 이름 붙여진 고인ホトケ을 안은 '구단의 어머니'가 전국적으로 넘쳐흘렀다. '구단의 어머니'가 나온 해의 난네이작전南寧作戰, 이듬해의 기쇼작전宜昌作戰에서는 중국군의 적극적인 반공에 의해 패배와 후퇴가 되풀이되는 등, 마오쩌둥의 '지구전론'이 착실한 성과를 보이고 있었다. 1937년 4월 23일의 야스쿠니 신사 봄 임시대제에서는 1만 389명, 10월 20일의 야스쿠니 신사 가을 임시대제에서는 1만 379명이 '영령'으로 합사 된다.

　1869년(메이지 2) 도쿄 초혼사＝야스쿠니 신사(1879년에 개칭)가 창건되어 70년이 지난 그 시점에서도, 죽은 자는 신과 고인 사이에서 흔들리고 있었다. 아니, 유족의 마음 속 깊은 곳에서는 그저 고인일 수밖에 없었다고 하는 편이 맞지 않을까? '구단의 어머니'는 내 자식을 신으로서 배례하였을까. 그럴 수는 없었다. '나미아비타불'이라고 염불을 외웠던 것이다. 그런 경우가 많았을 것이라고 추정할 수 있다. 그러나 가사에서 말하듯, 그리 당황하지는 않았을 것이다.

'구단의 어머니'가 가지는 묘미는 신으로 모셔진 '황송함'에 눈물을 흘리자마자 염불을 외우고, 당황하여 '내 아들 용서하렴, 촌사람을'이라고 혼잣말을 해버리는 부분에 있다. 국가의 뜻을 알지 못하고 촌에 틀어박혀 구습에 젖어있는 '촌사람'이 계몽의 대상으로 그려지고 있는 것이다. 정확히 말하자면 조롱 당하고 있다. 음습하다고 밖에 표현할 길이 없다. 야스쿠니 신사에 전사자가 고인으로서가 아닌 '신'으로 모셔져 있는 것을 모르는 자에게 '촌사람'으로 조소 당하고 싶지 않다면 '신'으로 모셔진 것을 알고 있으라는 메시지를 새겨 넣고 있는 것이다.

'촌사람'인 '구단의 어머니'의 전사한 아들은 '신'으로 모셔졌다. 전쟁 중에는 '일시동인一視同仁'이라는 표어가 있었으나, 군대는 엄연히 계급사회였다. 그리고 전사하면 모두 야스쿠니 신사 지주의 '영령'으로 모셔져, 천황의 배알拜謁을 받는 명예를 가진다고 했다. 여기에서 데모크라시의 선취를 발견하고 찬탄하는 사람도 있다. 황족의 전사자는 별격이었고, 지고신=천황을 정점으로 하는 신들의 계급질서에 있어 '영령'은 그 권속신眷属神에 불과했다. 죽어서도 황군의 병사, '호국의 영령'으로 천황에게 충성을 다하도록 하는 어령 신앙에서 환골탈태한 '칠생보국七生報国'[8] 이라는 황국사상의 공허한 슬로건의 희생양이 되어가고 있었던 것이다.

그렇다고는 하나 공교롭게도 '구단의 어머니'의 가사가 새삼스레 신과 고인을 준별하지 않고 죽은 자는 고인일 수밖에 없다는 당연한 '상식'을 날카롭게 찌르고 있는 것만은 확실하다. 또한 모자관계가 전쟁 수행 혹은 내셔널리즘의 핵심에 있다는 점을 명확히 하고 있다. 새로운 신들의 날조/창출은 어느 시대에도 보이는 현상이지만 메이지 이래 의심할 여지 없이 기묘한 양상을 드러냈다. 죽음에 홀려 신들을 날조하거나, 역으로, 신들을 날조함으로써 죽음에 홀렸다고도 할 수 있다.

병사들은 미소라 히바리가 부르는 '구단의 어머니'를 눈물을 흘리며 들었다. 야스쿠니에 '영령'으로 모셔지는 환희에 흐느껴 울었던 것일까? 아마 그렇지는 않을 것이다. 이 노래에서 자신의 무참한 죽음을 생각하고 어머니나 아내 또는 아이들의 모습을 떠올렸기 때문이 아닐까? '어머니'들은 그저 어머니로서 모자관계에 집착하는 한편, '구단의 어머니'로서 야스쿠니에 초대 받게 된다. 모자관계를 빼앗긴 '어머니'들의 마지막 기댈 곳은 고인이 된 아들과 '영령'이 된 아들의 어느 쪽이었을까?

2. '영령'과 유영

천황의 '어진영'에 대항/대치할 수 있는 것은 무엇일까? 아마 러일전쟁이나 중일전쟁, 태평양전쟁의 전몰자 무리, 그 개개의 유영들일 것이다. 언제까지나 생전의 모습을 잃지 않고, 혹은 그럴 수밖에 없도록 젊

---

8 일곱 번 환생하여 나라를 위해 충성을 다함.

그림 15 수신교과서 속 야스쿠니 신사

그림 16 전승을 기원하는 액자
(劍形額)

어서 죽지 않으면 안 되었다는 점에서 특이한 사자들은 '영령'과 '충령'으로 불리운 전사자들이다. 병사들은 많은 사진을 남기고 있다. 전쟁 그 자체가 테크놀러지화 되었을 뿐 아니라 전국 방방곡곡에 사진이라는 '근대'의 테크놀러지가 침투했던 시기에 해당한다.

병사들은 미증유의 체험으로, 전사라는 냉혹한 가능성을 바로 옆에 두고 있다는 점에서 공통의 감각을 공유하고 있었다. 병사들은 '근대'의 테크놀러지를 접하고 이를 통해 자신들의 아이콘/유물을 남기는 것에 커다란 즐거움을 발견하고 있었으리라. 또한 무운장구/방탄의 공덕을 위해 저명한 사찰에 사진을 보내 탄알이 자신을 피해가도록 기원해 주기를 원했을 것이며 만약 전사한다면 사진을 보고 그리워 해주기를 바랐으리라. 자신의 사진을 찍어 필사적으로 흔적을 새기려고 했던 유영은, 전사라는 특이한 사태를 만들어낸 '근대'에 성립된 것으로 사자의 '근대'를 상징한다.

러일전쟁 중에는 전장과 병사들의 출신지 간에 많은 서신이 교환된다. 이 또한 '근대'적 테크놀러지의 소산이었으리라. 잡지 투고 따위와는 거리가 멀었던 사람들까지 펜팔/우편 시대의 주인공이 되어 자신의 흔적을 글로 남기고자 했다. 아사히카와旭川 제7사단 보병 제27연대로 입영한 시나가와 현品川県 다카쿠라 군高倉郡

그림 17 무운장구와 방탄(防彈)을 기원하는 봉납사진

출신 병사의 서간이 있다. 이 병사도 히로시마에서 사진을 찍어 고향의 양친에게 보내고 있다.[vi]

"사진을 다섯 장 찍어두었는데, 도착했는지"라며 사진 도착 여부를 궁금해 했다. 남동생이 "물어본 사진, 석양녘이지만 잘 찍혔어요. 두 장은 고향집으로 보냈고 한 장은 제가 가지고 있습니다"라고 답신을 보내고 있다. 이 병사는 호텐전투에서 부상을 입었다. 요코하마의 형으로부터 야전병원 앞으로 배달된 편지에는 두 달이 지나도록 전혀 소식이 없어서 '혹시 가자마자 전사했는가 하여 유감'이라고 생각하고 있었으나 '복 받은 운명으로 부상은 입었지만, 축하'라고 하며 또한 '히로시마에서 찍은 사진, 말한 대로 요코스카橫須賀 및 나카무라 에이지로中村栄治郎씨에게 보냈다고 고향집에서 들었다'며 사진을 어디로 보냈는지 적고 있다.

시집 간 여동생으로부터는 "지난번에 명예로운 부상을 입었다고 듣고 실로 놀랐습니다. 하지만 생명에는 별 지장 없다고 하니, 불행 중 다행으로 안심했습니다. 본인은 명예롭다 하여도 전사한다면 어찌 해볼 수도 없지만, 부상이라면 완쾌 후 또 발군의 공적을 세워 금의환향하는 때가 오지 않을까 생각합니다. 필시 평상시 마음가짐으로 발군의 공적을 세워 장하고 명예로운 부상을 입었다고 생각합니다…… 부탁했던 사진, 보내주셔서 감사하다는 인사 겸 안부 드립니다"라며, 전사가 아닌 '명예로운 부상'인 것에 안도했다는 것이 전해진다. 여기에서는 가족 모두가 병사의 사진을 가지길 원했고 사진이 어머니나 다른 가족들과의 정/유대감을 강하게 하는 매개가 됨을 엿볼 수 있다.

러일전쟁에 종군한 어떤 농민병사(나카노구中野区 에고타江古田 출신)가 남긴 입대(나라시노習志野 기병 제13연대 보충중대)에서 귀환까지의 과정을 살펴보자.[vii]

입영 전날, 진수 기타노北野신사에 참배하고 마을사람들과 친척/지인들의 배웅을 받으며 나카노역에서 나라시노習志野로 향했다. 당시, 4월 16일부터 8월 하순에 걸쳐 징병검사를 했고 12월 1일이 입영일이었다. 나라시노의 여관에 묵고 다음날 마을의 '병의회(병사회의)' 대표, 재향군인, 부친과 함께 입영했다. 약 4개월 반의 군사훈련 후, 전장으로의 출발명령이 떨어졌다. 그 사이 출신 소학교로 군대생활에 대한 이야기를 들려주러 다녀왔다. "그야말로 군인의 본분을 다했기 때문에 오늘이 있는 것이라 하며 만면에 희색이 넘친다…… 이런 저런 준비 후, 2시쯤에 겨우 침소에 들었으나 잠이 들지 않아 날을 새웠다"고 기술한다. 다음날 출발하여 시나가와品川에서 묵고 그 다음날 아침, '아침을 먹고 가까운 사진관에서 기념 사진을 촬영'하고 있다. 사진관에서 촬영한 초상 사진은 부모님에게로 보내졌을 것이다.

히로시마広島로 가는 열차를 타고 우지나항宇品港에서 배로 갈아탔다. 출항한 밤에 "나 지금부터 살아 돌아옴을 바라지 않고 만주의 광야에서 송장으로 눕게 됨을 각오하고 있으나 그리운 내 일본을 다시 볼 수 없을 것이다. 이것으로 마지막인가 생각하니 어쩐지 가슴이 벅차올라 남몰래 옷 소매에 눈물을 닦는다. 때마침 무정한 비는 세차게 내리고 간판에 서서 다하지 못한 삶이 아쉬워 견딜 수 없다. 방으로 돌아와 특별히 재미있는 이야기도 없으나 기분이 가라앉는 것을 막으려 친한 전우와 일부러 쾌활하게 웃어

그림 18 러일전쟁의 병사

가며 잡담으로 시간을 보낸다. …… 자려고 해도 잠이 들 수가 없다. 고향집의 일들을 추억하여 밤을 샌다"라며 비장한 각오로 눈물을 흘리면서도 고향, 아마도 부모 형제자매나 농작업 등의 생각으로 잠들지 못한 것을 써내려 가고 있다.

이 병사는 무사 귀환한다. 우지나항에 상륙하여 "우지나를 출범할 때 입으로는 말하지 않았으나, 이게 죽으러 가는 여로의 첫 발이라고 어둠 속에서 흐느껴 운 것을 생각하면 마치 꿈에서 깬 것처럼 감개무량하다"라고 짧게 안도의 감정을 표현하고 있다. 이 병사가 전장에서 목격한 것은 '저만큼쯤 뱀처럼 길게 늘어선 우리 전사자들의 묘비'였다. 전장에서는 전투가 끝난 후, 몇 번이고 '진혼제'를 열고 있었다. 종군 승려가 주재한 것으로 보인다. 그리고 나라시노로 돌아오는 도중의 중간 역에는 개선문이 있어 '밤인데도 수만 개의 등화가 한낮처럼 밝혀졌다'고 하고 '음악대의 환영, 불꽃놀이를 쏘아 올리는 소리, 군중의 만세 소리, 요란하게 울리는 소리가 끝이 없는' 전쟁터와는 대조적인 활기찬 광경을 보며 지난 격전을 자랑스러운 경험으로 응결시킨다.

전쟁은 '아무것도 하는 일 없이 종일 러일전쟁 당시의 지난 신문을 반복해서 읽으며 그때를 추억하니 감개가 더욱더 깊어진다'라고 기억되며, 전쟁의 체험=무용담이 전해지게 된다. 말하자면 '전쟁의 민속학 folklore'이 시작된 것이다. 전쟁체험으로 어떠한 부분이 살아남고 어떠한 부분이 걸러졌는가에 대해 다시 물어야 할 것이다.

3. 「겨울 밤冬の夜」에서

「겨울 밤冬の夜」이라는 문부성 창가가 있다. 1911년(메이지 45)에 발간한 『심상소학 창가(3권)』안에 수록되어 있다. 1절의 가사는 다음과 같다. '등화 가까이 옷을 짜는 어머니는/봄놀이의 즐거움을 이야기 한다/나란히 앉은 아이들은 손가락을 꼽으며/날 수를 세며 즐거워한다/이로리囲炉裏[9] 불은 찌르르르/밖에는 쌓인 눈' 눈이 쌓이는 조용한 농촌의 겨울 밤, 이로리를 둘러싸고 어머니의 입을 통해 아이들의 놀이가 전해지는 한가로운 풍경을 상상하게 한다. 옛날 이야기나 전승동화가 구연되는 전승의 장으로 이로리 주변, 전승의 주체로서 어머니나 할머니를 상정할 수 있을지도 모른다.

「겨울 밤」의 2절 가사는 다음과 같다. '이로리 옆에서 새끼를 꼬는 아버지는/지난 싸움의 무용담을 이야기 한다/나란히 앉은 아이들은 졸음을 잊고/귀를 기울이며 불끈 주먹을 쥔다/이로리 불은 찌르르르/밖에는 쌓인 눈' 내 경우 학교 음악 시간에 배운 것은 아니지만, 여기에서

---

9 농가 등에서 마룻바닥을 사각형으로 도려 파고 난방용/취사용으로 불을 피우는 장치.

그림 19 '겨울밤'의 오시에(『尋常小学国語読本卷六』)

'지난 싸움'이란, 말할 것도 없이 러일전쟁을 가리킨다. 이 노래는 러일 전쟁이 끝나고 7년이 지난 후에 만들어졌다. 전쟁의 기억이 생생하게 남아있을 무렵으로 기억은 아직 퇴색하지 않았을 것이다. 그러나 한편 으로 전쟁의 기억이 과거 경험의 단편으로 응고되어가는 시기이기도 했을 것이다. 아버지가 전쟁에서 싸운 무용담을 아이들에게 전해주는 구두전승의 풍경을 상상할 수 있을지도 모른다.

과연 이러한 일들이 실제로 가능했을까? 전쟁이 끝나고 촌이나 마을, 고국으로 개선한 당초에는 자신들 스스로가 나서거나 아이들이 졸라대는 바람에 '전쟁실화'를 조금은 과장시켜 말하곤 했을 것이다.

실제로 출정병사가 출신 소학교로부터 의뢰를 받아 교단에 서서 전쟁의 '무용담'을 학생들에게 들려주는 경우도 있었다. 그러나 전쟁이 끝나고 5년쯤 지나면서 그런 '전쟁실화'나 '무용담'을 원하는 사람도 적어져갔다. 전설/신화가 창출되는 시기로 접어들었다고 말할 수 있을 것이다.

1910년(메이지 43)부터 17년(다이쇼 6)까지 사용되었던 제2기 국정 교과서에는 야스쿠니 신사와 러일전쟁의 이야기가 등장한다. 『심상소

학독본』에는 「히로세 중좌広瀬中佐」(7권), 「다치바나 중좌橘中佐」(8권), 「야스쿠니 신사靖国神社」(9권), 「우리 육군我が陸軍」(9권), 「해군영의 회견水師営の会見」(10권), 나아가

그림 20 영령에게 맹세하는 소학교 학생

「출정병사出征兵士」(11권), 「일본해 해전日本海戦」(12권), 「남만주 철도南満州鉄道」(12권)가 있다.(「수병의 어머니水兵の母」는 청일전쟁)

1918년(다이쇼7)에서 32년(쇼와7)까지 사용되었던 제 3기 국정교과서『심상소학 국어독본』에는 위와 같은 내용들과 함께 「노기대장의 유년시대乃木大将の幼年時代」(8권)가 포함된다. 이것이 군인판 무용담이라면 서민판 무용담으로는 「이치타로야一太郎やあい」(8권), 「긴시 훈장金鵄勲章」(5권)이 등장하고, 또한 「겨울 밤」의 가사(6권)나 「입영한 형으로부터入営した兄から」(6권), 「대련 소식大連だより」(7권)이 실려 있다.

「겨울 밤」에서 그려진 듯한 무용담이 국어 시간에 교사에 의해 전해진 것이 확실하고 출정병사가 게스트가 되어 '전쟁실화'를 학생들에게 들려주기도 했다. 그렇다면 이른바 '전쟁 민속학'이 구두로 전승되었던 것이 되나, 과연 그 장소는 이로리 주변이었을까, 또는 전승자는 아버지였을까? 재고할 필요가 있을 것이다.

교과서에 게재된 전쟁 이야기나 노래에서 추정한다면 '전쟁 민속학'이 구두로 전승된 곳은 학교라는 대중적이고 균일한 공간으로 그 전승자=매체는 교사/지식인이나 서적=활자 미디어였다고 말할 수 있지 않을까?

4. '신'과 고인의 사이

병사가 전쟁이라는 미증
유의 사태에 어떻게 대처
하려 했는지 인용한 병사
들의 말에서 잘 드러나고
있다. 장면에 따라 다르다
고는 하나 한마디로 말하

그림 21 히로세중좌의 동상

면 '슬픔과 기쁨이 섞인' 형태이다. 분명 적지 않게 병사로서 지역이나
가족의 명예를 위한다는 히로이즘적인 성격이 있기는 하다. 그러나 한
편으로는 죽어야 하는 숙명을 감수하지 않으면 안 되는 절박한 단념이
가슴 깊이 새겨져 있는 것을 부정할 수 없다. '영령'이 되려 하는 것과
같은 수신교과서적인 의사 따위, 여기에는 보이지 않는다. 이는 그 가
족들도 마찬가지이다. '명예로운 부상'은 운이 좋았고 축하할 만한 일
이나 '본인은 명예롭다 해도 전사한다면 어떻게 해볼 수도 없는' 일이
라고 밖에 가족은 생각할 수 없었던 것이다. 러일전쟁 이후, 야스쿠니
신사에는 '영령'을 합사하는 대제가 개최되었다. 그 수는 8만 1,243명
이다.[viii] 유족들의 어머니나 아내들은 야스쿠니 신사의 부름을 받아 영
광스럽다고 생각했을까? 야스쿠니 신사는 춘추 대제의 노천이나 구경
거리를 통해 축례/오락공간으로서 각광을 받게 되었을 뿐 아니라, 획기
적인 국가적 제례공간으로 부상하였다. 국가는 사자 제례를 통해 사자
의 영혼을 규합/통합했다. 산 자가 국가와 명운을 함께 하기 위한 담보
가 됐던 것이다.

전몰자들이 국가에 의해 현창顯彰[10]/위령되고 특별 하사/과부 부조료

그림 22 러일전쟁의 충령비
(1906年 건립, 宮城県遠田
郡湧谷町)

등이 지급된 것은 유족들에게는 감사한 일이었을 것이다. 그러나 이는 계급에 따라 그 격차가 커서 하급병사의 경우에는 미미한 정도에 지나지 않았다. '신'으로 모셔진 것에 감사했을지도 모른다. 하지만 익숙하지는 않았다. 당연히 유족들은 따로 묘비를 세우고 유영을 걸어놓고 고인으로서 애도하고 공양을 올렸던 것이다.

러일전쟁 후에는 아직 전사자가 '신'으로 모셔져 있다는 실감 혹은 신심이 거의 없었다고는 하나 '호국의 영령'들의 진용은 갖추어져 있었다. '신들의 제국주의'라고 부를 만한, 천황을 호종扈從하여 모여있는 '영령'군, 이야말로 '근대' 일본의 신 대계의 핵심을 이루었던 것이리라. 천황=현인신의 '어진영'과 전사자/고인들의 유영이라는 대조적인 초상사진, 이것이 '근대 일본'을 상징적으로 나타내고 있는 것은 아닐까.

10 그 공적 등을 널리 알려 표창하는 일을 이른다.

제 10 장

전쟁의 습속

1. 모성애 내셔널리즘

1937년, 노구교盧溝橋 사건을 계기로 중일전쟁(지나사변)이 발발한다. 매스 미디어는 시조를 읽는데 민감했다. 여성잡지 『주부의 벗主婦之友』(1937년 9월호)에는 전쟁관련 기사와 사진 요판이 넘쳐 나고 있었다.

그 중에, 「명예로운 전사자의 어머니와 아내에게 자비로운 법화名譽の戰死者の母や妻に慈悲の御法話」라는 제목의 기사가 있다. 필자는 선종의 한 일파인 임제종臨濟宗 호코사파方広寺派의 전 관장인 마미야 에이소間宮栄宗, 일찌기 러일전쟁의 종군승縱軍僧이었다. 마미야는 러일전쟁의 '희생자사柱' 덕분에 '일본이 오늘의 지위를 얻어 만주 땅에서 우리 동포가 안심하고 활약 할 수 있는 것'이라고 하며 203고지에서 전사한 에다요시 우타마

그림 23 군국의 어머니　　　　　　　　그림 24 전승을 기원하는 모자

로桦吉歌麿 중좌(병부/후쿠시마 다네오미副島種臣)의 아내(그저 '미망인'이
라 하여 이름은 밝히지 않는다) 이야기를 한다. 남편이 전사한 후 얼마
되지 않아 이 부인이 불단 앞에서 울고 있을 때, 당시 소학생이었던 아
들은 '너의 아버지는 명예로운 전사를 하셨으니 울면 안 된다'고 했다
던 선생님의 말을 전하며 '아버지 대신 어머니 말씀을 잘 듣겠다'고 했
다고 한다. 어머니는 이런 아들의 말에 위로를 받아 여섯 명의 아이들
을 훌륭하게 잘 키워냈다는 이야기이다. 눈물 나게 갸륵한 모자의 이야
기는 반응이 좋았을 것이다.

　　마찬가지로 사쿠라 연대佐倉連隊의 하야시 소지로林惣次郎의 어머니(역
시 무명)의 이야기도 하고 있다. 소지로의 형은 청일전쟁에서 죽고, 소
지로와 그 동생이 러일전쟁에 종군했다. 아내와 여섯 살 난 아들이 있
는 소지로가 출병하기 전날 밤, 어머니는 목욕 중인 아들의 등을 밀어
줬다고 한다. 어머니는 예전에는 무사가 아니면 전쟁에 나가지 못하였
는데 '지금은 이런 백성의 신분도 불러주시니 감사한 일 아니냐', '내가
죽으면 네가 유칸湯灌[11]을 해주어 안심하고 정토로 가기를 기다렸으

나……반대로 바뀌어 오늘밤 내가 너의 몸을 씻겨주마. 부디 이 어미의 마음을 잊지 말고 비겁한 짓은 하지 말아다오'라고 격려했다는 것이다. 남동생은 료요전투에서 전사하고, 소지로는 203고지에서 '명예로운 부상'이니 이 또한 모자

그림 25 산 사람 유칸(湯灌)

의 눈물 나게 감동적인 충효 이야기이다. 여기에서 아내는 전혀 나오지 않는다.

또한 러일전쟁 때에는 여성들의 맨발 참배裸足詣り, 매일 참배日参, 센닌바리千人針[12] 등의 '열렬한 총후[13]의 활약'이 전장으로 전해져서 '정의로운 이 전쟁에서 일본군이 패배할 리 있으랴. 상관의 명령은 바로 천상신天津神의 명령이고 삼천 부처의 목소리이다. 물러나도 나아가도 죽는다. 전진이다!'라고 질책 격려했다고 한다. 그리고 이 스님은 '위에 계신 폐하를 따르면 그 죽음을 칭찬받아 야스쿠니 신사에 모셔진다'라며 죽는 순간까지 '천황폐하만세'라고 외친 전사자야말로 어머니, 아내, 가족에게 있어 더할 나위 없는 명예라고 설법한다. 전사자는 '호국의 혼'이 되어 '영령'으로 야스쿠니 신사에 모셔져 진혼된다. 그 후에는 이런 스님들에 의해 야스쿠니=안국으로서 '야스쿠니 정토靖国浄土'ix

---

11 입관 전에 시체를 더운물로 씻기는 장례 의식이다.
12 출정한 병사의 무운을 빌며 천 명의 여자가 한 땀씩 붉은 실로 매듭을 놓아서 전장으로 보낸 천.
13 전장의 후방을 이르는 말이다. 직접 전투에 임하지 않는 일반 국민을 총후로 지칭함으로써 태평양 전쟁 중 일반 국민들까지 끌어들여 총력전 체제를 구축하고자 했던 의미를 가진다.

가 창도 되었다.

특히 이 스님은 러일전쟁을 배경으로 하는 이러한 이야기들을 가는 곳마다 여성을 위한 '법화'라는 명목 아래 계속했다. 특히 호응을 얻은 것은 자애에 찬 모자의 이야기였다. 소지로 어머니의 '산 사람 유칸生湯灌'처럼 '모성애담'이라고 불릴 만한 것이다. 국어독본에서 매우 유명한 청일전쟁 때의 '수병의 어머니'와 러일전쟁 때의 '이치타로야' 역시 이러한 모성애담 이었던 것은 결코 우연이 아니었다. 진구 황후神功皇后와 오진 천황応神天皇에 의해 대표되는 모자신 신앙에 뿌리를 두었을지도 모른다. 하지만 그보다는 오히려 모성애라는 단어로 상징되는 근대 가족의 모자관계에 근거하고 있었던 것이라고 할 수 있다.

즉 근대의 제도적/규범적인 가부장제 안에서 나온 육아/가사노동이라는 가정 내 고정된 어머니 역할=성별 역할 분담, 이를 정당화/자명시하는 모성애 이데올로기를 전형적으로 충실하게 따른 것이 이 모자상애담母子相愛譚인 것이다. 이를 '모성애(모성) 내셔널리즘'이라고 부를 수 있다.

2. 부활하는 '전쟁의 습속'

중일전쟁의 개시와 함께 마미야가 말한 것과 같이, 러일전쟁 당시의 여성을 주역으로 했던 '전쟁의 습속'이 다시금 부활했다. 여기에는 『주부의 벗』과 같은 여성잡지를 중심으로 하는 매스미디어도 큰 역할을 하여, 전국 일률적으로 '전쟁의 습속'이 일거 침투하여 갔다. 위기적 상

황에서 '습속' 혹은 '민속'이 오래된 기억에
서 재발굴된 것이다. 그러나 매스미디어에
의해 과거로부터 모델이 발굴되어 마치 고
래의 '습속'인 것처럼 날조된 면도 있었다.
전술한 『주부의 벗』(1937년 9월호)의 '총후
의　여성군시화행진銃後の女性軍詩画行進'(시/사
이조 야소西条八十)에는 센닌바리나 출정식 그
리고 가게젠[14]의 광경이 시와 함께 그려져

그림 26 가게젠(陰膳)

있다. 모자 세 명이 사진과 가게젠을 앞에 두고 있는 그림에는 「부재중
의 집留守宅」이라는 제목의 시가 붙어있다.

　　모자 나란히 가게젠陰膳에 남편을 그리워하는 황혼녘, 필시 전장은 몹
시 더울 테지.

　　곱게 핀 야마토大和의 여랑화女郎花, 여자지만 부재중인 집은 반드시 잘
지키겠어요.

　　모자 세 명, 고요히 거실의 사진을 올려다 볼 때, 또 울리는 호외의 종
소리.

　총후의 모자 결합이 강조됐다. 러일전쟁 때는 가게젠이 매우 유행했
다고 한다. 이 습속은 원래 여행을 떠난 자의 행로 안전을 비는 것이었
다. 이것이 전쟁에 나간 자의 안전을 기원하는 것이고, 나아가 사발에
맺힌 이슬로 그 생사를 점치게 된다. 제2차 세계대전 중에 가게젠이 대

14　객지에 나간 사람의 무사함을 빌며 집에 조석으로 차려두는 밥상.

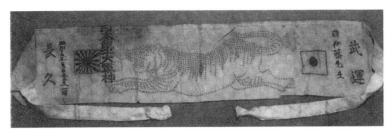

그림 27 센닌바리('호랑이는 천리를 가면 반드시 천리 돌아온다(虎は千里行って千里帰る)'는 속담과 연관시켜)

대적으로 부활한 것이다.

황족인 나시모토노미야 이쓰코梨本宮伊都子는 남편인 모리마사守正가 출정했을 때 가게젠을 올리고 있다. "보통의 부재와는 달리 전장으로 나가셨으니…… 다음날부터 사진을 거실에 걸고 하루 한 번은 반드시 가게젠을 올리기로ˣ(옛부터 가게젠을 올려 국그릇의 뚜껑을 열었을 때, 김으로 이슬이 많이 맺혀 있으면 그 사람은 무사하다는 이야기를 들었기 때문) 하고 무사하시기를 기원한다"고 일기에 적고 있다. 이쓰코는 남편의 전사로, 남자가 없는 나시모토노미야 가문이 폐절될 것을 두려워했다.

그러나 이뿐 아니다. "아, 어쩔 수 없다. 이 세상, 일본에는 자식이 한 명뿐인 어머니도 그 자식을 전장으로 보낸 사람도 많이 있다. 자기 집 일만을 생각할 수는 없다. 나라를 위해 무슨 일이라도 하지 않으면 안 된다"ˣⁱ라며 국가와 가족 사이에서 흔들리고 있다. 황후는 '국모'로서 뛰어난 역량을 보이고 황족비皇族妃는 군인 황족의 아내/어머니로서 국민적 모델이 되도록 요청되고 있었으나 한 사람의 아내 혹은 아이를 가진 어머니로서 남편의 안부를 걱정했다.

가게젠의 습속에 주목한 민속학자 야나기타 구니오는 「가게젠 이야기影膳の話」에서 사발에 따뜻한 음식을 넣고 뚜껑을 닫으면 그 뚜껑에는 반드시 이슬이 맺힌다. 무사를 바라는 '가족의 간곡한 의지가 멀리 있는 사람에게 전해지는 것'이라며 여기에서 출정자와 어머니/부인 사이의 '마음의 소통'을 발견하고 있다.

3. 모성애 이데올로기

야나기타는 '총후의 조용한 가족'의 조모나 어머니, 아내의 '간곡한 의지'에 감동했음이 틀림없다. 『주간아사히週刊朝日』의 「일본의 모성日本の母性」(1942년)이라는 글에서 표제인 '일본의 모성' 혹은 '일본어머니의 길'을 칭송하고 있다. 고래 관습에서부터 여자는 남자를 위해 '자신을 누르고, 내 아들과 내 남편을 위해 완전한 일생을 계획하여 남자인 자는 나라의 액난에 맞서 활약하고 사생해야 한다는 것'을 생각하고 또 생각해 냈다고 한다. 말하자면 '일조 위급한 나라를 위협하는 것이 있으면 목숨과 바꿔서라도 그 의리를 세우는 것이 남자'라고 가르치고 마음 속에 명심하게 하는 것이 '어머니'의 역할, '일본의 모성'이었음을 말한다.

그리고 "슬픈 결과를 예지하면서도 용기를 내어 사랑하는 사람들을 전쟁터로 보낸 그 자제력이야말로 칭송 받아야 한다"며 '일본의 모성'에 아낌없는 찬사를 보내면서, 바로 여기에 '군국의 어머니'의 진수가 있다고 한다. 전술한 모자상애담, 특히 '산 사람 유칸'으로 죽어 돌아오기를 기원한 하야시 소지로의 어머니 이야기는 '일본 모성'의 전형으로,

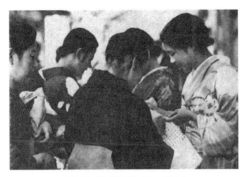

그림 28 센닌바리를 뜨는 여성들

모성애 내셔널리즘이라고 부르는 그 내실을 야나기타는 훌륭하게 짚어내고 있는 것이다.

가게젠은 이러한 모성애 내셔널리즘을 드러냈다. 야나기타가 지적하듯 모자를 기반으로 하는 모성애 내셔널리즘을 황국(신국) 내셔널리즘으로 고양시켰다고 할 수 있으나 그뿐 아니다. 가게젠의 습속에는 아내나 모친이 이에家[15]의 폐절을 염려함과 동시에 노동력적인 측면에서 사랑스러운 남편과 아들의 안부를 걱정하고 이를 모자/부부관계로 수축시켜 혈연의 정으로만 환원해버리는 측면도 있었다. 국가라는 고차원까지 가지 않고 오직 혈연에 집착하여 출정한 남편/아들의 영혼을 가게젠에 올린 사발뚜껑의 이슬에 기탁하고, 그 생사를 점치며 일희일비하면서 '마음의 소통'을 끊지 않으려고 했던 것이다.

『주부의 벗』에서는 임기응변 혹은 이른바 불난 곳의 도둑 혹은 송장에 모여든 독수리처럼 시국에 편승하여 러일전쟁뿐 아니라 상해사변, 중일전쟁에서 '미망인'이 된 어머니/아내로부터 "전사군인의 아내가 유아를 훌륭하게 키워낸 고심담'을 모집했다. '북지나사변北支事変에서 장렬한 전사를 한 우리 장병의 아내 분의 마음은 어떠셨을까요. 어린 자식과 함께 남겨진 젊은 미망인의 슬픔을 생각하면 저희들은 어떻게

---

15 메이지 근대 민법에 따라 채용된 가족제도. 제4장 각주 15 참조.

위로의 말씀을 드
려야 할지 모르겠
습니다······ 자식
을 위해 여성의 행
복을 희생하며 생
활과 싸우고 유혹
과 싸워오신 이 훌
륭한 어머니의 힘

그림 29 한커우(漢口)함락의 등화행렬

이야말로 전사군인의 유족뿐 아니라 오늘의 일본 부인 모두가 바라는
힘입니다"라며 매스미디어는 재혼을 당연한 것으로 인정하지 않고 평
생 '영령'에게 지조를 지키며 아이 양육에 전념하는 '어머니의 힘'을 날
조/창조하려 했던 것이다.

　모자가 힘을 합쳐 살아가는 비애감 가득찬 절절한 스토리, 때로는
'유혹'을 받아 정조의 위기에 처하면서도 이를 극복한다는, 약간의 에
로틱한 러브 로맨스를 섞은 모자 상애담母子相愛譚이 호응을 얻었을 것
이다. 이는 '군국의 어머니'를 칭송하는 모성애 이데올로기의 원천이
됐다.

4. '민초' 내셔널리즘

　사이조 야소西条八十는 중일전쟁 때, 「쓰슈通州의 학살, 잊지 마라 7월
29일!」[xii]이라는 시를 썼다. "빗발 같은 총화 아래/부끄러운 줄 모르는
야수의 손이, 씩씩한 젊은이를 찌르고/숨는 처녀의 검은 머리채를 잡아

챘다/힘찬 아침 바람 속에서/비참하게도 삼끈으로 묶인 두 손/안보대
장의 '생명은 빼지 마라'는 말을 헛되이 의지하여/초연하게 성문 밖 울
부짖음 속으로 끌려나가/아내는 남편의 이름을 부르고, 아이는 어머니
의 이름을 외치며/마지막 피 한 방울까지 쥐어 짜내며 쓰러진다…… 내
딸아, 눈물 속에서 굳게 기억하라/ 이 쇼와 12년 29일을/너의 자식, 손
자, 증손자에게 들려주어라/이런 가축 같은 야만족을 이웃으로 둔, 한
시대의 아시아의 수치, 더러운 역사를"이라고 쓰고 있다.

중국 허베이성河北省 쓰슈通州에서 일어난 일본군 괴뢰정권 보안대가
재류일본인/군인 104명 그리고 조선인 108명을 학살한 사건이다. 중일
전쟁의 발발과 함께 일본군은 쑹저위안宋哲元이 지휘하는 제29군을 일
소하려다 실수로 이 보안대를 폭격하여 역습 당했다. '가축을 닮은 야
만족', '마귀짐승의 민족이 결국 그 본성을 드러냈다'고도 하고 있다.
여기에서는 '모성애'에 호소하여 모성애 내셔널리즘을 단락적으로 일
거에 고양시키려는 자세를 쉽게 발견할 수 있다.

이로부터 5년전, 사이조 야소는 「도쿄온도東京音頭」[16]을 작사하고 있
다. 1932년 '생명선인 만주와 몽고를 지켜라'라는 자원 내셔널리즘 캠
페인의 전년도에 '만주사변'과 '상해사변'이 일어나고 '폭탄 삼용사爆弾
三勇士[17]'가 나왔다. 그리고 하얀 앞치마를 두른 대일본 국방부인회가 어
느샌가 전국적으로 확대되었다. 이러한 상황 속에서 '도쿄온도'도 방

---

16 1932년 사이조 야소와 나카야마신페이(中山晋平)에 의해 만들어진 본오도리 음악.
17 1932년 상해사변 당시, 중국군이 철조망을 쳐 견고한 방어기지를 구축하자 일본병
   3명이 폭탄을 안고 적의 진지로 뛰어들어 자폭함으로써 일본군을 승리로 이끌었다
   고 한다. 이 이야기는 매스 미디어를 통해 널리 전해져 그들의 이름을 넣은 군가가
   만들어지는 등 전쟁에 대한 의식을 고취시키는데 크게 기여했다. 그러나, 2007년 5
   월, 일본아사히신문은 "만주사변 당시의 폭탄 삼용사는 아사히신문이 조작한 것이
   었다."라며 사과기사를 게재하고 있다.

그림 30 군국의 어머니

그림 31 병사와 아내 자식

방곡곡 흘러 들어가 마을 안 곳곳에 춤을 추는 군중의 무리가 형성된
다. 희작가인 다카다 다모쓰高田保는 이 광경을 보고 「도쿄온도의 범람東
京音頭の氾濫」이라는 표제의 글을 쓰고 있다.[xiii]

　　1933년은 저물어 가지만 도쿄온도의 열기만은 꺼질 줄을 모른다……
어딘가의 가게 앞에서 이 글을 쓴다. 음곡은 가로의 바람을 타고 흘러 들
려온다. 하아 이보게 도쿄 이영차 좋구나 하니, 먼저 가까운 그림연극 앞
에 모여있던 아이들이 얼쑤 좋구나 좋아, 하고 시작한다. 지나가던 배달
원이 완탕면(중국식 만두국)이 부는 것을 잊고 그 안으로 끼어든다. 손자
를 데리러 온 할아버지가 춤을 추기 시작하고 이를 찾으러 온 할머니도
함께 섞이며 택시는 길을 멈추고 금세 커다란 무리를 만드니, 교통 왕래
따위는 문제가 되지 않게 된다. 전차가 움직이지 못해 계속 땡땡 울리나
이 또한 마치 반주 음악처럼 들린다.

그림 32 애국부인회의 위문품 주머니

마치 막부 말기의 '에에쟈나이카ええじゃないか'[18]와 같으나 그때처럼 부적이 아닌 빨간색의 소집영장이 흩날리고 있었다. '꽃이라면 구단의 벚꽃, 야마토 정신의 색으로 핀다' 등이 불리워 졌으나, 그보다는 마을 공동체의 본오도리盆踊り가 재현한 것 같은 분위기가 돌연 나타났던 것은 아니었을까. 도시의 서로 모르는 사람이 함께 춤추는 무리속에서, 어느샌가 화기애애하게 서로 한 고향 사람들 같은 연대의식이 끓어 올랐다고 볼 수 있다. '향당 환상鄕黨幻想'이 그것이다.

향당 의식은 중일전쟁이 시작되고 회오리처럼 일거에 전국을 석권

---

18 에도 막부 말기, 도카이(東海), 긴키(近畿) 지방을 중심으로 일어났던 대중적인 민중 광란. 1867년 8월경 도카이 지방에서 시작하여 다음해 4월경까지 긴키(近畿), 시코쿠(四国), 신슈(信州) 지방 등으로 확산되었다. 하늘에서 신사의 부적(神符)이 내려올 것이며, 이는 경사스러운 일이 있을 전조라는 이야기가 퍼지면서, 좋지 아니한가('에에쟈나이카, ええじゃないか'의 하야시(囃子)를 가진 노래를 크게 부르며 집단적으로 난무했다. 막부 타도 운동이 행해졌던 시기여서 '사회개혁(요나오시, 世直し)'적 양상을 보이기도 했다.

하여, 황국 내셔널리즘으로 발전해 갔다. 대일본 국방 부인회나 애국부인회(1942년에 통합되어 대일본부인회大日本婦人会가 된다)의 출정병사 환송/배송, 센닌바리, 위문 주머니 등의 공동활동은 그때까지 거의 없었던 향당 의식, 그리고 국민의식=황국 내셔널리즘을 고양시켰다. 특히 대일본국방부인회는 군부의 지원 아래 재향군인회를 움직여서 각 마을 별로 결성되어 벌판에 불이 번지는 것 같은 기세로 확장됐다.

5. 신의 출정과 내셔널리즘

중일전쟁은 대일본국방부인회나 애국부인회가 과열되는 가운데 발발하여 여성들에게 커다란 활동의 장을 가져다 주었다. 또한 촌이나 마을의 진수 신들도 더 이상은 그냥 있을 수 없어 전장으로 갔다. '신들의 출정'이다.

아키타 현秋田県 센보쿠 군仙北郡 가나자와쵸金沢町의 하치만八幡[19]신은 새를 데리고 출정했다. 같은 현 오카치 군雄勝郡 이와자키쵸岩崎町의 산기치신三吉様에게 공양했던 담뱃대와 새 짚신 두 켤레가 보이지 않아, 이 신 역시 출정했다고 했다. 또한 같은 현 료겐샤龍泉寺의 미즈이보水疣지장보살이 걸치고 있던 옷이 젖어 있어 무녀를 불러 점을 쳐보니 '지금 돌아왔다, 다시 전쟁터로 갈 것이나 보다시피 짚신을 신은 채이다.'라고 탁언했다고 한다. 같은 현 가라마쓰唐松 신사의 신마神馬는 옛부터 종군하여 탄흔이 남아 있으나 이번에도 출정 중이라고 하여 부적을 받으

---

19 오진천황(応神天皇)을 주신으로 하는 궁시의 신.

그림 33 백의의 천사

려는 사람들이 모여들었다.[xiv]

아오모리 현青森県 고노헤쵸五戸町의 하치만八幡에는 근처 마을의 씨족신들이 함께 모여 곡물 신만을 남겨두고 중국의 전장으로 출전했디는 소문이 돌았다. 하치만 신은 9월 말에 전쟁이 한고비를 넘기자 돌아왔는데 또 다시 출정했다고 한다. 이와 같은 소문은 시즈오카 현静岡県에도 있었다. 구노산久野山의 도죠권현東照権現[20]이 출정했다. 이 신 덕분에 위험을 피할 수 있었던 병사로부터 감사 참배를 의뢰하는 편지가 왔다고 한다. 또한 시즈오카시의 료소잔龍爪山 대권현(호쓰미신사穂積神社)도 출정했다. 이 신의 방탄 부적을 지닌 병사가 그 흰 옷을 입은 모습을 전쟁터에서 보았다고 했다.[xv]

료소잔 대권현은 방탄/징역을 피하는 기원으로 유명한 산의 신, 비를 내리는 신, 철포의 신, 사냥의 신으로 청일전쟁 때에 부적발행이 1만 3,348장, 러일전쟁 때에는 2만 4,134장이었다. 또한 쇼와기로 접어들어 출정하는 병사가 늘어나자 참배하려는 출정병사의 가족이 온 산을 뒤덮었고, 신사 앞에는 '방탄부적玉除けようかん[21]'도 팔렸다고 한다.

이 '신들의 출정담'은 중일전쟁 때가 처음이 아니었다. 거슬러 올라가면 진구황후神功皇后의 '삼한정벌三韓征伐'에서의 스미요시 삼신住吉三神

---

20 권현(権現:곤겐)은 일본신의 칭호 중 하나이다.
21 료소잔 대권현 앞에서 팔리던 총검의 탄환이 피해간다고 하는 부적.

의 출병에 이를지 모르지만, 대략 러일전쟁 때부터라고 볼 수 있다. 교토 후나이군船井郡 신죠쵸新庄町의 가스가 대명신春日大明神은 백마를 타고 '만주'의 전장을 누볐다고 한다.[xvi]

그림 34 료소잔 권현의 부적　　그림 35 방탄부적 (玉除けようかん)

국가존망의 위기적 상황 아래, 마을의 씨족신을 기반으로 하는 마을 사회의 향당 의식이 고양되어 향당 내셔널리즘으로 응집되었다. 침략 의식에 대해서는 언급하지 않은 채, 전쟁 의식을 고양시키고자 하는 황국 내셔널리즘을 마을 공동체가 뒷받침했다거나, 마을 공동체의 향당 의식이 천황을 정점으로 하는 신국으로 바짝 다가선 것이라고 말할 수 있겠다. 향당 내셔널리즘과 황국내셔널리즘의 결합을 '신들의 출정담'에서 찾아낼 수 있을 것이다.

그림 36 총후의 여성들의 반공훈련

한편으로는 '신들의 출정' 담이 나오는 시기에 따라 다르기는 하나, 신국=국가의 무력한

그림 37 총후의 여학생들

그림 38 전몰자 합동 장례식

그림 39 출정과 영령의 귀환

위기적 상황에 그 마을 공동체의 출정자만을 수호하기 위한 씨족신이 출정했다고도 해석할 수 있다. 즉 씨족신을 조수로 하는 향당 의식의 돌출에 의해 그 씨족사회 출정자만을 지키고자 하는 배타적이고 에고이즘적인 향당 내셔널리즘이다.

'신들의 출정담'과 같은 뜬소문은 정보의 대부분이 단절된 상태에서 전파된 민간 커뮤니케이션이며, 그만큼 위기의식이 심각했던 증거라고 할 수 있다. 통제된 군부와 이에 영합한 매스미디어에 대항하여 민간의 입소문이 '세상 사는 이야기' 시스템을 통해 활발해진 것이다. 활자 저널리즘에 대항하는 '구두口頭 저널리즘[xvii]'의 출현이라고도 할 수 있다. 이미 아무것도 의지할 만한 것이 없어져 마을 공동체의 씨족신만이 도와줄 수 있다고 보는 향당 의식 혹은 마을 공동체적 환상으로부터 '신들의 출정담'이 민간의 '세상사는 이야기'

회로를 통해 흘러나왔다고 할 수 있다.

i 『日本庶民生活史料集成21』所収、以下『密造沿革誌』と略す
ii 『近代庶民生活誌16』
iii 柳田国男、前掲書
iv 竹中労『美空ひばり』
v 美空ひばり『ひばり自伝』
vi 水村盛蔵ほか「負傷兵士往復書簡」『兵士近代民衆の記録8』
vii 熊沢宗一「軍隊日誌」前掲書
viii 『靖国神社百年史資料篇 上』
ix 市川白弦『日本ファシズム下の宗教』
x 小田部雄次『梨本宮伊都子妃の日記』
xi 同上
xii 『主婦之友』1937年9月号
xiii 『改造』1933年11月号
xiv 寺田伝一郎「神様の出征」『民間伝承』3巻2号、1937年
xv 鈴木 三「事変と信仰の葛藤」『民間伝承』3巻4号、1937年
xvi 田中勝雄「春日大明神と日路戦役」『民間伝承』3巻6号、1938年
xvii 大家壮一「『赤マント』社会学—活字ヂャーナリズムの抗議」『中央公論』1939年、4月号

민속의 知의 계보

제 IV 부

신앙과 종교의 틈새

민속의 知의 계보

제 11 장

지옥의 현재

1. 육도 사거리에서

8월 초순, 교토의 묘지인 도리베노鳥辺野의 입구에 해당하는 '육도 사거리六道の辻' 부근은 '육도 참배'의 참배자로 북적였다. '정령 맞이'라고도 하는 사자/선조의 영혼을 맞이하는 행사이다. 이 근방에는 로쿠도 진오지六道珍皇寺, 사이후쿠지西福寺, 로쿠하라미쓰六波羅蜜[1] 등의 절이 위치한다.

진오시珍皇寺 문으로 들어가면 가게들이 나란히 늘어서 있다. 청청한 고야 마키高野槙[2]의 나무 가지를 팔고 있다. 이것을 사서 앞으로 가면 염

---

1 하라미쓰는 바라밀, 즉 부처가 되기 위한 보살의 수행을 이르는 말이다.
2 노송, 상록교목.

그림 1 교토의 육도 사거리 부근

라대왕과 옥졸獄卒[3], 그리고 오노노다카무라小野篁[4]의 나무상이 안치된 당이 있다. 참배자는 본당 앞에서 소토바水塔婆[5]에 죽은 사람의 계명(법명)/속명을 써달라 하고 영령을 맞이하는 종을 울린다. 소토바를 들고 있는 사람들의 긴 행렬이 만들어지고 종소리가 끊임없이 울려 퍼진다.

본당에 참배한다. 소복차림의 소년이 긴 깃이 달린 국자를 들고 희사[6]를 권하고 있다. 이 소복차림은 지옥에 떨어진 아이를 의미하는 것일까? 참배하는 남녀노소는 아이 구원을 위한 봉납으로 공덕을 쌓는 것이리라. 본당 내진에는 「육계도六道絵」가 걸려있으나 멀어서 잘 보이지는 않는다. 예전에는 '그림 해석'이라고 하여 이 그림을 근거로 지옥의 모습을 해석하여 들려주었을 것이다.

본당 왼편에서 나가는 길로 향하면 색이 약간 바랜 「지옥 극락의 그림地獄極楽の図」이 걸려있는 임시 오두막 앞으로 나오게 된다.

3 지옥에서 망령을 괴롭히는 마귀, 고쿠소쓰.
4 802-853, 헤이안 시대의 관료이자 학자, 시인. 헤이안 시대의 한 획을 긋는 뛰어난 가인이자 절세 미녀로 오늘날 여러 상품이나 도시 홍보 등에 등장하는 오노노 고마치(小野小町)의 할아버지로 알려져 있다. 밤이 되면 우물을 타고 지옥으로 내려가 염라대왕의 재판을 보좌했다는 설화가 전해져 내려온다.
5 죽은 사람의 공양/추선을 위해 범자(梵字)나 경문 구절 등을 적어 묘지에 세우는, 위가 탑처럼 뾰족하고 갸름한 나무판자. 특히 물을 뿌리는 행위로 사자의 명복을 빈다.
6 종교적인 목적으로 돈이나 물건을 기부하는 것.

「구마노간진쥬카이만다라熊野勸心十界曼茶羅」라고 불리는 것이다. 귀로에서 지옥도를 보여주는 것은 상당한 구성력이다. 그야말로 '지옥을 상기하라'는 것일까?

그림 상반부에는 탄생에서 늙음 그리고 죽음을 포함한 인생의 언덕길(늙음의 고개)을 지나는 남녀의 모습이 그려져 있다. 중앙 조금 윗부분은 '마음 심(心)'자를 연상

그림 2 지옥극락의 그림(「地獄極楽の絵」) 京都市 六道珍皇寺)

하게 하고 그 아래에는 우라본에盂蘭盆会[7]/시아귀施餓鬼せかき[8]법요를 외우는 승려, 왼쪽 옆에는 염라대왕, 거의 중앙에는 지장보살과 어린이들의 모습이 보인다. 아랫부분에는 삼악도의 강에 있는 다쓰에바奪衣婆[9]를 시작으로 악귀의 모습을 한 옥졸이 내모는 검산[10], 진홍빛 불꽃이 활활 타는 지옥 등의 광경이 그려져 있다.

여러 모습의 지옥이 있다. 「구마노간진쥬카이만다라」는 피연못 지옥, 아이 못 낳는 여자 지옥[11], 양부両婦지옥[12]이라는 '여자들의 지옥'이

---

7 우라본경의 모쿠렌(目連) 설화에 근거하여 조상의 영을 사회의 괴로운 세계로부터 구제하기 위한 불사. 각 공양물을 선조의 영, 신불, 무연불(시아귀)에 바치며 명복을 빈다.
8 불교 법회 중 하나로 아귀도에 빠지거나 연고가 없는 사자를 위한 공양.
9 삼악도의 강=산즈노카와(三途の川)에서 망자의 옷을 뺏는다는 마귀할멈, 삼악도 강의 노파.
10 검의 끝부분이 위로 가게 박아둔 지옥의 산.
11 아이를 낳지 못하는 여자들이 떨어진다고 하는 지옥, 우마즈메(産まず女) 지옥.

그림 3 염라대왕상

많이 그려져 있다고 알려진다. 이 만다라를 보며 노파들이 여유로운 표정으로 무언가 이야기한 후, 고개를 깊이 숙인다. 그리고 소학교 들어가기 전 정도의 여자아이와 어머니, 할머니가 이 만다라 앞을 지나간다. 어머니가 만다라를 가리키며 무언가를 말하고 소녀도 만다라를 가리키며 신기한 표정으로 지옥 이야기를 듣고 있는 듯하다. 조모도 손주에게 지옥 이야기를 들려주고 있는 듯하다. 자식에게 지옥을 알려주는 부모가 아직도 있다는 것은 신선한 놀라움이었다.

지옥도 앞을 지나가는 사람들을 보고 있자니 남성보다 여성이 압도적으로 많았다. 역시나 이도 중년 이상의 여성들이다. 여성들에게 '여자들의 지옥'은 아직 살아있는 것일까? 혹은 어린 아이들의 마음 속에 지금도 지옥의 정경이 새겨져 있는 것일까 하고 문득 생각했다.

지옥도를 보고 나면 지장보살 앞으로 향하게 된다. 고야마키로 소토바에 물을 뿌려 지장보살 앞에 놓는다. 지금은 없는 사람의 영혼을 회향하기 위함이다. 단상에는 돌로 만들어진 미즈코지조水子地藏[13]가 늘어서 있

12 두 명의 부인, 즉 정실과 첩이 서로 질투를 해서 떨어진다고 하는 지옥으로, 그 남편도 이 지옥에 함께 떨어진다고 한다. 후타메(両婦) 지옥.
13 어려서 죽은 아이들이 사이노카와라(賽の河原)에서 부모를 위해 돌탑을 쌓을 때, 아귀가 나타나 돌탑을 무너뜨리면 와락 울음을 터트리는 아이를 구원하기 위해 지장보살이 나타난다. 낙태나 사산 등으로 죽은 아이를 공양하기 위해 세워진 지장보살이다.

다. 어디에서나 미즈코지조는
대 인기다. 그 앞에도 많은 소
토바가 놓여져 있다. 지옥도에
그려진 사이노카와라賽の河原[14]에
서 지장보살의 구원을 기다리
는 아이들, 이는 절대 잃어버린
과거가 아닌 바로 지금의 정경
이기도 한 것이다.

그림 4 오노노다카무라상(京都市 六道珍皇寺)

　종소리가 울려 퍼지는 가운데를 지나면 다시 염라대왕과 오노노다
카무라의 당 앞으로 나오게 된다. 무시무시한 용모의 염라대왕은 이미
잘 알려져 있다. 오노노다카무라는 거의 알려져 있지 않을 것이다. 헤
이안平安[15] 초기의 인물로 오노노도후小野道風[16]가 그의 손자이다. 오노노
다카무라상이 염라대왕상 바로 옆에 있는 것은 오노노다카무라가 지
옥 명관 중 한 명이라는 전설이 있기 때문이다. 로쿠도진오지의 본당
뒤편에는 지옥의 명관인 오노노다카무라가 밤마다 지나다니는 모계로
통하는 우물까지 현존한다. 염라대왕과 오노노다카무라에게 지옥으로
떨어지지 않도록 빌기라도 하는 것일까?

14 불교에서 죽은 아이가 부모의 공양을 위해 돌을 쌓아 탑을 만든다고 하는 산즈노
　카와(三途の川) 내의 모래강변. 아이가 돌탑을 쌓는 족족 아귀들이 이를 부순다고
　전해진다.
15 794년의 헤이안쿄(平安京) 천도로부터 1192년의 가마쿠라 막부의 설립에 이르는
　약 390년간을 지칭하는 일본역사의 시대구분. 교토의 헤이안쿄가 정치의 중심이
　되었던 시대이다.
16 약 10세기경의 유명한 서예가. 장마철에 개구리가 수없이 미끄러지면서도 쉴 새
　없이 뛰어올라 결국 버드나무 위로 오르는 모습을 보고 노력의 중요성을 깨달아
　일본 최고의 서예가가 되었다고 하는 '오노 전설'의 주인공이다. 일본 교과서에 실
　린 적도 있는 이 전설 속 주인공 오노노도후는 19세기 말 한국으로 유입된 화투,
　즉 하나후다(花札)의 비광 그림에 등장하는 인물로 알려진다.

2. 지옥을 전하는 미디어

그림 5 단린황후 구상도(京都市 西福寺)

진오지의 '정령맞이'는 중세에 그려졌다고 하는 「진오지산빠이만다라珍皇寺參拜曼荼羅」의 광경과 다소 다른 점은 있지만 오늘날까지 전해져 내려오고 있다. 진오지는 그야말로 지옥의 입구로 신심을 모으고 있었다. 무엇보다도 지옥도라는 미디어를 통해 가시화된 지옥의 이미지가 사람들의 마음 속 깊은 곳에 각인되어 왔던 것은 아닐까?

사거리의 한 편에 있는 사이후쿠지西福寺에도 지옥도가 소장되고 있어 '정령맞이'의 기간 중에 본당에 내걸린다. 사이후쿠지에서는 때로 주지승에 의한 그림 해석이 행해진다고 한다. 여기에는 「구마노간진쥬카이만다라」와 함께 「육계도」, 사가천황嵯峨天皇의 황후인 단린 황후檀林皇后의 죽음에서 부패, 화골, 회진灰塵에 이르는 프로세스를 도상화한 「단린황후구상도檀林皇后九相図」,[17] 그리고 지옥과는 별 상관없는 구마노 참배를 창도한 「나치산빠이만다라那智參詣曼荼羅」가 본당에 걸려 있다.

진오지와 사이후쿠지에서도, 사자 혹은 선조 공양이 매우 성행중이다. 지옥도를 미디어로 하여 지금도 많은 사람들의 참배를 이끌어내고

---

17 구상도란 불도에서 수도하는 부정관(不淨觀)중 하나로, 특히 이성에 대한 욕망을 끊기 위해 사람의 시체가 부패/괴멸되어가는 모습을 생각, 혹은 관찰하여 수행하는 9종의 관상(觀想)이다. 아름다운 용모를 가진 단린 황후는 불심이 깊었던 불교 신자로, 자신이 죽은 후 그 시체를 거리에 방치하도록 하여 스스로 불법을 행하고자 했다고 한다.

있다고 할 수 있다. 그러나 현재, 지옥도는 마음 속 깊은 곳을 흔드는 미디어가 되고 있을까? 무엇보다도 승려들은 지옥에 대해 설법하고 있을까? 지옥의 풍경은 어쩌면 결정적으로 우리 마음 속에서 없어져 버린 것은 아닐까? 그렇다면 그 결과로 우리는 무엇을 잃고 무엇을 얻었을까?

3. 중세의 진오지珍皇寺

「진오지산빠이만다라」는 '정령맞이' 광경을 그린 것이다. 이 만다라를 매개로 중세의 세계로 들어가보자.

문으로 들어가면 바로 왼편에 종각이 있고 종이 울리고 있다. 참배길은 오른쪽으로 도는 것인지 왼쪽으로 도는 것인지 확실치 않으나 일반적으로 그러듯이 오른쪽으로 돌아보자. 긴 깃이 달린 국자를 내미는 복면의 남자에게 희사하고 종을 울리면, 화톳불이 피워져 향 타는 냄새가 퍼지는 연고 없는 단 앞에서 시아귀 공양을 하게 될 것이다.

여기서부터 오른쪽의 큰 탑에 참배하고 다이라노 아쓰모리平敦盛[18]와 구마가이 나오자네熊谷直実[19]상이 있는 임시 오두막을 돌아, 우산을 쓰고

---

18 1169-1184, 헤이안 말기의 무장으로, 조정을 장악하고 있던 다이라(平氏)와 지방 세력인 미나모토(源氏) 간의 전투인 겐페이 전쟁(1180-1185) 이치노타니 전투(一ノ谷の戦い)에서 구마가이 나오자네에 의해 사망한다.
19 가마쿠라 초기의 무사로, 후에 호넨(法然) 대사 밑에서 불도를 닦는다. 이치노타니 전투에서 말을 타고 도망치려 하는 다이라노 아쓰모리를 말에서 떨어뜨리고 갑옷을 벗기자, 아쓰모리가 자신의 아들 연배임에 놀라 살려주고자 한다.그러나 아쓰모리가 이를 거절하자 눈물을 흘리며 어쩔 수 없이 목을 베게 된다. 이 일이 구마가이가 출가를 결심하게 된 계기가 되었다고 한다.

복면을 한 자로부터 아쓰모리의 최후와 나오자네의 출가 이야기를 듣게 된다. 그 옆에는 선형광배船形光背의 아미타불 삼존상을 등에 업은 혼다 젠코本田善光[20]상이 있다. 젠코지善行寺의 기원을 들으면서 참배를 권유받게 될 것이다. 다음의 임시 오두막에는 지장보살상과 작은 돌을 쌓아둔 어린이들의 미니어처, 이미 잘 알려진 사이노카와라의 광경이다. 그림 오른쪽의 위편 구석에는 '오노노다카무라, 황천길을 다닌다'고 먹으로 쓰여있고 오노노다카무라가 명토 길을 다녔다고 알려진 우물이 그려져 있다. 그 옆에 신사 기둥과 현불懸仏을 정면에 내건 사당이 있다. 이 본존에 약사여래薬師如来부처(수적신垂迹神[21])이 모셔지고 있을 것이다. 그 옆에는 고보대사弘法大師[22]로 보이는 승려의 좌상을 안치한 당이 있다. 그리고 마지막으로 본당에 참배하게 된다. 본존은 칠불 약사七佛薬師[23]일체가 정면에 크게 그려져 있다. 우산과 복면을 쓴 여섯 명의 남자가 각각 화톳불을 앞으로 하고 국자를 내밀어 희사를 받는 모습이다. 당 앞에는 커다란 나무통(수조)이 있고 한 남자가 고야마키의 가지를 물에 적시고 있다.

본당 뒤편의 임시 오두막에는, 검은 우산을 쓰고 역시 복면 차림으로

---

20 나가노(長野)에 있는 유명한 고대 사찰인 젠코지(善光寺)는, 일광삼존 아미타여래 삼존 불상을 모시고 있다. 혼다 젠코는 서기 642년 백제에서 온 아미타여래 불상이 정치세력 간의 싸움으로 강에 버려지자 건져내어 나가노로 가져와 집에 안치하였고, 이것이 젠코지의 기원이 되었다고 전해진다.
21 중생을 구제하기위해 신의 모습으로 환생한 보살을 가르킨다.
22 헤이안 초기의 고승인 구카이(空海)의 시호이다. 구카이(774-855)는 사누키국(讚岐国, 현 가가와 현)에서 태어나 예술과 문학의 발전에 크게 기여했을 뿐 아니라, 공공 교육의 시행에도 선구적인 역할을 했다. 804년 불교를 공부하러 당나라로 가서 중국 진언종의 창시자인 혜과(恵果,746-805)를 만나 그의 수제자가 되었고 진언종의 종지(宗旨)를 전수받아 일본 진언종을 창시했다. 사이초(最澄)와 함께 일본에서 가장 유명하고 신망 받는 고승 중 한 사람이다.
23 약사여래를 주체로 하는 일곱 부처.

소복을 입은 남자가 춤을 춘다. 손에는 부채와 두루마리를 들었다. '7월 8일부터 13일까지 백중맞이다'고 하여 저 세상에서 고통 받는 사자의 추선 공양을 위해 춤 추는 염불을 하고 있는 것일까. 그 옆 쪽 작은 오두막에 귀신형상의 옥졸과 명관을 거느린 사모관대 차림의 오노

그림 6 육계도의 그림 해석
(天理市長岳寺)

노다카무라가 있다. 옆에는 '십 왕'이 있어 모계 십 왕의 상이 있다. 다음은 또 사이노카와라. 아까와는 달리 지장보살상이 아니라 어린이의 미니어처가 무작위로 놓여져 있고, 그 옆에는 보살의 가면을 쓴 중이 여성과 대면하고 있다. 공양하려는 아이의 이름을 쓰고 있는 것일까. 이상, 임시 오두막은 일곱 군데에 달한다. 그리고 노천에는 '여섯 지장'이라고 기입된 여덟 채의 지장보살상이 놓여져 있다. 그 옆 책상 위에는 명관의 사령과 사록을 거느린 염라대왕이 있다. 여기가 마지막으로 참배하는 곳이다. 지옥의 고통을 연상시키려 한 것일까? 문을 나서면 담을 따라 찻집이 다섯 집 정도 늘어서 있어, 참배객은 공양을 마치고 안도하는 마음으로 여기에서 차를 마시거나 구운 떡을 먹거나 한다.

진오지의 경내에는 우산을 쓰고 손에 부채와 지팡이를 든 하얀 복면의 창도자가 매우 많다. 일곱 군데에 달하는 임시 오두막, 거기에 여섯 지장과 염라대왕상을 옆에 두고 각각 조각상이나 모형의 유래/유령 체험담, 사이노카와라의 불쌍한 아이들이나 지옥의 시련 등을 말하고 있다. 창도의 목소리, 춤 염불의 노래와 발소리가 경내에 넘쳐 흐른다. 무엇보다도 끊임없이 울려 퍼지는 종소리와 함께 염라대왕과 오노노다

카무라 등의 조각상을 비롯한 여러 가지 정묘한 모형들의 시각적 효과에, 화톳불과 향 타는 냄새까지 섞어서 지옥의 리얼리티를 연출하고 있는 것이리라. 청각, 시각, 후각, 촉각, 미각의 오감이 총동원된 세계이다. 지옥 혹은 극락 또한 이러한 감성의 세계로부터 길러져 왔던 것이다.

4. 지옥의 소리를 듣다, 사이교西行

중세 일본에는 지옥의 소리를 들을 수 있었던 시인이 있었다. 바로 사이교西行[24]이다. 사이교는 어디서였는지는 모르지만 지옥도를 대상으로 시를 읊고 있다. 「지옥도를 보고地獄絵を見て」라는 제목의 27편의 시에 약간 긴 시서詞書를 덧붙인다. 시인으로서는 드물게 '지옥체험'을 남긴 것이다.

이리하여 지옥에 도착하여 지옥의 문을 열고, 죄인을 앞에 두고 검은 철의 태장매しもと를 내던지며 죄인을 향해 옥졸이 손톱을 튕기며 말하길, 이 지옥에 들어왔다는 것은 어제 오늘로 또한 돌아갈 수 없다는 것이라고 반복해서 가르친다. 쉽게 돌아갈 수 없는 것은 사람의 일이 아니라,

---

24 1118-1190, 사토 노리키요(佐藤義清). 헤이안 말기에서 가마쿠라 초기의 승려이자 시인. 무사 출신으로 23세 때인 1140년에 출가하여 여러 지역을 순회하며 시를 지었다. 일본의 전통적인 시의 형식인 단카의 으뜸가는 대가 중 한 사람으로 후일 그의 생애와 작품이 많은 희곡과 인형극의 주제가 되고 있다. 주요 작품으로는 산카슈(山家集)가 있고, 그의 시는 신코킨슈(新古今集)와 신곤자쿠슈(新今昔集)에 수록되어 있다. 후세 시인들, 특히 하이쿠(俳句)의 대가인 마쓰오 바쇼(松尾芭蕉)에게 많은 영향을 주었다고 알려진다.

너의 마음 속의 너 또한 돌아갈 수 없다는 것으로, 남을 원망하면 안 된다고 하며 험악한 눈에서 눈물이 떨어지고 지옥 문을 여는 소리가 천백 천둥의 우레 소리와 같다.

여기다 하며 문을 여는 소리를 듣고 얼마나 부들부들 떨었을까. 열린 문 틈으로 험악한 불길 거칠어, 죄인의 몸이 타는 소리의 굉장함, 무어라 표현할 수 없다. 불길에 싸여 죄인, 지옥으로 들어간다. 문을 세워 굳게 닫는다. 옥졸 고개를 숙이고 돌아가는 기색에, 험악한 눈에 어울리지 않는 애처로움이 깃든다. 슬픈 것일까, 언제까지일지도 모르는 고통을 받아야 함은 그저 지옥보살을 의지하여 섬기는 수밖에 없다. 그 슬픔이야말로 새벽 닭 울음 때마다 불길 속으로 들어가 슬픔을 애도하게 한다. 지옥보살은 지장의 이름이다.

사이교가 본 지옥도는 옥졸에 의해 초열 지옥의 문이 열리고 지옥에 떨어진 죄인이 지옥 불에 타는 장면인 것 같다. 사이교는 이 장면을 마치 이야기를 들려주듯 읊어낸다. 옥졸이 죄인을 타이르고 그 험악한 눈에서 눈물이 떨어진다. 이러한 지옥도는 과연 있었을까? 아마 사이교가 상기시킨 것이리라.

지옥 문을 닫고 돌아가는 옥졸이 고개를 숙이고 있었다고 하며 이를 '험악한 눈에 어울리지 않는 애처로움'이라고 사이교 자신의 느낌을 불어 넣고 있다. 옥졸의 눈물을 본 사이교는 지옥 문이 열리는 소리를 '천백 천둥 우레 소리'보다도 크게 듣고 있다. 그뿐 아니라 지옥의 험악한 불길이 죄인의 몸에 닿아 휘감는 소리까지 듣고 있는 것이다. 이를 환청, 환상이라고 해도 되는 것일까. 분명 사이교는 지옥의 소리를 듣고 있거나 들을 수 있었던 것이다.

지옥의 소리를 들을 수 있었던 것은 사이교만이 가진 특별함은 아니었다. 중세/근세를 통해 지옥이란 누구라도 아마 눈으로 볼 뿐만 아니라 이야기나 종소리, 불길이 타오르는 소리라는 음성/음향 안에서 들을 수 있는, 살아있는 시공간이었던 것이다.

5. 타계로 이어지는 통로

지장보살과 염라대왕/다쓰에바의 상이 만들어져 절과 길가, 마을 내에 세워졌다. 민중의 마음 속에 지옥으로 떨어지는 두려움과 구원이 조심스레 자리잡게 된 것이다. 승려의 입을 통해 지옥에 떨어진다는 위협도 있었을 것이나, 민중 자신이 스스로 이러한 감성을 키워내기도 했다. 지장이나 염라대왕, 다쓰에바의 상뿐만이 아니었다. 언제부터인가 사이노카와라 혹은 지옥으로 이름 붙여진 공간이 생성 되어, 특별한 의식 없이 지옥/황천 혹은 타계로의 회로가 늘 삶의 주위에서 맴돌고 있었다고 해도 좋다.

당연하게도 타계로 이어지는 통로로서 역시 절이 중요한 위치를 차지하고 있었다. 현세공양의 영험이 있는 부처/지장의 잿날에는 열렬한 기원과 향락의 도가니가 생성되었다. 이러한 잿날에 빠져서는 안 되는 것이, 문 앞이나 경내에서 희사를 받는 자들의 무리였다. 어린이들, 나병환자, 신체 장애자 등이 이를 행했다. 순례 혹은 방랑 여행으로 생애를 보내는 이들은 절과 신사를 숙소, 희사의 장으로 삼았던 것이다.

「진오지산빠이만다라」에는 보이지 않으나, 절과 신사의 문 앞이나 경내에는 비파법사와 비파를 등에 지고 맹인 제자 두 명을 거느리며 희사를 구하는 순례 따위가 그려진 참배 만다 라도 있다. 「진오지산빠이만다라」에는 동 자가 본당 옆의 남자를 태운 짐수레를 끌고 있다. 기묘하게도 이 남자는 다리가 셋이 다. 많은 염험담에서 들리던 젠코지는 구원 의 공간, 기적의 토포스[25]로서 다리가 불편 한 참배자를 더욱더 본당 앞으로 불러들였 던 것이리라.

그림 7 산즈노카와의 다쓰에바
(山形市 立石寺)

  짐수레를 탄 순례라면 셋쿄부시說教節[26]로 그 이름을 알린 '오구리한 간小栗半官[27]'이 유명하다. 독살당해 황천으로 떨어진 오구리는 염라대왕 의 의도에 따라 아귀의 모습으로 되살아나, 아귀아미로 이름 붙여져 '이 자를 한 번 끌면 천승千僧공양, 두 번 끌면 만승万增공양'이라는 표지 를 가슴에 걸고 짐수레에 태워진다. 마을 지나가는 길의 역참이나 절과 신사에 의해 끌려 다니다가, 오구리라는 것을 모르는 그의 아내 데루테 노히메照手の姬와 만난다. 그녀는 '조릿대 잎에 시데しで[28]를 달아 마음은 모양에 미치지 않고 모습은 광기를 보이지 말고 끌어라 끌어라 아이라 해도 한번 미쳐 보자꾸나'라며 오구리의 회향을 위해 손수레를 끈다. 손수레는 '영차 어영차'로 계속 끌려져 구마노 본궁熊野本宮, 황천강에 이른다. 물을 끼어 얹으니 양 눈이 열리고 귀가 들리고 말문이 터지게

25 Topos, 장소·위상·상용되고 있는 주제 또는 표현.
26 일본 중세 모노가타리의 일종, 설경에 몸짓과 가락을 붙여 재미있게 한 것.
27 전설상의 인물로 아버지인 미쓰시게(満重)가 아시카가 모치우지(足利持氏)에게 공격을 받아 죽었을 때, 데루테노히메 덕택으로 죽음을 면하고 교단 주직인 후지 사와(藤沢)의 불도 도장(道場)에 투신하였다. 그를 주인공으로 하는 이야기가 셋 교부시와 조루리로 각색되어 전해진다.
28 신전에 바치는 다마구시(玉串) 등에 드리우는 흰 무명 종이.

되어, 오구리는 원래의 모습으로 돌아온다. 지옥에서 환생한 아귀아미는 아귀의 모습을 사람들에게 보여주고, 그들에게 지옥을 보여줌으로써 조력을 얻었다. 지옥은 눈 앞에 있고 구원은 구마노 본궁, 황천강에 있다고 하는 영험담이 아귀아미=오구리한간의 신체를 상기시킴으로써 이어져 온 것이다.

6. 지옥에 떨어진 자와 구원의 장

셋쿄부시에는 이승의 지옥을 보여준 또 다른 자도 있다. '신도쿠마루新德丸[29]'이다. 의붓어머니의 저주에 의해 '사람들이 싫어하는 위례違例' 즉 나병에 걸려 눈이 멀었다. 신도쿠마루는 추방되어 사천왕사四天王寺에 버려졌다. 시미즈 관음清水観音의 명으로 '동냥'을 하며 영험 깊은 구마노 본궁, 황천강으로 향하나 이미 결혼을 약속한 오토히메乙姬의 집 앞에서 동냥을 하다 추악한 몰골을 조소당하고 구마노 행을 단념, 사천왕사로 돌아온다. 당의 처마 밑으로 들어가 굶어 죽기를 결심한다. 그러나 신토쿠마루를 따라 순례 차림으로 여행을 떠난 오토히메가 신토쿠마루와 우연히 만나고, 두 사람은 함께 신토쿠마루의 '씨족신'인 시미즈 관음에게 참배하러 간다. 오토히메의 꿈에 관음이 나타나 '위례'의 신체를 고치는 '닭깃털 비鳥箒'를 받게 된다. 신불의 회로가 되기 위해서는 오구리의 신체가 '위례'이지 않으면 안되었던 점에 '위례'자들이 짊어져 온 '업보'의 무거움, 눈 앞의 지옥의 참혹함을 알 수 있을 것이다.

29 셋쿄조루리(説教浄瑠璃)의 하나이며, 그 주인공의 이름이다. 1648년판이 그 정본이다.

그림 8 아귀가 된 오구리한간(『をくり』)

    신토쿠마루는 오구리처럼 지옥에 떨어진 것은 아니다. 그러나 '위례'가 되는 것, 그것은 내 몸에 맡겨졌을지 모르는 인과응보, '불벌仏罰', '신벌'로서의 '업병業病[30]' 그 자체였다. 그야말로 이 세상을 '아귀', 지옥에 떨어진 자/저주받은 자로 사는 것이다. 신토쿠마루와 오구리한간 모두, 지옥의 산 증인이다. 신체 그 자체를 내보임으로써 문자 그대로의 '산지옥'을 체현하지 않으면 안되었던 것이다. 이것이야말로 중세불교가 구축한 이래 흔들림 없는 '진리' 중 하나로 존재해 왔던 것이다. 그러나 이뿐만이 아니다. 신과 부처는 이러한 '산 지옥'의 체현자들을 추악하고 변덕스럽게, 가상히 여김을 받은 자 혹은 선택 받은 자로 이리저리 변신시켰다. 치유의 기적을 전달하는 신사/불각은 바로 바로 구원의 손길을 내밀지 않고 '아귀'나 '위례'자들을 불가결한 요소로 하는 '산지옥'을 보여줬던 것이다. 민중에게 멸시나 모욕의 심성을 길러준

---

30 고뵤, 전생의 악업의 응보로 걸린다고 여겨지던 난치병.

것은 '업보'를 '진리'로 체현한 신불-절과 신사였다. 젠코지善光寺, 구마노 본궁熊野本宮, 청수사淸水寺, 사천왕사四天王寺, 이 모두 현재까지도 번성 중인 절과 신사이다.

그러나 '아귀'나 '위례'자들의 모습은 이제 더 이상 없다. 언제부터인지 절과 신사의 문 앞이나 경내에서, 나병환자나 신체 장애자들이 희사를 구하는 모습이 사라졌다. 1960년내 초반 경, 나병환자가 신사┼사원의 마쓰리 때 기진寄進을 요구하고 또 온천장에 한센 피부병 따위의 치료를 위해 왔다는 이야기가 들렸다. 나병환자는 1907년 이래, 치료를 겸한 요양소로 격리되어 차별 받아 왔다. 요코이 키요시橫井淸가 지적하듯[ii], '하늘이 내린 형벌天刑病'로 불리던 전통적 업병관 위에 근대적 유전병 혹은 전염병관이 겹쳐져, 신불의 영험으로도 고쳐지지 않는 치유불능이라는 낙인이 찍혔다. 이로써 회피의 대상으로 인식되어 갔던 것이다.

이제 나병환자의 신체는 신불의 회로 혹은 지옥의 체현자로 경원시되는 것이 아니라, 의학적/유전학적인 언설 아래서 '더러운 피'의 회로로서 공포감을 심어주는 방식으로, 사회로부터의 철저한 단절/근절이 기획되었다. 오늘날에는 이미 나병 예방법이 폐지되어 나병환자는 종교적인 '업병'론에서도 의학적인 유전설에서도 해방되었지만, 공포의 대상으로 기피하는 심성에서는 아직 해방되지 못했다. 그러나 정부의 강제 격리 정책에 의해 차별과 멸시를 받아온 역사, 국가의 나병대책에 대해 나병환자 자신이 국가 배상법 안에서 이의를 제기하기에 이르고 있다. 이 고소에 대해 어떤 마을의 의원은 '제멋대로인 주장'[iii]이라고 발언한다. 일찍이 지옥이라는 언어로 전해져 온 차별의 세계가 아직도 존속하고 있다는 점을 새삼스레 돌이키며, 나병환자의 필사적인 호소에 귀를 기울일 필요가 있을 것이다.

제 12 장

무녀와 사자의 혼

1. 공수口寄せ의 풍습

지금은 줄었으나 도호쿠東北 지방의 각 현에는 맹인 무녀가 있다. 주로 하는 일은 사자/선조의 영을 불러 들여 공수하는 것이다. 구치요세口寄せ 혹은 호토케오로시ホトケ降ろし라고 부른다. 공수가 가장 많이 행해지는 것은 봄의 피안彼岸[31]경이다. 또한 여름의 지장본[32]이나 오본お盆[33] 쯤에도 행해진다. 지장본의 공수로는 아오모리 현青森県 시모기타 반도下北

---

31 춘분과 추분 전후의 각 3일을 합한 7일간, 그즈음의 계절.
32 교토에서 8월(예전에는 음력 7월) 23일, 24일의 지장보살의 엔니치(緣日)에 행하는 에시키(会式). 각 지방에서도 같은 날, 아동이 돌로 만든 지장 보살상에 향과 꽃을 올리고 비는 풍습이 있다.
33 불교의 우라본에(盂蘭盆会)를 기원으로, 석가가 아귀도에 떨어져 고통받는 중생을 구하기 위해 7월 15일에 공양을 드리도록 권한 것에서 유래하는 일본의 대명절.

半島의 오소레잔恐山에 있는 엔쓰지지장당円通地蔵堂이나 쓰가루津軽지방의 가네키쵸金木町에 있는 가와쿠라지장당川倉地蔵堂의

그림 9 이타코의 구치요세(青森県 北津軽郡 金木町 川倉地蔵堂)

그것이 널리 알려져 있다. 이타코イタコ라고 하는 맹인 무녀가 절의 경내에 모여 참배자의 요청에 의해 공수를 내린다.

공수에서는 사자나 선조의 영을 불러 공양한다. 어느 지방은 사후 얼마 되지 않아 빨리 성불하기를 빌며 이장한 그 날에 공수를 했다. 또한 너무 빨리 사자의 영을 부르면 사자가 성불하지 못하고 헤매거나 혹은 이승에 미련을 가진다고 하여 일주기가 지나고 나서 행하는 지방도 있다. 모두 사자의 성불과 공양이 공수의 목적이라고 할 수 있겠다.

여기에는 승려의 독경/회향만으로는 사자가 성불했는지 알 수 없어, 죽은 자에 대한 애도를 충분히 다하지 못한 것이라고 보는 마음이 있다. 그래서 꼭 사자의 말로, 그 미련이나 말하지 못한 생각을 듣고 공양을 드리고자 하는 것이며 더불어 성불의 여부와 그 소식을 알고자 하는 것이다. 9세기 초반에 편찬된 『니혼레이이키日本霊異記』를 보면, 승려가 장례의식에 임하기 전에 사후 바로 영을 불러들여 이야기를 듣는 풍습이 있었다. 이는 11세기 말의 『에이카모노가타리栄花物語』, 『도카이미치주히자쿠리게東海道中膝栗毛(1802-22)[34]』 등에 쓰여진 것처럼 각지에서 행해졌다. 무녀를 통해 사자의 소식을 듣는 풍습이 도호쿠 지방에 계속 이어져 왔던 것이다.

공수에는 또 한 가지 중요
한 점이 있다. 사자/선조는 가
족의 볼 일이나, 여행 혹은 집
의 신축/개축 등의 적절한 일
시와 방향을 일러줄 뿐 아니
라, 병이나 사고 등의 위험이
닥칠 때에는 이를 보호한다

그림 10 야지로베에(弥次郎兵衛)부인의 공수
(『東海道中膝栗毛』)

고 전해지는 것이다. 이처럼 공수에는 그저 산 자가 죽은 자를 공양하
는 의미 뿐만 아니라, 공수되는 사자가 산 자를 지키는 것 또한 포함된
다. 공수의 풍습은 죽은 자와 산 자가 서로 교류하며 산 자는 죽은 자와
함께 살아간다는 신앙에 의해 길러져 왔다고 할 수 있다.

무녀는 산 자와 죽은 자를 매개하는 영매(미디움)이다. 무녀는 현세
에서 타계로의 사자使者로, 죽은 이의 영을 불러들여 죽은 이의 영이 머
무는 장소가 된다. 그리고 무녀의 입을 통해 죽은 자는 산 자에게 말을
건다. 산 자는 죽은 자의 말을 듣고 죽은 자가 어떠한 상태에 있는지를
알고자 한다. 따라서 무녀에게 죽은 자의 영이 빙의한다고 믿는 신앙,
혹은 죽은 자의 행방에 대한 산 자의 관심과 배려가 없어진다면 공수의
풍습은 존속할 여지가 없어진다. 죽은 자를 품어 안은 문화와 사회야말
로, 공수와 무녀의 존립을 가능하게 했던 것이다.

---

34 야지로베에(弥次郎兵衛)와 기타야(喜多八)를 주인공으로 하는 익살스러운 통속
   소설이다.

2. 죽은 자의 이야기

　일주기를 지난 자의 공수를 후루구치古口라고 부른다. 또한 주로 봄의 피안에 행해지므로 피안구치彼岸口, 혹은 피안바야시彼岸囃[35]라고도 한다. 이때는 의뢰자가 무녀의 집으로 가서 무녀의 제단 앞에서 공수가 행해진다. 한편 일주기가 지나지 않은 공수는 신구치新口라고 하여 무녀가 죽은 이의 집으로 가서 행하는 경우가 많다.

　예전의 공수에서는 무녀가 활을 써서 활시위를 두드려 혼을 불러들였으나, 지금은 거의 활은 쓰지 않는다. 염주를 굴리거나 속이 텅 빈 가늘고 긴 목제상자 위에 한 줄의 현이 있는 일현금을 두드리거나 인킨引磬이라고 부르는 징을 울리거나 한다. 피안구치의 경우, 공수의 도구들은 특별하지 않다. 무녀가 제단을 향해 앉아 혼을 불러 내리고 무녀 뒤에 의뢰자, 주로 한 집안의 주부 혹은 어머니가 그 이야기를 듣는다.

　공수에서는 먼저 신을 받기 위한 제문을 외운다. 약사여래, 관음보살, 아미타여래, 석가여래, 미륵보살에 이어 전국의 유명한 신들과 그 지방의 신들이 불려진다. 그리고 '요리구치寄リ口'라고 하는, 영을 부르는 다음과 같은 제문을 외운다.

　　어쩌다 사바세계에 가래나무 활소리 들릴 정도로…… 잠시만 허락해
　　주시기를, 염라대왕과 여섯 지장까지 그리워서 잠시를 애걸한다 해도
　　허락하실 틈도 없구나. 불법御法의 배는 빨리 간다, 못 타면 다음은 없으

니…… 여기는 어디, 수풀인지 숲인지 고향인지, 고향이라면 지금 내려와서 말씀하시오. 오늘 오는 이는 반야의 가래나무에 손을 걸쳐, 가랑비도 내리고 하늘은 맑아 나에게 말해다오, 일곱 점신들. 참고 또 참고 지내지만 지금 오시는 나가하마長浜의 누런 말에 터럭 줄을 걸고 안장과 재갈을 갖추었으니, 탈 사람 없으면 누굴 부를까…… 담죽 잎 팔랑팔랑 보니 부모네 그리운, 어서 오시게. 천 리 길을 백 리로 서둘고 백 리 길을 십리로 서둘고 십 리 길을 칠 리로 서둘고 칠 리를 오 리로 서둘고 오 리 길을 삼 리로 서둘고 삼 리 길을 일 리 반으로 나누어 원래 처음으로 와서 말하시게…… 오늘의 공수에 구름은 없어 길 따라 오시게, 지장보살님. 말씀을 내려주시게 가래나무신. 수미산須弥山[36]의 정토 물에 헤매지 말고, 의심 말고 오셔서 성불하시게.

제문의 내용은 매우 알기 어렵다. 그러나 음운이 있고 억양(고저강약)에 뛰어난 무녀의 솜씨로, 혼령이 서둘러 모계에서 이 세상의 유족을 찾아오는 정경이 환기된다. 혼령은 가래나무 활을 두드리며 자신을 부르는 소리를 듣는다. 염라대왕이나 여섯 지장에게 짬을 구하고 깊은 산을 넘어 불법의 배를 타고 물을 건너 고향으로 향한다. 혼령은 물가에 도착했을까. 말을 타고 고향으로 서둘러 온다. 천 리 길을 백 리, 십리, 칠 리, 오 리, 삼 리, 일 리 반으로 서둘러 산 자의 품으로 달려온다. 그리운 사람과 만나기 위해 혼령이 서두르는 모습이 산 자에게 전해진다. 산 자는 혼령의 모계에서의 여행길에 감명을 받고, 혼령의 이야기

---

36 불교의 우주관에서 세계의 중앙에 있다는 산. 꼭대기에는 제석천이 있고 중턱에는 사천왕이 살고 있으며 그 높이가 물 위로 팔 만 유순이고 물속으로도 팔 만 유순이며 가로의 길이도 이와 같다고 한다.

를 기다린다. 죽은 자와 산 자의 절박한 심정이 겹쳐져 죽은 자와 산 자
가 서로 이야기 하는, 공수의 장이 생성되었다.

3. 와카모노의 혼과 모계의 결혼

공수는 무엇보다도 죽은 자의 성불을 비는 정성스러운 공양법이다.
나름대로 그 수명을 다한 나이에 죽은 자의 공수는, 유족에게 있어 한
없이 죽은 자에게 말을 듣고 죽은 자와 이야기를 하고 안타깝지만 성불
을 확인하는, 만족스러운 이별을 위한 의식이라고 할 수 있다. 그러나
아직 어렸을 때 혹은 결혼 전에 죽은 자의 경우는 그렇지 않다. 미혼의
사자를 위한 특별한 공수가 있다. 이는 하나요세ハナ寄せ, 혹은 나나쿠라
요세ナナくら寄せ로 불리 운다. 역시 죽은 자의 성불을 바라고 공양하기
위해 행하는 것이나, 여기에는 다른 한 가지 중요한 목적이 있다. 미혼
으로 죽은 자의 영혼이 가족들에게 병이나 사고 등의 재앙을 불러오지
않도록 하는 것이다. 그 배경에는 젊어서 죽은 자의 영혼은 이 세상에
미련이 많아 집착을 하고 성불하지 못해 헤매다가 앙화[37]한다는 어령
신앙이 있다. 따라서 더욱 정성스런 공양을 하려는 것이다.

미혼으로 죽은 자를 위해서 한층 더 극진한 공양을 하는 지방도 있
다. 야마가타 현의 모가미 무라야마最上村山 지방과 아오모리 현의 쓰가
루津輕 지방에서 보이는 모계 결혼의 풍습이다. 야마가타 현은 결혼식
의 광경을 그린 에마絵馬[38], 아오모리 현은 신부인형 혹은 신랑인형을

---

37 어떤 일로 인하여 생기는 재난, 지은 죄의 앙갚음으로 받는 재앙.
38 발원이나 은혜에 보답하기 위해 신사나 절에 봉납하는 그림 판. 말 또는 목마를 봉

그림 11 무카사리 에마(上山市 高松観音)

봉납한다. 이는 젊어서 죽은 아들이나 딸을 애도하는 부모들의 마음이다. 나아가 가정 내에 재앙이 일어났을 때 혹은 아들이나 딸의 결혼이 잘 되지 않을 경우, 무녀에게 찾아가서 미혼으로 죽은 이가 원인이라는 이야기를 듣고, 봉납을 권장 받는 경우가 많다. 미혼인 채로 죽었기 때문에 재앙을 일으키거나 형제/자매의 결혼에 샘을 내어 방해한다고 보는 것이다.

모가미 33관음예소의 와카마쓰 관음若松観音이나 다카마쓰 관음高松観音 등과 릿샤쿠지立石寺 오쿠노인奥之院에는 무카사리 에마ムカサリ絵馬라고 부르는 것이 많이 봉납되어 있다. 무카사리ムカサリ란 모가미 무라야마 지방에서 혼례를 가리키는 말이다. 에마의 그림을 보면, 신부, 신랑, 중매인, 근친자, 신부와 신랑 두 사람, 신부 만을 그린 것이 있다.

납하는 대신 말의 그림을 그려 넣었지만 후에 말 이외의 다른 소재도 쓰게 되었다. 뒷면에 소원 등을 적기도 한다.

이 지방에는 오나카마オナカマ라고 하는 맹인 무녀가 있다. 아들이나 딸의 결혼이 잘 되지 않을 때 무녀를 찾아간다. 이미 죽은 형이나 언니가 결혼하지 못했다면, 자신을 위해 결혼식을 올려 달라고 말한다. 결혼에는 순서가 있으니 이미 죽은 자라고 할지라도 결혼이 필요하다는 것이다. 결혼은 인생의 중요한 마디로, 이에 따라 세대를 구성하고 나아가 자손을 남김으로써 한 사람의 어른으로 인정 받게 된다. 미혼인 채로 죽은 자는 어른이 되지 못하니 성불하지도 못하고 모계를 떠돌며 가족에게 재앙을 가져올 수 밖에 없다는 것이다. 또한 무카사리 에마의 봉납을 많은 차지하는 것은 남성으로, 이는 장남일 것으로 추정된다. 대를 이어야 하는 장남을 모계에서 결혼시키는 것으로, 그 남동생 혹은 사위나 양자가 대를 잇는 것을 방해하지 못하도록 배려한 것이라고 한다.

4. 성장하는 죽은 자의 영

아오모리 현 쓰가루 지방의 '서쪽 고야산高野山'으로 불리는 고보지弘法寺와 전술한 가와쿠라 지장당에서는 미혼으로 죽은 자의 혼령을 위해 화려한 신부인형, 신랑인형을 바쳤다. 고보지의 주지에 의하면, 이 인형 공양은 1965년 경부터 시작되었다고 한다. 가와쿠라 지장당에서는 이보다 조금 늦은 1970년대에 들어 행해졌다.

이들 사원이나 당에는 신부 혹은 신랑을 일체한 인형도 있으나 신부/신랑 각각의 인형을 봉납한 경우가 많다. 또한 자식이라며 작은 아이 인형도 함께 올린다. '와라베닌교童人形'라고 부르는 어린이 인형만을

올리는 경우도 있다. 어렸을 때 죽은 아이의 경우이다. 하지만 이 모두 일체가 된 인형만을 올리는 경우는 없다. 어린이 인형과 그 친구(걸 프렌드나 보이 프렌드)의 인형을 반드시 함께 올린다. 이들에게는 '친구お フレンドさん'라는 글씨가 붙여진 경우도 있다.

결혼할 정도의 나이가 되면 신부/신랑 인형, 결혼하여 아이가 생길 정도의 나이가 되면 아이 인형을 올리는 등의 봉납의 방법도 행해지고 있다. 지금의 영혼관에서 보면 생각할 수 없는 일이지만, 사자의 영령 또한 모계에서 현세와 같이 성장한다고 보는, 일찍 죽은 자식에 대한 남겨진 부모의 애석한 정에서 나온 생각이리라. 또한 부모들도 늙어 죽은 다음에 저 세상으로 가서, 배우자와 함께 살고 있는 아들/딸과 만나 함께 살게 된다고 생각하는 것이다. 아들이나 딸을 앞세운 부모들과 무녀를 통해, 일찍 죽은 사자를 둘러싼 이러한 풍습이 언제부턴가 도호쿠의 쓰가루 지방에서 생겨나고 있었다.

무카사리 에마 중에는 군복을 입고 있는 남자의 결혼식을 그린 것이 있다. 또한 신부인형과 함께 신랑인형 앞에 병사복의 사진이 놓여진 것, 신부인형 앞에 병사차림의 사진만이 놓여진 것도 많다. 이 모두 전몰자를 공양하기 위한 것이다. 이를 봉납한 것은 전몰자의 유족, 고령에 이른 양친이나 형제/자매일 것이다. 당연하다고 해야 할까, 이들 전몰자는 야스쿠니 신사에 신의 '영령'으로 모셔져 있다. 그러나 대다수의 유족들은 유골이 돌아오지 않아 유품으로 함께 이장할 만한 것이 없어도, 절에 묘비를 세우고 승려에게 법명을 지어 받아 정성스레 보리[39]를 빌었다. 그리고 이도 모자라 무카사리 에마 혹은 신부/신랑인

---

39 번뇌를 끊고 진실을 깨달음. 성불하여 극락왕생함을 뜻한다.

그림 12 신부/신랑인형(青森県 北津輕郡 金木町 川倉地蔵堂)

형을 봉납한 것이다.

전쟁 중에는 국가에 의해, 전쟁 후에는 야스쿠니 신사에 의해 명예롭다는 신으로 모셔져도 불교적인 작법에 따라 고인의 성불을 바라고 모복을 빌며 년기 공양 등 여러 공양을 계속해왔을 것이다. 그래도 충분하지 못했던 것일까? 부모나 형제 자매들이 나이를 먹어감에 따라, 결혼도 못하고 젊어서 전사할 수밖에 없었던 아들을 가엾고 안쓰럽게 여겨, 저 세상에서나마 짝을 맺어 주려고 아들의 신랑인형과 아내인 신부인형을 봉납했던 것이리라. 미혼자는 세상에서 '어른'으로 보지 않는다. 결혼하여 가정을 꾸리고 자식을 낳아야 비로소 '어른'이 되는 것이다. 부모들은 이 세상에서 목숨이 끊어져 '어른'이 되지 못했던 전사자가, 저 세상에서라도 '어른'이 되어 다른 사람들처럼 행복하기를 바랬던 것이다.

1997년 4월, '에히메 현愛媛県 다마구시료玉串料 소송'에 대한 최고재판부 대법정의 판결이 내려졌다. 에히메 현이 야스쿠니 신사나 호국신사의 다마구시玉串[40]비용이나 공양료 등을 공금으로 부담한 것은 '현이 특정 종교단체가 거행하는 중요한 종교상의 제례와 관련을 가진 것'으로, 헌법이 정한 정교분리 원칙에 위반한다, 즉 위헌이라는 것이다. 이는 정교분리 소송에서 최고재판부 대법정이 처음 보인 위헌판결이다. 전몰자를 신으로 모시는 야스쿠니 신사와 호국신사의 성격 인식이나 역

---

40 비쭈기 나뭇가지에 베 또는 종이 오리를 달아 신전에 바치는 것.

사인식에 관해서는 현
재도 의견이 크게 나
뉜다. 대법원에서는 야
스쿠니 신사와 호국
신사를 종교단체로 보
고, 현이 공금으로 그
항례제의 다마구시 비
용을 봉납하는 것은

그림 13 무카사리 에마(神山市 高松観音)

단순히 관습화된 사회적 의례가 아니라 명확한 종교적 의의를 가지는
종교적 활동이라고 했다. 이는 너무나 당연한 것을 새삼스레 인정한 것
에 지나지 않는다. '야스쿠니의 신'으로부터 종교성을 빼앗아 버리면,
이를 모시는 신직 뿐만 아니라 참배자들에게도 그 숭배 대상으로서의
의의가 필연적으로 사라져 버리게 된다.

야스쿠니 신사는 1868년(게이오 4), 막부 말기 초분草奔의 지사나 보
신전쟁戊辰戦争[41]의 관군이었던 '스메라미이쿠사皇御軍' 전사자들의 초혼
제가 에도 성내에서 집행되는 것을 보고, 다음 해 메이지 천황의 칙령
에 의해 창건된 도쿄 초혼사를 전신으로 한다. 여기서는 보신전쟁에서

41 메이지 유신 때 막부파와 막부타도파 사이에 벌어진 일련의 전쟁. 1868년 오사카
에서 교토로 진격한 아이즈/구나와(会津·桑名) 두 번의 군대는 도바/후시미 전투
(鳥羽·伏見)에서 사쓰마/죠슈(薩摩·長州) 양군과 싸워 패배하였고, 신정부군은 에
도로 철수한 구 막부 세력을 쫓아 도쿠가 토벌의 군대를 일으켰다. 그 와중에 항
전을 주장하는 구 막부 신하들은 우에노(上野)에서 쇼기타이(彰義隊)를 결성하여
대항하나 패배한다. 5월 호쿠에쓰(北越)의 여러 번과 엣추/에치고(越中·越後) 등
도 합세하여 반정부 동맹을 결성해 정부군과 대결했으나 이 역시 패배하여, 8월 아
이즈 번이 항복하기에 이른다. 정부군이 1869년 하코다테(函館)로 진격함에 따라
하코다테 전쟁이 시작되었지만, 18일 고료가쿠(五稜郭)가 함락되고 보신전쟁이
종결되었다. 이 내전의 결과, 구 막부 체제가 붕괴되어 메이지 국가가 확립되는 길
이 열리게 된다.

반란군/조적이 된 쇼기타이彰義隊[42]나 아이즈 번사会津藩士 등의 패자의 영혼은 '도리를 모르는 추악한 녀석'으로 모셔지지 않았다. 1879년(메이지 12), 도쿄 초혼사는 야스쿠니신사로 개칭되고 별격 관폐사의 사격을 부여 받는다. 이후 1887년 이래 육/해군의 관할 하에 놓이게 되고 다른 내무성 관할의 신사와는 다른 성격을 가진 존재가 되었다. 야스쿠니신사는 천황/국가를 위해 전쟁에서 전사한 자를 '영령'으로 현창하여 모심으로써 국민에게 한층 더 희생을 강요했을 뿐 아니라, 아시아 침략을 정당화한 국가직영의 종교시설이었다. 그야말로 대일본제국이라는 제국주의 국민국가를 '죽음의 공동체'로 구축하고 개인의 죽음을 국가적 죽음으로 신성화시켜 국민의 주체화=개인희생을 추진시킨 것이 야스쿠니 신사의 '영령' 제사였던 것이다.

패전 이후 야스쿠니 신사는 단립의 종교법인이 되었으나 전쟁 전이나 전쟁 중의 '영령' 제사를 계속해 왔다. 최고법 판결에서는 이러한 야스쿠니 신사의 역사성에 대한 깊은 언급은 없었다고 하나, 야스쿠니 신사를 하나의 종교단체로 인정하고 국가나 지방공동단체가 특정 종교단체와 관련되는 것은 위반이라 하여, 정교분리의 원칙을 새삼스레 확인시켰다. 이는 헌법/법률의 측면에서뿐 아니라 '영령'제사의 측면에서도 필연적인 프로세스였다고 할 수 있다.

이미 패전으로부터 50년이 지나 전사자들의 양친은 거의 생존해 있지 않을 것이다. 그 형제/자매 또한 상당한 고령으로 전사자의 생전 모습을 기억하는 사람들은 적어졌으리라. 전쟁 사생아도 이미 쉰을 넘어

---

42 1868년 2월, 구 막부의 신하들이 에도에서 결성한 군대조직. 그 숫자가 가장 많을 때는 2천명에 이르렀다. 신정부 세력에 발발하여 항전했으나 5월 우에노 전쟁에서 척멸된다.

유영과 함께 고난에 찬 인생을 걸어왔을 것이다. 전사자가 남긴 가족과 아이, 그들에게 결국 '야스쿠니의 신'은 인연이 먼 신이 되어 버렸을 것이라고 본다. 야스쿠니 신사에 모셔진 신의 유족들이 점점 줄어드는 지금, 그 '국가수호'의 실현 이전에, 이미 야스쿠니 신사 자체의 존립 위기가 다가와 있다.

무카사리 에마나 신부인형 공양으로부터 알 수 있듯이, '야스쿠니의 신'으로 모셔지는 것보다, 그저 남들 같은 인생을 보내기를 바랬던 것이 유족들의 거짓 없는 마음이리라. 유족들은 충분하다고 생각하지 않으면서도 국가의 손을 빌리지 않고 몇 번이고 극진한 공양을 행해왔다. 각각 개인적인 죽음의 의례로 전사자의 혼령을 애도하는 것이 전사자에 대한 최대의 배웅이었을 것이다. 전사자의 영령은 '죽음의 공동체'였던 국가의 멍에에서 해방되어, 키워주신 부모와 함께 저 세상에 잠든 것이 아닐까.

이 세상에서는 전사자들의 원통함을 생각하며 그 기억을 새로이 하지 못하고 전사자의 혼령을 저 세상으로 휘몰아 '죽음의 공동체'를 정당화하는 희생양으로 바치고 있다. 전사자와 전쟁 희생자를 애도하는 방식은, 전쟁의 기억을 어떤 식으로 전해가는지를 묻는 일과 밀접하게 관련된다. 각각 죽음의 의례를 통해 죽은 자를 아름다운 이야기 속에 가두지 말고, 그저 침묵한다 해도 죽은 자에 대한 마음을 끊임없이 새로이 하며 죽은 자와 함께 살아가려 하는 것이 하나의 방법이 아닐까.

5. 어떤 13주기

　미야자키 현宮崎県 오지카 군牡鹿郡 오나가와쵸女川町의 48세의 여성이 가와쿠라 지장당에 신부인형을 봉납했다고 하는 기사가, 그 지방지에 실렸다.[iv] 당시 중학교 1학년이었던 아들을 잃고, 그 13주기의 법요 때 신부인형을 올려 '영계 결혼식'을 시켜 주었다는 것이다. 이미 스물 다섯의 사회인이 된 아들의 소학교 시절 친구도 멀리서 달려와 주었다. 이 '새하얀 옷의 신부인형은 상당한 미인'으로 딸이 '오빠에겐 아깝다'고 하여 모두 웃었다고 한다.

　불단 위에 아들의 사진과 신부의 인형을 얼마 동안 나란히 올려 두었다가 가와쿠라 지장당으로 봉납하러 갔다. '절에서 아들의 이름과 함께 신부의 이름을 물어서 깜짝 놀라 당황했습니다. 급하게 생각해낸 것이 제가 쇼와昭和의 쇼코昭子이니, 헤이세이平成의 나루코成子였어요.' 이상하게도 이름을 붙인 순간 친숙해져서 '나루코씨, 아들을 잘 부탁해요. 이제부터는 둘이 사이 좋게 사세요'라고 말해 버렸습니다. 어머니 손에서 나루코씨의 손으로 아들을 넘긴 것입니다. '내 할 일은 다했다' 싶어 어쩐지 후련해져서 눈물이 멈추지 않았습니다. "얘, 요시카즈, 이제부터는 혼자가 아니야. 나루코씨와 함께 둘이니까 힘들고 외로운 것은 둘이 나누고 저 세상에서 사이 좋게 지내렴. 엄마도 살아있는 동안 아버지와 사이 좋게 살께"라고, 어머니는 말하고 있다.

　살아 있으면 스물 다섯 살이 되는 아들, 그를 위해 어머니는 신부인형을 멀리 쓰가루까지 가서 봉납하고 있다. 여기에는 죽어서 영혼이 되어 저 세상으로 가서도 한이 되지 않을까 계속 염려하면서도 저 세상에서 영혼으로 새로운 생명을 가지고 성장하기를 바라고 바라는 부모의

끝없는 정이 토로되어 있다. 이 모친은 신부인
형을 봉납하여 "아들을 위해 부모로서 해줄
수 있는 마지막 임무를 다하고, 안심하고 돌아
왔습니다"고 마지막에 쓰고 있다. 과연 아들
에 대한 치유되지 않는 마음을 털어내고 안심
할 수 있었을까. 잘 상상이 되지 않지만, '부모
의 마지막 임무'를 다하고 싶은 마음은 충족되
었을 것이다.

그림 14 야스쿠니신사의 신부
인형

　호토케오로시ホトケ降ろし(신내림)나 하나요세ハナ寄せ(신들림)라는 공
수, 무카사리 에마나 신부/신랑인형 봉납 등의 죽음의 의례는, 이타코
나 오나카마라고 하는 맹인 무녀를 중심으로 이어져 왔다. 현재에는 무
녀의 수가 적어졌으나, 무카사리 에마나 신부/신랑인형을 일반 사람들
이 스스로 봉납하기에 이르고 있다. 무카사리 에마나 신부/신랑인형의
봉납은 구두로 전해지다가 매스미디어를 통해, 야마가타 현 모가미 무
라야마 지방이나 아오모리 현 쓰가루 지방을 넘어 도호쿠 지방으로, 나
아가 전국 각지로 조금씩 퍼져 나갔다. 야스쿠니 신사에도 홋카이도와
후쿠시마현의 유족에 의해 각각 두 개의 신부 인형이 봉납되어 있다.
무속인을 중심으로 하는 죽음의 의례는 여러 형태로 변화하면서도 죽
은 자와 산 자, 저 세상과 이 세상을 매개하고 남겨진 자들의 마음에 계
속 응해갈 것이다.

민속의 知의 계보

제 13 장

교조의 창창신화

1. 교조와 말語り

신종교의 교조는 신(혹은 불)과 같은 존재, 즉 현신生き神(현불生き仏)으로 숭배된다. 그 중 많은 사람들은 인간으로 멈추어 있으나 몇 명은 신 그 자체로 인식되고 있기도 하다. 이러한 교조는 신(불)의 매개자로서 혹은 신(불)의 체현자로서 말하고, 여기에서 '가미가타리神語り'가 나오는데 이것이 바로 교의가 된다. 사람이 신에 대해 말하는 것이라기보다는 오히려 신이 사람에게 말하는 것으로, 신자에게는 신성시되고 절대시된다.

근세 후기에 일어난 뇨라이교如来教를 선두로, 막부말기에서 유신기에는 민중 속에서 새로이 나타난 여러 신종교가 창창되고 있다. 그 중에서 상당히 체계화된 독자적 신화를 풀어낸 교조로는 뇨라이교의 류

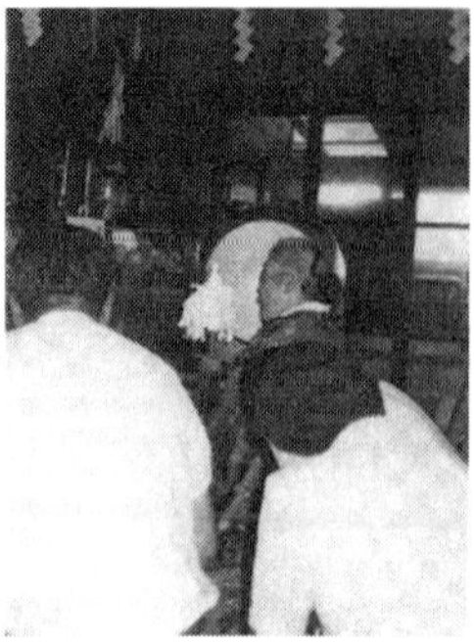

그림 15 무녀의 가미오로시(神降ろし)

그림 16 아마테라스오미카미에서 시작되는 일본사(『小学国史』 표지)

젠뇨라이키노媢姪如来きの, 가쿠시넨부쓰隠し念仏[43]・가야카베노오야사치カヤカベの親幸(요시나가 이치조吉永市蔵), 덴리교天理教[44]의 나카야마미키中山みき를 들 수 있다. 또한 마루야마교丸山教[45]의 이토로쿠로베에伊藤六郎兵衛, 오모토교大本教[46]의 데구치나오出口なお에게는 체계화 되어 있다고는 할

43 비밀결사를 조직한 염불행자의 집단. 산중이나 암실 등 비밀스러운 곳에 숨어 몰래 집회를 가지고 염불을 행했다. 에도 시대 도호쿠 지방에 퍼졌으나, 이후 탄압 받았다.

44 모토교파 신도의 일종, 1838년 나카야마 미키가 창창했다. 오야가미인 덴리오노미코토를 믿으며, 탐욕 등 여덟 가지 나쁜 생각을 버리고 신에 의지하여 '음기스러운 생활'의 이상세계를 건설하는 것을 취지로 한다. 본부는 나라현 천리시(天理市)로, 이 곳이 오야가미가 인간세계를 창조한 성지라고 한다.

45 신도계 신종교, 1873년 무사시구니(武蔵国) 노보리도(登戸)의 농민이었던 이토로쿠로베에(伊藤六郎兵衛, 1829-1894)가 그 지방 후지신앙(富士信仰) 마루야마코(丸山講)를 기반으로 개교했다. 후에 후소교(扶桑教) 및 신도 본청에 속했으나 1946년 독립했다.

46 신도계 종교의 한 파, 정식으로는 오모토(大本). 본부를 교토후(京都府) 가메오카(亀岡)와 아야베(綾部)에 두고, 개조인 데구치나오(出口なお)의 「오후데사키(お筆先)」와 성사인 데구치오니사부로(出口王仁三郎)의 『영계모노가타리(霊界物語)』를 중심으로 하여 세상 다시 세우기와 '미륵의 세상(みろくの世)'의 실현을 주창했다. 1892년에 일어나 1835년 당국의 탄압으로 해산했고, 1946년 아이젠엔(愛善苑)으로 재출족하여 1952년 오모토로 개칭한다.

수 없지만, 상당히 독자적인 신화가 구석구석에서 발견된다.

이들 교조는 신이나 불교 보살의 전승되어온 이야기를 말한 것이 아니었다. 또한 신에게 선택 받아 계시를 통해 말한 것도 아니었다. 교조에게 내린, 그때까지 없었던 새로운 신이 교조를 통해 말한 것이다. 야나기타 구니오는 "오미키^{おみき}, 오나오^{おなお}라고 하는 등의 늙은 여자들의 신과 교통했다는 이야기가 사실로서 끝도 없이 전해진다. 실제 그 불가사의는 수천 년의 근저가 있기 때문에, 일본 남자들이 이 이야기에 흔들리는 것이 조금도 이상하지 않았다"^v며 나카야마미키나 데구치나오가 '신과 교통했던' 무녀로, '무녀교'를 창창했다고 말한다.

이와 같이 신과 교통하여 신의를 전하는 무당에 근거를 둔 종교의 형태는 무속(샤머니즘)으로 불리 운다. 신내림, 신들림이라 하여 신령을 받아 그 말을 전하는 무녀의 '전통'이, 이 나라에서는 존속해 온 것이다. 그러나 신종교의 교조는 이에 그치지 않았다. 이 무속을 재구성하여 발전시켰다.

신과의 영속적인 관계 안에서 신의 언어를 필기하여 이를 다시 신자에게 전하며 신심에 의한 구원의 약속을 제창함으로써 무속적 민속종교를 혁신시켰다고 할 수 있다. 교조=신이 제시한 주요한 가르침은 1) 태초의 신(혹은 불교 보살), 2)원시의 상태, 3)이 세상/인간의 탄생, 4) 구원의 근거/방법이다. 새로운 신과의 직접적인 관계에 근거하여 교조는 전혀 새로운 가르침, 신의 이야기를 만들어 냈던 것이다. 이 네 가지 점에 주의하면서 류젠뇨라이키노와 나카야마미키의 가미가타리=창조신화를 살펴보도록 하자.

2. 교조의 창조신화

　기노의 창조신화는 1804년(분카 1)부터 26년(분세이 9)의 죽음 직전 까지 기노가 했던 말을 받아 적은 『오케이사마お経様ⁿ』에 수록된다. 「일 본의 시작 성스러운 별 이야기日本の始まり星御物語の事」에 상당히 잘 정리되 어 기록되고 있다. 뇨라이교의 오야가미親神는 뇨라이如来이다. 뇨라이 는 모든 신불 위에 군림하는 지고불仏(신神)의 성격을 가진다. '이 세상 이전은 깜깜한 어둠으로 이곳은 진흙 바다였다. 뇨라이님이 자비로운 마음에서 여러 궁리와 고생을 하시어 진흙 바다에서 이 세상을 만드셨 다'고 한다. 원시의 상태는 진흙의 바다로, 인간을 '불도수행'시켜 구원 하고자 하는 자비로움으로 세상을 창조했다는 것이다. 창조에는 뇨라 이가 직접 관여하지 않고, 그 명에 의해 이치노미야一の宮가 창세/인간 의 창조를 행한다. 이는 다음과 같다.

　　일본 태초는 큰 바다이다. 이치노미야一の宮님이 속으로 '저 바다에 신국을 만들고 싶다'고 생각하시니, 하늘에서 바위가 내려와 바다로 떨 어졌다. 이치노미야님이 이 바위 위로 내려가시어 '신들은 내려오지 않 으시냐'하고 기다리시니, 그 사이 천 사백 오십 년. 하늘에서 아마테라 스황태신궁天照皇太神宮, 가스가대명신春日大明神이 내려오시어, '이치노미 야님, 오래 기다리셨네. 조금 살펴보러 왔네', '여기에 신국을 만들고 싶 다'는 훌륭하신 그 의지 석가님께 말씀 드려, 이 또한 위처럼 대답을 기 다리시니 이 사이 또한 천 사백 년. 그 후 석가님으로부터 대답이 나와 '시절이 아직 오지 않았으니 천천히 하시도록'하니 (중략) 드디어 때가 왔다. '지금부터 신국을 만든다'며 사신이 왔다. (중략) '그럼 안녕히,

지금부터 인간이라는 것을 만들라'고 아마데라스황태신궁, 이치노미야에게 청하여 (중략) 마음 속으로 고민하고 계시니 바위 옆에서 사람 하나가 쑥 하고 나와, '여기 인간이 나왔다'고 하여 모두 싱글벙글 (중략) '그러면 서쪽 방면, 잡아당기자, 잡아당기자고 하며 손을 세 번 치라'고 한다. 알겠습니다, '잡아당겨라, 잡아당겨라 당겨라'고 하며 손을 치니 사람의 입에서 또한 소인 한 명이 퐁 하고 나와서 '여기 또 나왔다'며 기뻐했다.

어떠한 민속적 환경에서 나온 것인지 모두 검토할 수 없을 정도로 이상한 이야기이다. 바다 속에 바위의 신국이 나타난다. 그리고 인간이 태어나는 모습이 의태어로 생생하게 그려진다. 최초의 인간은 바위 틈에서 쑥 하고 나타나고 그 입에서 두 번째 인간이 퐁 하고 나온다. 이어서 이치노미야가 지팡이를 잡고 '대지가 되어라'고 세 번 말하니 '아홉 좌 이 백 리 사면의 대지'가 솟아오르고 하늘에 사는 석가가 빛을 내려 대지가 환해진다.

이치노미야는 하늘로 올라가 '북두의 별'이 되었다. 다른 신들은 '신국'에 남았으나 75명의 인간이 태어나자 하늘로 올라갔다. 그 후, '마도魔道'가 내려오고 '여자라는 것을 만들어 부부로 아내를 가지게 되었다' 하고 또한 '여자의 배에서 사람이 사는 것도 여기에서 시작되었다'는 것이다. 때문에 '지금의 인간은 마도의 종자'로 '신의 종자'가 아니니 누구 하나 '마코토나루모노(진실된 것)寔成るもの'는 아닌 것이고 '신불로부터 이 땅에 내려온' 것이 아닌 것이다.

이것이 대략적인 창조신화이다. '마도'는 '마법'이라고도 한다. '마도'는 여성을 창조하고 인간은 그 '종자'에서 태어난 것이 된다. 여성을

그림 17 이세신궁(『小学国史』)

오장삼종五障三種[47]의 더럽고 부정한 존재로 보는 일본불교의 영향을 받은 것일까? '마도'가 여성의 창조에 관여하는 점과 인간 전체가 구원 받지 못하는 존재라고 하는 점은 독특하다. 다른 곳에서는 인간은 여래님의 종자를 가진 뇨라이, 즉 여래님의 자식이라고도 하고 있으나 여기에서는 인간의 본성이 '마도의 종자'라고 역설하고 있다. 따라서 주체적이고 능동적인 죄가 있는 것은 아니나, 인간은 본래 마성의 존재 혹은 죄 있는 존재가 된다. 불성이 모든 인간에게 갖추어져 있다는 사고는 없다.

기존의 창조신화와는 다르게, 숙명적으로 이러한 '마도의 종자'인 인간을 구제하기 위해 여래님은 '사바세계(속세)'를 만들어 인간에게 '불도수행'을 시키려 했던 것이다. 그러나 인간은 뇨라이의 자비 깊은 마음을 모르고 '사바세계의 일로 마음이 어지럽'히고 있기 때문에 기노에게 사명이 주어진 것이다. 기노에게는 뇨라이님 다음가는 신인 '석존' 혹은 '석가모니여래의 대신'이 되고 있는 '곤삐라대권영金毘羅大権現'이 옮겨 붙어, 기노의 입을 통해 '후세 일대사의 취할 도리趣道理' 즉, 구

---

47 전통적으로 불교에서는 오장 삼종이라 하여, 여성의 존재를 본질적으로 부정하는 여성관이 존재했다. 오장 삼종이란 여성에게 부여된 될 수 없는 것 다섯 가지와 따라야 하는 세가지 길이다. 즉 여성은 범천왕(梵天王), 제석천(帝釋天), 마왕(魔王), 전륜성왕(轉輪聖王), 그리고 부처가 될 수 없고 어려서는 부모를, 출가하면 지아비를, 늙어서는 자식을 따라야 한다는 것이다.

원의 가르침이 전해졌다. 또한 세계의 모든 신불이 기노를 수호함과 동시에 '일본 국의 고신들'도 옮겨 붙는다. 지고의 신으로서의 뇨라이, 석존, 그 사자가 되는 곤삐라대권

그림 18 메이지 천황을 모신 메이지신궁의 진좌제

현, 아마테라스 황태신궁/가스가 대명신/야하타 대보살八幡大菩薩/메이지 대명신明治大明神 등의 신과 불, 또한 일련종日蓮宗을 시작으로 하는 종조宗 祖들로 구성된 신과 불과 성자의 세계가, 기노가 구성한 코스모로지이다. 이 안에서 기노는 여래로부터 선택되어 곤삐라대권현을 매개로 석존의 말을 전하는 유일한 무녀=영매로서의 지위를 가진다.

나카야마미키의 창조신화는 『오후데사키おふでさき』에도 단편적으로 기입되고 있으나 유력신자에게 '고기古記를 만들라'고 명하여 1881년 (메이지 14)부터 죽음에 이르는 1887년에 걸쳐 미키가 구술하고 신도가 받아 적은 「이세상 처음의 이야기 기술此世の初まりのお噺扣え」, 「신의 고기神の古記」등의 표제가 붙은 많은 필사본 안에서 정리되고 있다. 『진흙바다 고기泥海の古記』라고 총칭되고 있는 것이 그것이다.

덴리교의 신은 덴리오노미코토天理王命이나 『오후데사키』, 「신의 고기」에서는 '쓰키히月日'로 불리는 경우가 많고 또한 단순히 '오야をや', '가미神', '모토노카미元の神'라고도 칭해진다. 여기에서는 1882년(메이지 16)의 사본 「신의 고기」[vii]에 근거하여 미키의 창조신화의 개략적인 내용을 살펴 보도록 하자. 쓰키히는 '자유자재'로 움직이는 '모토하지

그림 19 다이쇼 시기의 덴리교(天理教)

마리노오야(원래 시작의 부모)もとはぢまりのをや’, ‘닌겐하지메모토노오야
(인간 태초의 원래 부모)にんけんはじめもとのをや’, ‘닌겐노지쓰노오야사마
(인간의 실제의 부모님)人間のじつのおや樣’로, 태초의 창조신/인간의 부모
신으로 위치 지워진다.

이 세상은 원래 인간도 세계도 없이 진흙의 바다뿐이었다. 그 안에서
신이라 하는 쓰키히의 양인이(있었을 뿐. 그 월신은) 구니토코타치노미
코토くにとこたちのみこと[48]라는 신이다. 일신은 오모타리노미코토おもたりの
みこと라는 신이다. 그 안에서, 월신이 먼저 있었다. 구니토코(나라의 터)
를 보아 정하여 일신에게 이야기하니 진흙의 바다에 쓰키히 양인만 있으
면 신이라 해도 섬기는 자가 없어 아무 재미도 없으니 인간을 만들고 그
위에 세계를 만들어 수호를 하면 인간은 귀한 보배가 되는 것으로 그 양
기/활기와 유산/행락을 보며 그 외 모든 보이는 것을 상담을 하여 정하
자. 이 인간을 만들기 위해서는 씨앗/못자리가 필요하니 도구 모형/양식

---

48 「일본서기」의 초반부에 기록되는 천지개벽과 함께 최초로 나타난 신＝구니노소코
타치노미코토(国底立尊).

없이는 안 된다 하여 도구 양식을 골라내었다.

원시의 상태는 진흙의 바다이다. 그 안에 쓰키히/월일月日의 신이 있다. 쓰키히는 두 개의 신인데, 그 월신은 남신으로 '구니노코타치노미코토国常立命', 하늘에서는 달이며 용이다. 일신은 여신인 '오모타리노미코토面足命', 하늘에서는 태양이며 이무기이다. 이 두 신이 '원신元の神'이 되어 신으로서 모셔질 즐거움 때문에 밝고 쾌활하며 행락하는 인간과 세계를 창조하고자 서로 상의한다. 인간을 창조하기 위해서는 씨앗과 못자리가 필요하고, 도구와 모형이 없으면 안 된다며 찾기 시작한다. 쓰키히는 진흙의 바다 안에 있는 아홉 동물을 인간을 만드는 도구로 한다.

이 아홉 동물 중, '기교きぎょ라는 물고기'(혹은 인어라고 하는 물고기)에 '샤치호코しゃちほこ'[49]를 남자의 도구로 넣고, 또 '구니토코타치노미코토'의 마음을 불어 넣어 인간의 종자로 하고, '뱀'(혹은 백사)에게 '거북'을 여자의 도구로 하고 '오모타리노미코토面足命'의 마음을 불어 넣어 인간의 못자리를 통해 남자와 여자를 창조한 것이다.

인간의 생사가 몇 번쯤 반복되어 조류/축류 등으로 다시 태어나고, 마지막으로 '원숭이'가 한 마리 남아, 이 '원숭이'의 태내에 깃든 남녀 각각 다섯 명에게서 남녀 두 명이 태어나 오 척까지 성장했을 때 바다/산/천지가 완성되고 인간은 수중을 떠나 지상으로 올라오게 된다. 이 인간창조의 장이 미키가 사는 집이고 '지바じば'라고 불리는 '인간의 친가人間の親里'가 된다.

49 성곽 등의 용마루 양단 장식의 하나로, 머리는 용과 같고 등에는 날카로운 가시가 돋은 물고기의 형태를 하고 있다.

그림 20 덴리교회 본부

그림 21 덴리교의 교조전(天理教·教祖殿)

인간의 종자이며 남자의 모형이 된 '인어'가 '이자나기노미코토いざなぎの命'[50]이고 인간의 못자리/여자의 모형이 된 '뱀'이 '이자나미노미코토いざなみの命'[51]이다. 인어와 뱀을 포함하여 여덟 마리의 동물이 여덟 신이 되고, 쓰키히 두 신을 더한 열 신이 '세상의 원신世の元の神'이라 하여 '천륜대명天輪大命'으로 총칭된다. 남녀의 성적 교류와 벼농사의 농경의례(예를 들면, 아스까니이마스 신사飛鳥坐神社의 '온다마쓰리おんだ祭り'), 이를 의인화한 동물 이미지를 기반으로 하여 창조신화가 나왔다고 추측할 수 있겠다.

'천륜대명天輪王命'의 이름은 모계에서 인간을 재판하는 열 명의 왕 중 하나로, 오도전륜왕五道転輪王에서 유래할 것이다. 덴리교는 초창기에 '전륜왕강사転輪王講社'의 이름을 걸고 '천륜여래天輪如来'의 목조상과 호

---

50 일본신화에 등장하는 창조신이자 일본 천황가의 황조신이다. 아마테라스오미카미와 스사노오, 스미요시 삼신의 아버지이며, 일본 열도의 많은 섬과 신들을 낳았다고 전해진다.

51 아지나기의 누나이자 쌍둥이 남매이며 아내로, 이자나기와 함께 일본을 창조한 신이다. 수많은 신을 낳으나 불의 신인 히노카구쓰치를 낳다가 사망하여 요미노구니로 간 이후, 죽음을 관장하는 여신이 되었다.

시만다라星曼茶羅를 모시고 있었다. 불법에서 '구니토코타치노미코토'는 석가여래, '오모타리노미코토'는 아미타여래/세이시관음勢至觀音으로 나타난다고 하였고, 또한 다른 여덟 신도 많은 신불이나 종조/성자들과 연결되는, 신과 불이 병존하고 착란하는 장대한 세계가 구축되고 있는 것이다.

'원부모元のをや인 이자나미노미코토'의 혼을 가지고 태어난 미키는 또한 쓰키히가 하늘에서 그 몸으로 내려오니 '쓰키히의 사당月日の社'이 된다. "여기 전하는 이야기라는 것은, 미키에게는 인간의 마음이 없으며 아무것도 기억하지 못하고 쓰키히님이 불어넣은 각인을 보고 (중략) 신의 이야기를 전하는 것이다"고 하여 미키를 쓰키히 신의 계승자로 위치시킨다. 미키는 신의 모형/머무는 장소로 선택되었고 인간에게 밝고 쾌활한 양기와 자유로운 행락을 가능하게 하기 위해 가르쳐 구원하고자했다.

3. 구원의 신화와 코스모로지

류젠뇨라이키노의 신불과의 관계에 대해서는 "석가님으로부터 의뢰를 받아 이 분이 석가모니여래를 대신하여 이 가난한 여자에 옮겨 앉아 여자의 입을 빌리니 그 입에서 나오는 것이 공덕의 도리이며, 여자가 자리를 잡으면 세계의 모든 크고 작은 신불이 모두 그 장소로 내려오셔 이 분이 해야 하는 말을 듣고 앉아 계신다"고 하고 있다. 석가모니-곤뻬라 대권현-기노라는 경로를 통해 교통이 이루어진다.

나카야마미키의 신체는 '쓰키히 신의 사당'으로 쓰키히가 머물며, 그녀는 그 가르침을 듣고 전하는 역할을 한다. 쓰키히는 두 신이라 하나 일체이며 쓰키히와 미키 양자 사이에 신불을 개재하지 않고 직접 소통한다.

기노와 미키 모두, 신의 뜻을 전하는 무녀 혹은 영매이며 무녀로서 병을 고치는 영험을 발휘한다. 그러나 이 둘 모두 병을 고치는 것으로 멈추지 않았고 그것으로 만족하지도 않았다.

기노의 경우, "이분은 병을 고치기 위해 오셨지만 하나는 당신들의 의심을 풀어주기 위해, 또 당신들이 병이 없으면 이른바 이 인연을 만나 취할 수 없으므로" 라고 하듯, 병은 신불의 영력을 보여 신심으로 이끄는 계기로 '훌륭한 것'이었다. 또한 병에 걸려 걱정을 하는 것은 '마'가 와서 그렇게 만드는 것으로 '마음을 정'하여 '이번에 잘 되도록 뇨라이님께 부탁하여 두었다고 생각하고, 이를 즐기면서 살면 병은 나아 버린다'고 한다. '무엇이든 다 버리고', '사람을 위하는 마음'이 되어 '내 마음 하나를 고치자'라고 하면서 마음 고치기를 설파하는 것이다.

본디 '좋은 종자'인 인간은 한 사람도 없고 모두 '마도의 종자' '악의 종자'이며, '악을 가지고 온 그 우리 육신'이므로 아무도 극락에는 갈 수 없었던 것이다. 철저한 성악설이다. 따라서 현세에서의 불도수행이 설파되고 '무엇이든 그분에게 맡기는 마음'으로 '그저 뇨라이님께 부탁' 하는 것, 즉 뇨라이님에 대한 절대적인 신심이 구원에 이르는 길이 된다. 현세는 '뇨라이의 세계'가 되는 한편, '사악한 것 뿐'인 '나쁜 곳'이라고도 한다. 그러나 후자가 강조되어 이 세상은 '미법의 마지막 세상'으로 신불수행을 위해 '잠시 머무는 곳'의 의미밖에 가지지 않는 것이다. '좋은 곳'인 극락으로의 구원이 유일한 목적으로 현세는 부정되고 내세가 지향되는 내세주의가 농후하다.

미키의 경우, 병을 고치는 것은 단순한 방편이 아니라 신의 힘을 나타내는 것이다. 그리고 병에 대해서는 독자적 해석을 드러낸다. 『오후 데사키』에 의하면 원래 병이라는 것은 없어, 그저 아깝고 가지고 싶고 귀엽다고 하는 욕망과 거만의 '먼지'에 의한 '마음먹기에 따른 길'에 의해 병이 된다고 하여 '이것만이 병이라고 생각하지 말아라 쓰키히 신이 알아서 하시는 것'이라 하고 쓰키히 신의 자유자재의 움직임을 나타내는 것이 병이라고 했다. 그리고 '지금부터는 어떠한 어려운 병도 마음먹기에 따라서 나을 것이다'며, 인간 자신이 마음을 달리 먹도록 설파하고 있다.

미키는 '이 세상 인간은 모두 신의 자식', '이 세상 모든 것은 쓰키히이며 인간은 모두 쓰키히에게 빌려온 것'이라며 인간을 '신의 자식', '쓰키히에게 빌린 것'이라고 규정한다. 또한 '만대에 세상을 둘러 보면, 세상에 정말 악한 것은 없다'면서 인간의 신성과 선성을 강조하며 성선설을 주장하고 있다. 인간의 여러 감정이나 욕망에 의해 '먼지'가 붙었기 때문에 악한 자가 된다. 이 '먼지'를 털어 내는 것, '마음 청소'로 양기의 마음이 회복된다. 이 '마음 청소'란 죄와 추악함을 쫓아내는 신도적 의례가 아니라 '신에게 의지하는 마음'에 의한 마음먹기이다.

「신의 고기」에서는 '이 세상은 쓰키히 양인의 몸이다'고 하였고 『오후데사키』에서는 '세계는 모두 부모의 몸'이고 '이 세상의 할아버지와 하늘이란 실제의 부모'가 되므로 인간이 신의 자손인 것처럼 이 세상도 신의 몸이 된다고 하였다. 인간이 마음을 고쳐먹으면, 세상이 바뀌는 것에 연동한다. 미키의 경우, 현세는 그 근저로부터 부정되고 있는 것은 아니다. 현세가 꺼려해야 할 것으로 부정된다면 세상을 바꿀世直し 필요는 없으나 인간의 양기로운 삶의 장으로서 현세에서의 행복을 지향

그림 22 1921년 불경죄에 의한 오모토교(大本敎) 탄압

하고 현세주의를 관통하기 때문에 요나오시世直し[52]가 목적이 되는 것이다.

여러 사악한 영들이 인간의 신체 안에 침입함으로써 병에 걸리고 그 사악한 영을 무녀나 기도사의 선영(신불, 수호신, 수호본존)에 의거한 영력으로 구사함으로써 병이 회복되는 것이 병 고치기의 코스모로지이다. 기노와 미키는 이 병 고침의 코스모로지에 근거하여 병 고침을 시작으로 하는 의례를 행하고 있었을 것이다. 그러나 양 교조는 병이나 재액의 해석을 전환시켜 새로운 코스모로지를 꺼내 들고 있다. 마음 고쳐먹기의 코스모로지이다.

기노와 미키 양자 모두 악이나 죄에 대한 해석은 다양하나 이 둘은 가난하고 불행하며 죄가 깊어 구원이 어려운 인간들을 대상으로 가르침을 설파했다. 따라서 구원의 근거를 명확하게 할 필요가 있었다. 이 것이 창조신화로 그 결실을 맺은 것이라고 할 수 있다. 정도의 차이는 있으나 기기신화[53]와는 다르고 천지와 국토 창조를 그다지 중시하지

---

52 막부말기에서 유신초기의 사회개혁사상. 전국적으로 요나요시잇키(世直し一揆)가 일어났던 당시 창창되고 있는 덴리교 등의 민중종교는, 그 교리로서 '요나요시'를 제창하고 있다.

53 712년의『고사기(古事記)』와 720년의『일본서기(日本書紀)』에 수록되어 있는 일본 창조 관련 신화.

않으면서 인간창조에 역점을 둔다. 그리고 지고의 신 혹은 불이 명확해지고 그에 대한 절대적 귀의가 마음 고쳐먹기와 함께 요구된다. 이것이 병 고치기 코스모로지를 재구성한 새로운 치료법, 즉 마음 고치기의 코스모로지였던 것이다.

기노는 내세를 지향한다. 현세는 악의 세계일 뿐이다. 이에 반해 미키의 경우, 내세를 지향하지 않고 신이 이 세상에서 인간의 양기/활기와 유산/행락을 보는 것, 즉 내세에서의 인간의 행복을 지향한다. 인간이 신의 자식이라는 것과 동시에 현세는 신의 신체이며 인간과 세계는 코스모로지컬하게 대응하고 신성시된다. 따라서 인간의 마음 고쳐먹기는 세상 고치기로 직결되고 마음 고쳐먹기의 코스모로지는 세상 고치기의 코스모로지로 확장되는 것이다.

현세를 부정하고 내세를 지향하는 내세주의가 강해지면 현세를 초월하려는 마음 고쳐먹기의 코스모로지가 전개될 것이다. 한편, 현세를 긍정하고 내세를 지향하지 않는 현세주의를 내세운다면 현세를 기점으로 하는 마음 고쳐먹기와 세상 고치기의 코스모로지를 전개하게 된다. 마음과 세상을 중심으로 신불의 코스모로지를 개편/전개하여 새로운 신화를 창창한 것이, 19세기 후반에 일어난 민중종교의 교조인 것이다.

i 　大阪市立博物館編『社寺参拝曼荼羅』
ii 　『光あるうちに』
iii 　『読売新聞』1999年3月12日
iv 　『河北新報』1996年5月16日
v 　「妹の力」『柳田国男全集11』
vi 　『民衆宗教の思想 日本思想大系67』
vii 　中山正善『こふきの研究』

민속의 知의 계보

새로운 민속문화를 생각하다

민속의 知의 계보

제 14 장

민속문화에 대한 시선

1. 혼을 부르는 작법

잊혀지지 않는 텔레비전 영상이 있다. 1983년 5월, 아키타 현秋田県 먼 바다를 진원지로 하는 큰 지진이 일어난다. 이때, 산간지방에서 오가반도男鹿半島 아오스나해안青砂海岸으로 소풍을 와 있던 아이카와미나미合川南소학교의 학생들 45명 중 13명이, 갑자기 덮친 쓰나미에 휩쓸려 사망하는 안타까운 일이 일어났다. 아이들의 사체가 떠오르지 않았을 때, 한걸음에 달려온 모친 중 한 명이 사발을 뒤집어 젓가락으로 두드리며 자식의 이름을 외쳤다. 이것이 텔레비전 영상에 비춰진 연안의 광경이었다. 그해 4월부터 NHK에서는 드라마 '오싱おしん'[1]이 방영되고 있었

---

1 하시다 스가코(橋田壽賀子)의 역사소설로, 1983년 4월 4일부터 1984년 3월 31일까지 NHK아침 드라마로 방영되었다. 슈퍼 체인점 야오한(YAOHAN)의 창시자

고 또한 도쿄 디즈니랜드가 개원하여 방방곡곡에서 화제가 되었던 바로 그해이다.

텔레비전을 통해 인간의 삶과 죽음에 관련된 장면을 종종 목격한다. 어떤 종류의 감개를 느낀다고 하더라도, 그것을 내 몸을 엄습하는 가까운 사건이 아닌 아주 먼 곳에서 일어나는 일로 치부해 버리고 마는 것이, 나의 보통 일상일 것이다. 그러나 사발을 두드리는 광경은 그렇지 않았다. 어머니의 몸짓은 인간의 생존과 관련된 아주 깊은 어떤 것을 알게 해 주었다. 거친 자연 혹은 잔인한 외계에 대항하여 연약한 인간이 할 수 있는 극한의 행위가 아니었을까 생각한다. 이는 또한 평범한 일상을 보내는 중에 언제부턴가 심신 안에 길러져 온 작법이었던 것은 아니었을까.

이 어머니의 모습에서 『잇펜히지리에―遍聖絵[2]』에 나오는 시종의 개조, 잇펜―遍[3]을 떠올릴 수 있을지도 모른다. 포교와 수행을 위해 전국각지를 떠돌던 잇펜은 시나노구니信濃国[4] 오다기리리小田切里 에서 진홍색

인 오싱의 80여 년간의 파란만장한 생애를 다루고 있다. 1901년 야마가타 현 산골 마을에서 태어나 일곱 살 무렵부터 제재소와 정미소, 미용실 등 남의 집 더부살이를 전전한 어린 오싱의 타고난 영리함과 뛰어난 상재, 고난을 극복해 가는 성실함이 많은 사람들의 심금을 울리고 감동을 주었다. 한국에서는 1884년 여섯 권의 단행본으로 번역 출판되었고, 1985년에는 영화로 제작되고 있다.

2 가마쿠라 시대(1192-1333, 鎌倉時代)의 포교승이며 시종의 개조인 잇펜 대사의 일생을 그린 그림 전기. 제자인 쇼카이(聖戒)에 의해 저술되었고 화가인 호겐엔이(法眼円伊)가 그림을 그렸다. 잇펜 사후 10년 만에 완성되어 사료적으로도 높은 가치를 지닌다.

3 일본 정토불교인 시종(時宗)의 개조. 불교가 국가체제 안에 위치되어 승려는 이른바 관승(官僧)으로 민간인들을 위해 불법을 설하는 행위마저도 법으로 금지되어 있었던 가마쿠라 시대에, 진정한 불법 설파를 위해 체제에서 뛰쳐나와 집도 절도 없이 떠돌아 다니며 가난한 민중을 도와주고 유행(遊行)을 실천하는 히지리(聖)로서 평생을 일관했다.

4 현재의 나가노 현(長野県).

바리때를 들고 젓가락으로 두드리며 오도리넨부쓰踊念仏[5]를 시작했다. 이 흐름을 이어 표교/수행하는 히지리聖[6]들이 오도리넨부쓰와 함께 바리때를 두드리는

그림 1 바리때를 두드리며 춤을 추는 잇펜과 그 제자들(『一遍上人絵伝』)

작법을 전국 각지에 전했다고 한다. 바리때 때리기는 잇펜이 창시한 것은 아닐 것이다. 잇펜보다도 훨씬 이전에 틀림없이 민간에서 전승되고 있다.

더 거슬러 올라가면, 기기신화[7]에서 아마테라스가 동굴에 숨었을 때, 아메노우즈메アメノウズメ[8]가 나무통을 눕히고 그 위에 서서 발을 굴러 울렸다고 전해진다. 헤이안 시대의 진혼제에서도 무당이 빈 통을 눕히고

---

5 가락을 붙여 염불을 외우면서 징과 호리병박 등을 두드리며 춤추는 것=구야오도리(空也踊り).
6 국가 체제 안에 머물지 않고 민중을 위한 불법설파를 위해 전국을 떠돌아 다니며 민중과 함께했던 이들을 저잣거리의 성인이라는 뜻으로 이치히지리(市聖)라고 불렀고, 이를 줄여서 히지리(聖)라고 한다.
7 고사기(古事記)와 일본서기(日本書紀)에 나오는 일본의 창조신화.
8 일본신화에서 스사노오의 횡포함에 태양의 신인 아마테라스 오미카미가 동굴로 숨어버려 온 세상의 빛이 사라져 깜깜해졌을 때, 여러 신들이 모인 동굴 앞에서 아메노우즈메는 비쭈기나무(사카키, 榊)로 몸을 장식하고 모닥불을 피운 후, 통을 뒤집어 단상을 만들어서 몸을 드러내며 춤을 추었다. 그 모습에 여러 신들이 크게 웃어 아마테라스가 호기심에 동굴 밖으로 고개를 내밀었고, 이때를 틈타 동굴 밖으로 끌어낼 수 있었다고 한다. 신도 의식인 가구라(神楽)에 사용하는 고전적인 음악과 춤은 아메노우즈메의 행동에서 유래했다고 전해진다. 가구라의 여신, 춤과 예술의 신으로 알려져 있다.

그 위에 서서 사발로 쳤다. 궁정 왕권 의례 중에 행해진 혼 흔들기魂振り, 혼 재우기魂鎭め, 초혼招魂(혼 부르기魂呼ばい)의 의례였다. 안이 텅 빈 용기를 치며 혼을 불러 들이는 행위는 오도리넨부쓰에 의해 전승되는 한편, 언제부턴가 민간 속으로 파고 들었다.

2. 기억의 저편에서

그 어머니는 사발 바닥을 두드림으로써 자식의 시체가 떠오르는 것을 바랬던 것일까. 혹은 일찌감치 자식의 죽음을 받아들이고 그 혼을 불러 들여 짧은 생을 마친 자식의 혼만이라도 데려가려 했던 것일까. 확인할 수는 없지만, 둘 다 생각해 볼 수 있다.

이 어머니의 사는 곳이 내륙 혹은 산간지방이라고 해도, 수난자를 찾는 의례적인 방법 정도는 알고 있었던 것이라고 추측할 수 있다. 또한 생과 사의 갈림길에 놓인 자의 혼을 불러 들이는 관습이 이전부터 있었다고도 볼 수 있다. 이 관습은 언제부터인가 없어지고 있었으나, 위기적 상황에 조우하면서 기억의 저편에서 끌어 올려졌다. 나는 이전에 이를 '위기의 민속'이라고 부른 적이 있다. 언제 어디서인지 모르지만 아마 어렸을 적에 눈으로 보았거나 조부모나 양친이 하는 모양을 따라서 했을 행동, 그것이 돌연 분출된 것이라고 생각한다.

현재에는 임종이나 장례식에서 이러한 작법을 행하지 않는다. 극한 슬픔 속에서 행할 수 있었던 유일한 행위였던 것이다. 그 정도로 절박한 마음으로 다하지 않으면 안 되는 일이었다. 단순히 뇌리에 축적된 지식이 아닌 신체 안에 아로새겨진 기억의 깊은 저편에서, 그야말로 안

절부절 못하는 마음으로 자신도 모르게 저절로 분출된 것이 아니었을까?

이는 민속문화라는 개념으로 인식 가능한 행동인지도 모른다. 그러나 이 개념에 포섭되기 전에 사발바닥을 때

그림 2 구야넨부쓰오도리(空也念仏踊り[9])
(福島県河沼郡河東町八葉寺)

리는 몸짓 그 자체에 대한 '이해'가 반드시 필요하리라. 민속성이라거나 문화성, 혹은 종교성이라는 식으로 분절시켜 분석하는 것이 아니다. 이 어머니/여성이 살고 있는 현재 안에서 물음을 던지는 것이 중요하다.

이러한 행위가 모친의 현재와 연계/단절되며 일순간이지만 구축되는 하나의 세계, 바로 여기에 테마를 설정하는 것으로 명확해지는 영역이 있을 것이다. 이는 사발과 젓가락이라는 도구를 갖추면서 구성되는 매우 단순한 세계이다. 하지만 말할 것도 없이, 말로는 표현하기 어려울 뿐 아니라 무엇보다도 여간해서는 타자의 개입을 허용하지 않는 세계이다. 이 여성이나 우리들을 포함한 인간의 존립을 뒷받침하고 그 역사성을 새겨 넣어왔던 신체 혹은 심신에 배양된 것이 거기에 있다.

이를 단지 무의식 혹은 심층의식이라고 말한다면, 심리에 치우치기 쉬워 무엇 하나 딱 떨어지지 않는다. 신념과 실천 혹은 지혜와 기법이

---

9 구야오도리(空也踊り)=오도리넨부쓰(踊念仏)=구야넨부쓰오도리(空也念仏踊り), 각주 5 참조.

라고 말하면 좋을지도 모르지만, 이분화함으로써 포착하지 못하는 것이 많아질 것이다. 여기에서는 행동/실천으로 나타나는 신체/심신에 배양되어온 관념과 작법의 복합태를 '민속의 지知'로 부르기로 한다. 이 여성의 사발 밑을 때리는 행위는 너무 돌출되어 전형적이라고는 할 수 없겠지만, 심신 안에 축적되어온 '민속의 지'의 실천으로 볼 수 있다.

3. 야나기타 구니오의 작법

'민속의 지'에 있어, 어떠한 방법론을 생각할 수 있을까? 민속학의 창시자로 불리는 야나기타 구니오의 저작을 실마리로 파헤쳐 보자.

야나기타는 『민간 전승론民間伝承論』에서 '자료의 채집'을 중시하며 민간전승의 자료를 분류하는 방법적인 틀을 제시하고 있으나, 이는 민속학적 조사/연구의 방법론으로도 읽힐 수 있다.

첫 번째, 여행자학旅人学이라고 이름 붙인 '눈에 보이는 자료', 생활외형/눈의 채집, 여행자의 채집, 생활기술지.

두 번째, 기우자학寄寓者の学 으로 이름 붙인 '귀에 들리는 언어자료', 생활해설/귀와 눈의 채집/기우자의 채집, '언어의 지식을 통해 배울 수 있는 것'.

세 번째, 동향인학同郷人の学이라고 이름 붙인 '가장 미묘한 심의감각에 호소하여 비로소 이해 가능한 것', 생활의식/마음의 채집/동향인의 채집.

제1군에는 눈에 보이고 생활에서 나타나는 유형문화 혹은 생활기술지, 생활의 제상을 포함하고 일반 관습을 이것이라고 한다. 제2군에는 언어예술 혹은 구승문예가 들어간다. 제3군은 '심의 제현상'이다. 이른바 속세적 신앙 혹은 종교뿐만 아니라 생활 양식/생활 해설/생활 관념이라는, 생활상 행동의 기반이 되는 의식/사

그림 3 스가에마스미(菅江眞澄)의 묘지(秋田市)

고가 포함되는데 야나기타는 이를 무엇보다도 중시했다.

야나기타의 분류법/방법론의 특징은, 무언가를 알기 위한 미디어로서 신체, 그 중에서도 신체감각 혹은 심신감각을 동원하고 있다는 점이다. 자신의 눈으로 보고 귀로 듣고 마음으로 느끼는 것을 중요하게 보고 그 각각에 어울리는 방법이 있고 또한 채집자가 있다고 하였다. 이는 야나기타 자신의 연구, 특히 여행의 체험에서 방법화되어 구성된 것으로 보인다.

『청년과 학문青年と学問』에서, "뭐냐 하면 잘 돌아다니는 것은 단순한 호기심이라기보다 강한 구체적 목적이 나도 모르는 사이에 그렇게 만드는 것은 아닐까. 즉 여행을 하면 사람을 알게 되고 사람은 또 언제나 우리에게 흥미 깊은 과목이므로 저절로 끌어당겨지게 되는 것이 아닐까"라며, 야나기타는 '사람을 아는' 것에 여행의 목적을 두었다. 사람과의 만남, 교류야말로 가장 매력적이기 때문에 우리가 여행에 매혹당하는 중요한 이유라고 한다.

현재 많은 사람들이 해외여행을 가고 있으나 에도 시대의 스가에 마스미菅江眞澄[10]처럼 인생을 여행으로만 보내는 사람은 없다. 우리들의

여행은 '나도 몰래 끌어당겨 지는 것'과 같은 '사람을 아는' 여행과는 거리가 멀다. 그러나 방법의 요점에 여행을 두는 것은 넓은 의미의 '교통' 혹은 교류를 다르게 포착하는 계기가 된다.

4. 미디어로서의 신체/타자와의 교통

야나기타가 말하는 것과 같은 여행을 벌써부터 목표로 할 필요는 없다. 그러나 우리 자신의 여행 경험을 성찰해 볼 필요는 있을 것이다. 야나기타의 시대와 비교하면, 현재는 여행 그 자체가 변질되고 있다. 여행의 도구 혹은 미디어가 신체에서 기차, 전철, 비행기로 변했다. 이는 '사람을 아는' 미디어가 화려한 매스미디어로 이행되어 버려서 '사람을 아는' 여행이 무용해졌다는 것은 아니다.

테크놀러지와 매스미디어에 깊이 사로잡힌 지금에야말로 더더욱, 우리들의 신체 앞에 도정 없이 펼쳐지는 현대의 풍경 안에서 어떤 '저절로 끌어당겨지는' 방법이 있을까를 돌아보는 것이 중요하다는 것을, 야나기타의 '여행의 작법'을 통해 알 수 있다. 이는 현재 우리들의 신체를 '교통' 안에서 어떠한 미디어로 조직화 해가는가, 그리고 어떠한 말로써 타자의 신체와 마주하는가, 자기자신뿐 아니라 사람들의 신체에 의해 이루어지는 관계성을 향해 헤치고 들어가는 방법을 새로이 구축

---

10 1754-1829, 에도 후기의 여행가로 민속학의 선구자로 일컬어진다. 본명은 시라이 히데오(白井秀雄). 미카와(三河) 출신으로 국학, 와카(和歌), 약학을 배웠고 시나노(信濃), 도후쿠(東北), 에조치(蝦夷地)등을 여행하여 그 기행을 『마스미유랑기(真澄遊覧記)』로 정리했다.

하기 위한 문제제기로 읽을 수 있다.

야나기타는 여행자=눈, 기우자=귀(+눈), 동향인=마음이라는 식으로 민간전승의 채집자와 그 미디어를 연결한다. 야나기타에 따르면 우리는 그저 기우자라는 위치까지만 이를수 있다. 그러나 신체를 미디어로 하는 타자와의 '소통'은 늘 가능하다. 야나기타의 방법론은, 어떤 의미에서는 타자와의 '소통'을 배제한 분류법/방법론이다. 채집자 자신의 일방적인 눈, 귀, 마음만을 중시한 그 미디어의 한계가 지적되지만 타자와의 '소통'에 의한 비판적인 계기는 문제 되지 않고 있다.

보거나 듣거나 느끼는 순간에 타자와의 '소통'의 요소, 무엇보다 인식의 미디어로서 언어를 개입시키는 것은 불가결하다. 말하는 언어뿐 아니라 듣는 언어, 기술하는 언어를 음미하는 것, 이것이 미디어로서의 신체가 가지는 대타적/자기비판적 계기가 된다. 그리고 여행이거나 잠시 머무는 기우이건 간에, 그 '장'과의 거리는 타자를 대상화함과 동시에 스스로도 대상화하므로 역으로 중요한 계기가 될 것이다. 우리에게 여행의 가능성은, 미디어로서의 신체를 타자와의 '교통'을 통해 단련시키고, 끊임없이 재구축하는 것으로써 설정 할 수 있다.

▎교통의 형태 ▎

그림 4 걷다(편로)

그림 5 가마를 타다

그림 6 인력거를 타다

그림 7 기차를 타다

그림 8 배를 타다

그림 9 자동차를 타다

그림 10 전차를 타다

그림 11 비행기를 타다

그림 12 「소녀의 탈 것」(주사위놀이)

┃미디어의 형태┃

그림 13 신문

그림 14 신문사

그림 15 월간잡지 (태양『大陽』)

그림 16 월간지(『주간 마이니치(週刊每日)』)

그림 17 「우편전화」(주사위놀이)

그림 21 광고(총에 맞아도 멈추지 말라『撃ちてし止まむ』)

그림 18 그림엽서(총후에서 전장으로 보내는 위문용 그림엽서, 中原淳一)

그림 19 전장에서 병사가 보낸 편지

그림 20 사진

그림 22 영화(「迎春花」)

그림 23 전화

그림 24 라디오

그림 25레코드

그림 26 텔리비젼

그림 27 워크맨

5. 역사의 구상과 기술법

한편으로 야나기타의 분류법/방법론은 단편적인 문서사료에만 의거하는 역사학에 대한 비판에서 나온 방법론이기도 했다. 문서사료는 권력의 디스쿠르(언설)에 둘러싸여 있다고 야나기타는 비판한다. 그는 문서화할 정도의 가치도 없다고 하여 기술되지 못했을 뿐 아니라, 역사학의 대상으로도 생각하지 않았던 민중의 생활을 역사의 대상/기술에 불가결한 중심적 과제로 설정한다. 문서사료의 배경에 숨은 혹은 이를 능가할 정도로 사람들의 신체에 배양된 구승문화의 세계에 착목한 것이다.

『민간 전승론』에서 "우리들의 눈앞에 매일 나타나서 사라지고 사라지고 나타나는 사실, 즉 내가 말하는 현재 생활의 횡단면의 현상은 각각 그 기원이 다르다. 이런 점에서 볼 때, 모든 일과 현상은 횡의 역사자료를 종으로 배열한 것과 같다고 할 수 있다. 나는 이 횡단면의 자료로도 훌륭하게 역사를 쓸 수 있다고 믿는다. …… 나처럼 역사란 현재의 생활을 설명하는 학문이라고 알고 있는 자에게는 이 횡단면에 나타나는 모든 현재 생활상이 무시될 수 없다. 우리는 눈으로 본 것을 중시하고, 이를 제1의 자료로 한다"며, 현재 안에서 역사를 구성하는 가능성을 자신감 있게 표명하고 있다.

야나기타는 문서사료의 사용을 부정한 것이 아니며, 텍스트비평[11]을 통해 민중상을 부각시키는 것이 가능하다는 것을 몰랐던 것이 아니다. 그가 문제시한 것은 문서사료에만 의거하여 그 정치성을 고려하지 않

---

11 Textual criticism, 정본을 정하기 위해 원고, 사본, 여러 간행본 등을 교정, 연구하는 것.

았던 그때까지의 근대사학적 역사 구성과 기술의 방법이었다. 현재 생활의 제현상 안에서, 고대에서 근대에 이르기까지 그대로 배열되고 있다고 보는 역사의식은 당장은 문제가 되지 않는다. 이 문장을 역사인식법의 전환으로 읽어낼 수 있을 것이다.

문자화된 언설이 가지는 힘 혹은 그 객관성/자명성에 의심을 품고 역사구성 그 자체의 변혁을 요구한 것이라고 할 수 있다. 현재란 근대사/현대사라는 분야로 구별/분류되는 것이 아니다. 현재를 역사의 단층으로 새로이 인식하는 것, 과거는 여분의 것을 떨쳐내어 정형화시키거나 부정해야 할 잔재가 아니라 성찰해야 할 현재로 존속하고 있다는 점, 현재의 여러 현상은 하나의 기원에서 발전한 형태로 고정화되는 것이 아닌 각각 다른 기원을 가지고 연속 혹은 단절되고 미래를 향해 이어지는 자료로 인식된다는 점, 이러한 점들을 야나기타의 문장에서 이끌어낼 수 있다.

야나기타에 의하면 '여행의 작법'과 문서사료 혹은 문서를 읽는 방법이란 상호보완적 혹은 병렬회로(병존)적이다. 민간전승의 채집은 문서사료의 보완/보충에 그치지 않고 보다 적극적으로 문서사료를 상대화하고 본문 비평, 나아가 자료 그 자체의 다원화로 추진된다. 말하자면 '관'적인 문서사료의 계급성=문자의 권력과 '민'적인 전승의 신체성=언어의 힘을 대립시키는 것이 아니라 양자를 대치하면서도 상호연관하는 것으로 문서/채집의 정치성/사회성을 고려한 비판적 방법론을 구축하는 것이 가능하다고 제기한 것이다.

예를 들면, 이러한 것들로 에마키모노絵巻物[12]나 에조우시絵ぞうし[13]를

---

12 가로로 긴 두루마기, 즉 마키모노(巻物) 형식으로 이야기와 그에 관한 삽화를 두루마기에 그려 넣는다. 역사, 전설, 종교 관련 소재를 가로로 긴 두루마리 위에 시간

시작으로 하는 회화자료, 근대의 사진/영화라는 시각사료/영상자료, 종이나 악기, 음악뿐 아니라 레코드 등의 음향자료 등이 눈, 귀, 마음이라는 신체의 인식미디어를 통해 문자의 전제성을 뒤엎는 자료로 사용될 수 있다.

나아가 중요한 것은 문서와 고독하게 마주하는 것이 아니라 신체/심신을 통해 보고(관찰), 듣고(청취), 느끼는(감응) 뛰어난 대타적 관계성을 중시하는 것이다. 야나기타는 "우리 학문은 결국 세상을 위하고 사람을 위하는 것이어야 한다. 다시 말해 인간생활의 미래를 행복으로 이끌기 위한 현재의 지식이고, 현대의 이상함에 의심을 가지고 이를 해결하기 위해 과거의 지식을 필요로 하는 것"이라 하며, '향토인 자신의 자기내부의 성찰'을 궁극적인 목적으로 하였다. 그리고 나름대로의 관심과 의문을 가지고 타자의 기분을 고려하고 공감하며 타자와 접하라고 가르쳤다.

의 흐름에 따라 서서히 장면을 달리하여 그리는 형식으로, 중세 시대의 서민 생활 등을 예술적이며 사실적으로 묘사하고 있어 그 일부는 현재에도 매우 높이 평가되고 있다. 현존하는 가장 오래된 에마키는 735년에 그려진 것이고, 대체로 가마쿠라시대(1192-1333)와 그 이후에 상당히 유행했다.
13 에도 시대 희안한 사건 등을 그림으로 그려 한 두 장의 종이에 인쇄한 흥미위주의 책, 매 장에 그림이 들어있는 목판본의 소책자.

민속의 知의 계보

제 15 장

'민속의 지'를 파헤치다

1. 심신의 실천

야나기타 구니오는 '현재의 지식'을 파헤치는 것이 민속학의 목적이
라고 했으나, 이는 우선 신체/심신, 눈/귀/마음이라는 감각/지각의 미
디어와 함께 이를 역으로 감각/지각의 대상으로도 근본에 두지 않으면
안 된다는 것을 의미한다. 감각/지각하는 주체로서의 신체와 그 대상으
로서의 신체와의 관계성, 이는 타자와의 관계성 안에서 끊임없이 자신
을 묻는 것에서부터 시작된다. 일단 눈/귀/마음이라는 감각/지각의 미
디어를 가지는 매우 구체적이고 문화적인 컨텍스트로 나타나는 신체-
주체로서의 자신이 그것이다.

야나기타의 표현을 빌리자면, 신체라는 발굴되지 않은 '과거의 지
식', 수장고인 필드를 탐색하면서 '현재의 이상함'을 묻는 자신이 바로

그것이다. 따라서 자기의 신체/심신을 묻는 주체의 구축으로 '민속의 지' 탐구의 테마를 새로이 설정할 수 있다.

'민속의 지'의 중핵적인 담당자로서 신체/심신을 위치 지우는데 있어 불가결한 그 방법론적/인식론적 위상에 대해 생각해보자.

'민속의 지'의 담당자는 우리들의 신체 그 자체로, 이는 신체의 행동을 통해 표출된다. 이 행동은 일상적인가 비일상적인가에 상관없이 사회적으로 일정하게 패턴화되었거나 제도화된 것이라는 특색이 있다. p.부르디외의 표현에서 모방하면 이는 실행(연습)=관습적 실천이라고 부를 수 있고 혹은 달리 말하면 몸짓(혹은 마음 떨림), 의례적 행위라고도 말할 수 있다.

따라서 의식적이지 않은 면도 있으나 전혀 무의식적이라고도 할 수 없다. 의식/무의식으로 이분화되는 것이 아니라 의식적이기도 하고 무의식적이기도 한 '자기자신으로부터' 생성되는 신체 행동, 심신의 실천이 그것이다. 즉 심신이란 순수하게 생물학적이지도 않고 비유적으로 '자연적'이지도 않은 사회/문화적 연동체인 것이다. 이와 같은 의미에서 심신은 일정의 사회/문화적 구성체이고 계속 생성중인 '관습의 생명체'로 구상되고 있다.

이러한 관점에서 심신을 파악하면, 다음으로 물어야 할 것은 그 운영이 실천을 낳는 메커니즘으로, 이는 심신과 그 존립기반인 장소와의 연관성에서 문제가 된다. 사람과 사람이 관계하는 사회적 세계, 그것이 심신이 존립하는 장소이다. 신체를 중추로 하는 시점에서 보면 사회적 세계는 엄격하고 객관적인 사회구성만으로 환원되지는 않는다. 사람들의 신체를 매개로 하는 사회적 관계로부터 심신의 행동을 기제하는 사회구성이 성립하고 사회적세계가 구성된다고 파악할 수 있다. 즉 의

그림 28 농부

그림 29 상인

식이나 지향성만으로 환원되지 않는 심신의 운영이 사회적 관계와 사회구성을 연계하는 회로가 되고 우리들은 실천을 통해 그 사회적 세계를 살아가는 것이다.

2. 심신의 역사적/문화적 구성

이 사회적 세계라는 무대에서 사람들은 극히 평범한 하루하루를 반복하나 때로는 어떤 장면에서 특이한 행위가 행해지는 일도 있을 것이다. 그렇다고는 하나, 어느 쪽이라고 해도 이는 신체 그 자체와 함께 사회적 세계라는 장의 구성으로도 규제된다. 이처럼 우리들의 행위는 장의 구성에 구속되면서 동시에 이 장이 유발하는 심신의 행동이다. 늘 그렇지는 않지만 장소의 규제를 의식적으로든 무의식적으로든 느끼지 않을 수 없는 것이다.

이는 장소가 시간적 및 공간적으로 규정되어 있을 뿐만 아니라, 역사

그림 30 장인

그림 31 노동자

/문화적으로 구성되어 있기 때문이다. 또한 우리들의 신체 그 자체도 역사/문화적으로 구성되어 있을 뿐 아니라, 역사/문화적으로 규제되고 있다. 따라서 심신에는 역사/문화적인 각인이 깊이 새겨져 있다. 여기에 심신의 운영이 실행=관행적 실천으로 나타나는 인식론적 근거가 있다.

이러한 심신의 실천을 구성하고 규제하는 정치/문화적 기반=매트릭이 되는 것이 여기에서 말하는 '민속의 지'라고 새삼스레 말할 수 있겠다. 도식적으로 말하면, 심신에 내재된 '민속의 지'가 신체를 매개로 하여 실천으로 표상되는 것이다. 이는 종교/문화에 의해 구성되는 의미세계의 규범과 동일시되어서는 안 된다. 의미세계와 실행=관습적 실천을 접목시키는 것으로 '민속의 지'가 있는 것이다.

우리들의 신체에 새겨진 역사/문화적 기억, 여기에 '민속의 지'의 영역을 설정해 볼 수 있다. '민속의 지'라는 표현에 의해 일견 불변의 것으로 생각될 수 있는 신체에 아로새겨진 의례적이고 형식적인 신체 기법과 같은 고정된 이미지뿐만 아니라, 끊임없이 사회적으로 구성되는

그림 32 예능인

역사적/문화적인 변용을 받아온 신체에 관련하는 기법/작법이나 구성의 복합적인 이미지를 환기시키고 싶다.

3. '민속의 지'의 회로로서의 신체/언어/마음

심신을 기축으로 하는 '민속의 지'의 모델을 다음과 같이 구상해보자. 마음(심성/정신)과 신체(육신)는 그리 쉽게 둘로 나뉘어 질 수 있는 것이 아니다. 그러나 신체와 정신을 이분화시켜 각각 독립된 영역으로 보는 견해가 많이 나오고 있다. 생물학적인 의미에서의 물체 또는 의식의 움직임과는 관련되지 않는 본성을 갖춘, 생물학적 생체로서의 신체/육신을 생각하지 못할 것도 없다.

그러나 육체의 고통 혹은 본능조차 문화적으로 조절/규제되는 것도 사실이다. 물질로서의 신체는 마음과 몸을 이분화할 수 없는 복합적 양

그림 33 출전병사   그림 34 군인

상을 강하게 보인다. 여기에 초점을 맞추는 것으로 물질로서의 신체를 사회/문화적인 미디어로 보는 지평을 열 수 있을 것이다.

물질로서의 신체는 사람과 사람의 관계성 안에서 어떠한 행위로 표현된다. 여기에는 여러 신체의 모습, 표현의 레벨이 있다. 나는 여기에서 신구의(身口意)라는 매우 평범한 관용어에 착목하고 싶다. 즉 '신체', '언어', '마음'이다.

야나기타 구니오는 눈/귀/입의 세 가지 레벨에서의 분류/채집법을 제기했다. 이에 조응하여 심신이 이분화 불가능한 하나의 사회적/문화적 미디어인 점을 고려한다면, 그 운영도 분석상 '신체', '언어', '마음', 의 세 가지 레벨에서 파악할 수 있을 것이다. 그 각각이 서로 연관되기도 하나 별개의 것이기도 한 심신의 운영은, 이 세 가지 레벨에 근거하고 있다. 즉 '민속의 지' 편성의 세 영역으로서 '신체', '언어', '마음'을 설정할 수 있는 것이다. '언어'를 매개로 하여 '신체'와 '마음'에 축적되어 있는 '민속의 지'를 회로로 하여 신체의 운영 실천이 행해진다고 말할 수 있다.

그림 35 애보기

그림 36 직업부인(타이피스트)

　말할 것도 없이 심신은 단독으로 존재하나, 거의 대부분의 경우 심신은 타자의 신체와의 관련성 안에 있다. 사회적 관계, 젠더, 가족, 직업, 지역이라는 여러 레벨에서의 역할이나 사람과의 관계성 혹은 '연대감' 안에서 심신은 키워지고 살아간다. 사회적 세계는 이러한 타자와의 관계성 안에서 구성되고 존립/존속한다.

　사람들이 행하는 실행=관습적 실천에서 그 기반이 되는 '민속의 지'는 이 사회적 세계를 존속하게 하는 커다란 요소라 할 수 있다. 사회적 세계를 자명한 것으로 보고 어떠한 의심도 품지 않고 산다면 그 실천과 '민속의 지'에 어떠한 변화도 일어날 수 없다. 자명하게 보이는 사회적 세계의 의미세계에 내속하는 사회적 신체=주체를, '민속의 지'는 형성할 수 없는 것이다.

　이러한 의미에서 '민속의 지'는 사회적 세계를 유지하는 가장 근본적인 요소이다. 이러한 관점에서 '민속의 지'를 파악하면 이데올로기/권력론을 사정거리 안에 넣는 시야가 가능해 질 것이다.

　하지만 '민속의 지'는 변하지 않는 것도 아니고 사회적 세계 유지에

그림 37 여공　　　　그림 38 직업부인(차장)

만 기여하는 것도 아니다. 때때로 사회적 세계 혹은 민속사회는 마쓰리
나 의례에 의해 뒷받침되는 종교적이고 사회적인 의미세계/추상적 세
계의 습격을 받아 조화/안정하고 통합되는 시스템으로서 모델화되기
쉽다. 이러한 정태적 모델을 비판적으로 받아들이면서 심신을 기축으
로 하는 '민속의 지'론은 새로운 시각을 제기한다. 미시적 시각이지만
그 담당자의 여러 모습을 둘러싸고 새로운 문제설정을 가능하게 하는
것이다.

　개별적인 경우에도 집단적인 경우에도 '민속의 지'의 담당자는 사회
와 등호로는 결합하지 않는다. 특정 집단에 의해 행해진 '민속의 지'가
지배적인 권력의 언설과 맞서거나 혹은 대항할 때, 그에 근거하여 발동
된 실행=관습적 실천이 사회적 세계를 변혁시키는 운동으로 전환된다.
즉 '민속의 지'는 신체를 사회의 권력관계에 구속시키는 동시에 어떤
상황에서는 권력 관계를 감추는 사회적 신체를 생성하기도 한다. 이러
한 의미에서 '민속의 지'는 매우 상황적이라고 할 수 있다.

그림 39 여자 예능인

그림 40 모던 걸

4. '민속의 지'의 편성

'신체', '언어', '마음'에 축적된 '민속의 지'는 관습적 행위, 또는 의
례적 행위를 통해 스스로, 혹은 별로 좋은 표현은 아니나 무의식적으로
표출된다. 대부분의 경우 일상생활/노동에서 필요한 행동은 언어로 가
르쳐지는 것보다 신체를 통해 기억된다. 그리고 일정 혹은 특정 자세나
리듬, 신체기법이 일, 노동의 종류, 계층/지위의 차이에 따라 문자 그대
로 체득된다. 얼굴/손/다리/가슴 등의 신체에 각인된 이른바 '몸에 익
음'을 이 '신체의 지'는 모방해간다.

남자나 여자라는 젠더에 의한 몸짓이나 행위, 양자의 신체적 배려의
방식 혹은 교제법, 특히 성애의 기법은 '신체의 지'로 습득되는 것이다.
또한 이와 함께 '언어의 지'로도 '마음의 지'로도 계승되어왔다는 것을
잊어서는 안 된다. 사랑이나 연모를 노래한 동요, 성애의 세계에서 빚
어지는 색정에서 이를 엿볼 수 있을 것이다.

병은 말할 것도 없이 육신의 고통에 그치는 것이 아니다. 마음이 아

그림 41 팔려가는 농촌 소녀들　　　　그림 42 5월의 노동제에서 연설하는 여공

프기도 하다. 고통이나 병은 심신에 기억되고 '신체의 지'로 키워진다. 그러나 이뿐만 아니라 병의 의미 규정이 이루어지고 나아가 병의 해석/설명을 행하는 의미세계라고 부를만한 것이 형성된다. 이로써 일정한 병의 방식이 결정될 뿐만 아니라 병에 대한 대처법도 경험적/집합적으로 나오게 된다. 이는 절대 불변의 것이 아니다. 예를 들어 서양 근대의학과 같은 새로운 지식이나 기술의 도입에 의해 재편되거나 변화가 생겨나 새로운 '지'가 '신체', '언어', '마음'의 양상에서 창출되기도 한다.

　싸움이나 언쟁, 투쟁에서 보이는 때리는 법이나 도구/무기의 사용법, 야유, 모욕, 차별, 규탄의 방식이나 언어, 울기/웃기에서도 '신체', '언어', '마음'의 '지'를 이끌어낼 수 있다. 생활/노동의 장면에서도 같다. '신체' '언어' '마음'이라는 이 심신의 세 양상은 서로 연동한다. 상황에 따라 개별적 실천으로 나타남과 동시에 공동적/집합적인 행동양식으로도 발휘된다.

　'민속의 지'는 보통 일상의 생활/생산의 장면에서 나타나나, 이것이 가장 드라마틱하고 전형적으로 발휘되는 것은 의례의 장면일 것이다.

그림 43 산리즈카(三里塚)[14]에서 투쟁 중인 여성

예를 들어 종교적 의미세계가 애매하거나 희박하다고 하더라도, 이른
바 '예로부터 내려오는 습관'인 관습적인 몸짓이 '신체', '언어', '마음'
에 의해 다이나믹하게 계속 재연되고 일정한 권위 아래서 변함없는 질
서가 인정되기 때문이다. 따라서 개개의 신체는 집단 또한 공동체의 권
위 아래 위치하고, '신체', '언어', '마음'에 물든 '민속의 지'의 불변성/
항구성이 한층 강화되어 심신에 착 달라붙게 되는 경우도 있다.

유념해야 할 것은 '예로부터'라고 하지만 절대로 옛날부터 존속해온
것이 아니라는 점에 있다. 말할 것도 없이, 어떤 사물과 현상의 역사적
기원을 명확히 하는 것은 불가능하다. 근대사회에서 새로이 형성된 것
이라고 할지라도 시간의 경과와 함께 과거를 망각하고 혹은 은폐함으
로써 '예로부터' 내려온 것으로 유통되는 경우도 있다. 이른바 '전통의
창조'이다. '구습'이라는 이름 아래 예전의 의례가 부활하거나 전통을
가장하여 새로이 창출되는 것이다.

14 1966년 도쿄 나리타시(成田市)의 국제공항건설에 반대하는 농민과 학생연대가 정부와
    대치한 산리즈카(三里塚)투쟁은 일본현대사에서 가장 격렬한 민중운동으로 꼽힌다.

그뿐 아니라, 근대의 새로운 스타일에 대항/부정 하기 위해 '옛 것'이 '민속의 지'로 반출되는 경우도 있다. 과거와 단절되고 있음에도 불구하고, '예로부터의 풍습'이라 하여 이른바 신화적인 영속성을 자명시함과 동시에 공동의 보편적인 것으로서 확실한 정당성이 암묵 중에 주장되는 것이다.

따라서 '민속의 지'는 단순히 생활의 지혜라거나 민속의 지혜라는 순박하고 믿음직스러운 처세술이 아니다. 후술하겠지만, 절대 그러한 측면을 부정하는 것은 아니나 사람과 사람의 연결 안에서 행해지는 사회적 힘, 거기에서 생성되는 권력관계를 내재하고 있는 '지'로 파악하지 않으면 안 된다.

사람들의 어떤 종류의 행동을 배제/제한 혹은 강제하는 법도/규범, 역으로 말하면 통합/단결을 강제하는 규범을 쉽게 떠올릴 수 있을 것이다. 예를 들어 근세의 촌락사회에서 보이는 무라하치부村八分[15] 라는 제재의 방식, 잇키의 차림새나 행동양식, 미야자宮座[16], 도야党屋[17]와 같은 제례조직에서 보이는 질서원리가 그것으로, 현재에도 적지 않게 존속되고 있는 것들이다. '민속의 지'는 사회적 연대와 사람들 간의 '정'으로 공유되고 사람들에게 자발적으로도 강제적으로도 영향을 준다. 따라서 이는 사회관계를 정당화하는 권위를 보완하고, 권력관계에 짜 넣어진 종교적인 의미세계/코스모로지 혹은 사회적인 이데올로기를 매

---

15 에도 시대 촌락 공동체 내의 규율 및 질서를 어긴 자에게 가하는 공동체적 제재 행위. 지역공동체가 공동으로 처리하는 행위 중 장례의 시체 뒤처리와 진화 활동의 두 가지 사항을 제외하고 제재대상자와의 모든 교류를 끊는 제재의 방식이다. 에도 시대 토지의 집단 공동소유와 경작의 방식에서 볼 때, 이는 사실상 더 이상 생계를 꾸려갈 수 없게 됨을 의미했다.
16 마을의 제사, 제례를 독점적으로 집행하는 씨족 내 제사집단.
17 신사의 제례나 행사 등을 주재하는 임무를 맡은 사람, 그 집.

개로 하는 '지'라고 말할 수 있다.

5. 대항하는 '민속의 지'

심신에 일정 작법을 각인시키는 '민속의 지'가 늘 사회의 권위/권력에 종속하거나 혹은 이를 정당화한다고는 볼 수 없다. 사회적 세계의 권위 실추, 권력에 의한 강권의 발동 그리고 종교적인 의미세계의 동요혹은 해체, 이데올로기의 쇠퇴 등, 이른바 사회적 세계의 자명성이 붕괴할 때 '민속의 지'는 대항적인 '지'로 움직여서 실천연습=관습적 행동을 조직하기도 한다는 점을 잊어서는 안 된다. 이것이 오래된 종교적 의미세계=구질서의 재생이라는 방향성을 가진다면, 이른바 옛 것을 지키려는 복고적 운동의 형태를 취할 것이며 새로운 사회사상 혹은 종교사상과 연결된다면 혁명운동의 형태를 취하게 될 것이다. '민속의 지'는 사회적 세계의 상황에 따라 종속적이기도 하며 혹은 대항적이기도 하다고 할 수 있다.

또 하나 잊어서는 안 되는 것이, 지배적인 사회 이데올로기에 휩싸인 사회적 세계와는 거리를 유지하면서도 '민속의 지'는 사회적 세계의 권력관계의 줄기를 잇는 것처럼 생활세계 안에서 존속하는 것이 가능하다는 점이다. '민속의 지'에 의한 실천을 매개로 사회적 세계의 여러 제도를 통해 관철된 차별과 배제라는 사회관계와 대치한다. 그 자명성을 문제시함으로써 혹은 의미세계를 정당화하는 권위의 허구성을 파헤치면 사회적인 권력관계를 부수는 비판적인 '지'로 바뀌게 된다.

예를 들어 의민전설이나 영웅전설 혹은 어령담은 '언어의 지'로만 전승되지 않았다. 마쓰리 안에서 의례화되어 '신체', '마음'의 '지'로 심신 안에 기억으로 머문다. 한편으로는 권력과의 싸움에서 패자로 굴복한 역사/신화가 반복되고 압도적인 강함을 뽐내는 권력, 움직이기 어려운 견고한 현실이 추인된다.

또한 목숨을 아끼지 않고 권력에 맞서 일어나 세계를 변모시킬 수 있는 가능성을 언급하고, 한때지만 지배의 역사나 신화의 허망함을 눈 앞에 두면서 이중의 역사 혹은 신화의 시공간을 사는 것도 가능해진다. 권력지배 아래 짓눌렸던 시스템을 이용하거나 재빨리 빠져 나가거나 피하거나 의표를 찌르며 살아가는 민중의 지혜, 암투의 교지를 이루는 것도 가능하다. 지배권력이 설정한 질서공간의 일부에 균열을 넣고, 불균질한 공간으로 재편성하는 전략으로서 '민속의 지'를 위치 지우는 것이 가능하다.

6. 역사적 컨텍스트와 '민속의 지'

'신체', '언어', '마음'의 '지'라는 세 양상에서 '민속의 지'에 관해 논했으나, 이 '민속의 지'의 영역을 다음 두 영역으로 일단 정리해볼 수 있겠다.

A) 사회적 세계에서의 생산/노동이나 의식주, 신심, 사람들의 교섭과 관계라는 여러 보통의 일상생활 안에서 배양해온 '지'의 영역

B) 병이나 죽음, 재해, 투쟁이라는 특이하거나 위험한 상황에서 발휘되는 개별적/공동적인 '지'의 영역.

전술했듯이 '민속의 지'는 불변의 것이 아닌, 끊임없이 변모해온 역사의 소산이다. 이 두 영역은 역사적 컨텍스트 안에서 구성되어온 것이라는 점을 고려할 필요가 있다. 고유적이거나 고풍스럽다거나 하는 전통성의 가치의식에 근거하여 '민속의 지'를 파헤치려 한다면, 조화된 목가적 세계를 그려내어 그리움을 느끼게 하거나 호기심을 만족시켜서 기존 질서를 예로부터의 자연스러운 질서로 정당화할 뿐이다.

그림 44 특공대병사

근대의 학교/군대제도에서 강제적이고 자발적으로 훈련/교육되어 규율화된 자세나 행동의 방식이 지금까지의 '신체의 지'를 개편하고 재편해온 것처럼 그

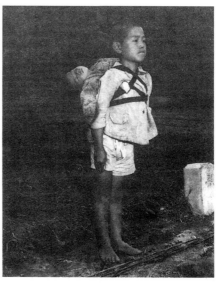

그림 45 차렷 자세의 나가사키 피폭 소년

역사적인 요인을 고려해야 한다. '언어의 지'와 '마음의 지'에서도 이는

같다. 이른바 표준어와 방언이라는 이분화, 이러한 시스템에서 재빨리 빠져 나와 '언어의 지'는 재편되어 갔다. 전설의 언급, 세상 이야기의 창출, 구두 기술의 변혁, 문자의 도입을 통해 '언어의 지'가 끊임없이 재편되어 왔던 점에 유념할 필요가 있을 것이다.

의도 혹은 심성, 또는 오래 전부터 전해 내려온다고 생각되는 것들마저도, 그 기원을 명확하게 밝힐 수는 없을지도 모르나 역사적 프로세스를 경과하여 어떤 종류의 언설(디스쿠르)에 의해 생성되어 왔는지를 파헤칠 수 있을 것이다. '민속의 지'는 결코 고유성/전통성을 유지해온 것이 아니다.

이러한 상황에서 '민속의 지'는 새로 등장한 지식, 과학, 기술과 대조되어 '구폐', '미신'으로 폄하되기도 했다. 자명한 것으로 전혀 의문시되지 않았던 경우에는, '미신'이 성립될 여지가 없었다. 사회적/정치적인 장면에서 대항하는 '지'가 나타남에 따라 습속이나 관행으로 실행되고 있던 '민속의 지'에 마이너스적 가치평가가 부여되었고 유해한 것, 사회적 질서에서 일탈/위반되는 것으로 금지 혹은 계몽의 대상이되었다.

그렇다고는 하나 지배권력에 의해 규정된 일탈/위반은 의도적이거나 그렇지 않거나 일상적인 상태로 존속하고, 또는 임시로 행해져서 사회질서 일부에 바람구멍을 내는 행위가 됐다.

메이지 이래의 민간치유법에 대한 대우가 그 적절한 케이스일 것이다. 서양의학이 사회적/정치적으로 객관적인 과학적 '진리'로서 국가에 의해 공인되고 이와 대조적으로 민간치유법은 의료를 방해하는 비과학적인 '미신'으로 고발/단죄되어 금지되었다. 전자가 이지이며, 후자는 무지가 되었다. 어떠한 상태가 병이고, 어떻게 치료할 것인지 하는 '지'와 권력의 정당성을 둘러싸고, '민속의 지'와 '국가의 지'가 싸워서 전자가 패한 것이라고 할 수 있다. 한편으로는 '미신'의 낙인이 찍힌 '민속의 지'는 일탈이나 위반을 신경 쓰지 않고 혹은 살짝 모르게 잠복하여 존속하거나 '몸', '언어', '마음'의 레벨에서 재편이 이루어지기도 하였다. 이러한 시각에서 이른바 지식이 아니라 신체화된 미세한 '지'의 역사학, 문화의 역사학으로의 전말이 열린 것이리라.

앞장에서 언급한 자식의 영혼을 불러들이려는 어머니의 주발을 때리는 행위는 어떤 식의 의미를 부여한다고 하더라도 오늘날에는 그저 '미신'으로 취급될 것이다. 그러나 생과 사의 경계에 있는 자식의 신체 혹은 영혼을, 그 생존을 포기하고 그저 떠도는 영혼만이라도 불러 들이고자 사람들의 눈길을 의식하지 않고 필사적으로 자식의 이름을 외치며 주발을 엎어 두드렸던 것은 아니었을까? 그 모습은 요곡謠曲[18] 「스미다가와隅田川」,[19]에서 자식의 소식을 물으며 미친 듯이 춤을 추던 어머니의 모습과 겹쳐볼 수 있다.

위기적 상황에 조우하여 이 여성의 '신체', '언어', '마음'의 깊은 곳에 숨은 '지'가 돌연히 발휘되었다. 인위적인 사고가 아니라 자연재해에 의한 불의의 사고로 수용하기 위해 단 하나 남겨진 단념의 의례적 행위였을지도 모른다. 그러나 이는 그때까지의 사회적 세계의 질서가 일거 붕괴한 것으로 주발을 때리는 행위는 그에 대항하여 몸이 취할 수 있는 단 하나의 작법이었다고 생각할 수 있다. 이는 언뜻 보면 안전을 보장하고 견고하나 때로는 매우 약하기도 한 사회적 세계의 질서 일부

---

18 악장(樂章)에 맞추어 부르는 속요의 곡조.
19 자식을 잃어버린 어머니가 에도로 가서 자식을 찾아 헤매다가 결국 찾게 되나, 그 자식은 이미 죽어있었다는 내용을 담고 있다.

에 균열을 넣는 행위이기도 하다.

주발을 때리는 행위로 인해 생성된 세계는, 다른 하나의 세계가 존재하고 또한 그와 같은 세계를 수립하는 것이 가능하다는 것을 알려 준다. 예전에 행해졌을 의례적 행위가 현대에 당돌하게 그 모습을 드러냄으로써 사회적 현실을 돌아보게 하거나 혹은 뒤엎을 수 있는 뛰어난 비판적 지평을 창출하고 있다. 그야말로 역사적 컨텍스트 안에서 '민속의 지'는 살아있는 것이다.

색 인

문헌 가이드

제 I 부　근대 일본과 민속문화

제1장 ▌ 근대와 민속문화

加藤祐一『文明開化』『明治文化全集20』日本評論社, 1929年

川村邦光『幻視する近代空間』青弓社, 1990年

小西四郎編『錦絵 幕末明治の歴史 6 文明開化』講談社, 1977年

阪谷素「狐説の疑」『明治文化全集18』日本評論社, 1928年

三遊亭円朝「真景累ケ淵」『明治文化全集18』筑摩書房, 1965年

津田真道「怪説」『明治文化全集10』日本評論社, 1928年

林屋辰三郎編『文明開化の研究』岩波書店, 1979年

『府県史料＜民俗・禁令＞』竹内利美・谷川健一編『日本庶民生活史料集成 21』
　三一書房, 1979年

増山守正『旧習一新』『明治文化全集20』日本評論社, 1929年

安丸良夫『近代天皇像の形成』岩波書店, 1992年

제2장 ▌ 어린이의 민속

赤坂憲雄『子守り唄の誕生』講談社現代新書, 1994年

飯島吉晴『子供の民俗学』新曜社, 1991年

R・オールコック『大君の都 上』岩波文庫, 1962年

黒田日出男『錦絵 子供の登場』河出書房新社, 1989年

沢山美果子『出産と身体の近世』勁草書房, 1998年

千葉徳爾・大津忠男『間引きと水子』農山魚村文化協会, 1983年

宮田登『冠婚葬祭』岩波新書, 1999年

E S・モース『日本その日その日 2』平凡社, 1970年

柳田国男「妹の力」『柳田国男全集11』ちくま文庫, 1990年

　　　　　「神に代りて来る」『柳田国男全集22』ちくま文庫, 1990年

　　　　　「小児生存権の歴史」『定本柳田国男集15』筑摩書房, 1969年

P・ロティ『お菊さん』岩波文庫, 1929年

渡辺京二『逝きし世の面影』葦書房, 1998年

제3장 ▍ '어린이 영역'의 근대

幸田露伴『一国の首都』岩波文庫, 1993年

河原和枝『子ども観の近代』中公新書, 1998年

西村大志「日本の近代と児童の身体」『ソシオロジ』42券2号, 1997年

I・バード『日本奥地紀行』平凡社, 1973年

本田和子『異文化としての子ども』紀伊国屋書店, 1982年

　　　　　『子どもの領野から』人文書院, 1983年

文部省編『幼稚園教育百年史』文部省, 1979年

柳田国男『こども風土記』『柳田国男全集23』ちくま文庫, 1990年

若松賤子「小公子前編自序」バーネット『小公子』若松賤子訳, 岩波文庫, 1927年

제II부　와카모노와 오토메의 근대

제4장 ▍ 와카모노의 민속

赤松啓介『非常民の性民俗』明石書店, 1991年

　　　　　『夜這いの民俗学』明石書店, 1994年

川村邦光『民俗空間の近代』情況出版, 1996年

瀬川清子『若者と娘をめぐる民俗』未来社, 1972年

平山和彦『青年集団史研究序説』新泉社, 1978年

『府県史料<民俗・禁令>』竹内利美・谷川健一編『日本庶民生活史料集成 21』
　　三一書房, 1979年

古川貞雄『村の遊び日』平凡社, 1986年

松田国男『民俗行事子ども風土記』六兵衛館, 1984年

安丸良夫『神々の明治維新』岩波新書, 1979年

　　　　「『近代化』の思想と民俗」『日本民俗文化大系1』小学館, 1986年

제5장 ▌와카모노의 근대

有泉貞夫「明治国家と祝祭日」『歴史学研究』341号, 1969年

海野福寿「共同体と豪農」『日本近代思想大系20』岩波書店, 1989年

鹿野政直『資本主義形成期の秩序意識』筑摩書房, 1969年

西村茂樹『日本道徳論』岩波文庫, 1935年

深谷克己「世直しと新政反対一揆」『日本近代思想大系 21』岩波書店, 1989年

『府県史料<民俗・禁令>』竹内利美・谷川健一編『日本庶民生活史料集成 21』
　　三一書房, 1979年

安丸良夫「民衆運動における『近代』」『日本近代思想大系21』岩波書店, 1989年

柳田国男『祭礼と世間』『柳田国男全集 13』ちくま文庫, 1990年

山本滝之介『田舎青年』山本滝之介編『近代日本思想大系 明治篇Ⅱ』筑摩
　　書店, 1970年

山本信良・今野敏彦『近代教育の天皇制イデオロギー』新泉社, 1973年

제6장 ▌와카모노와 군대

井上清「米騒動の歴史的意義」井上清・渡辺徹編『米騒動の研究5』有斐閣,
　　1962年

榎並重行・三橋俊明『細民窟と博覧会』JICC出版局, 1989年

大江志乃夫『日露戦争軍事的研究』岩波書店, 1976年

　　　　　『徴兵制』岩波新書, 1981年

大浜徹也「鉄の軛に囚われしもの」『近代民衆の記録8』新人物往来社, 1978年

　　　　　『天皇の軍隊』教育社歴史新書, 1978年

大牟羅良「軍隊は官費の人生道場」『近代民衆の記録8』新人物往来社, 1978年

菊池邦作『徴兵忌避の研究』立風社, 1978年

　　　　　「在郷軍人取締心得」『日本近代思想大系4』岩波書店, 1989年

田山花袋『第二軍従征日記』『明治文学全集67』筑摩書房, 1968年

夏目漱石「趣味の遺伝」『漱石全集3』岩波書店, 1956年

松尾尊允「米騒動の取締りと鎮圧」井上清・渡辺徹編『米騒動の研究5』有斐
　　閣, 1962年

陸軍省編『歩兵操典』武揚堂, 1902年

　　　　　『軍隊内務書』一二三舘 , 1909年

제7장 ▌여학생 문화

小栗風葉『青春』岩波文庫, 1953年

鹿野政直『婦人・女性・おんな』岩波新書, 1989年

川村邦光『オトメの祈り』紀伊国屋書店, 1993年

　　　　　『オトメの身体』紀伊国屋書店, 1994年

小杉天外『魔風恋風』岩波文庫, 1951年

谷本富「婦人問題の種々相」『女性』1号, 1922年

佐伯順子『文明開化と女性』新典社, 1991年

　　　　　『「色」と「愛」の比較文化史』岩波書店, 1998年

永瀬重敏『雑誌と読者の近代』日本エディタースクール出版部, 1997年

平林たい子他「新しい女らしさ」『婦人公論』1923年6月号

本田和子『女学生の系譜』青土社, 1990年

渡辺白水『婦人の手紙』実業之友社, 1914年

제III부　생활 속의 전쟁

제8장 ▌ 술 만들기의 민속과 소동

「秋田密造酒事件」南博・朝倉喬司編『近代庶民生活誌 16』三一書房, 1991年

大阪人権歴史資料館編『酒の文化史』大阪人権歴史資料館, 1989年

大関酒造株式会社編『酒・さけ・酒』毎日新聞社, 1967年

小泉武夫『酒の話』講談社現代新書, 1982年

加藤百一『酒は諸白』平凡社, 1989年

坂口謹一郎『日本の酒』岩波新書, 1964年

　　　　　　『坂口謹一郎酒学集成』全三巻, 岩波書店, 1997年

仙台税務監督局編『東北六県 酒類密造矯正沿革誌』『日本庶民生活史料集成
21』三一書房, 1979年

柳田国男「酒の飲みようの変遷」『柳田国男全集 17』ちくま文庫, 1990年

　　　　　『明治大正史 世相篇』『柳田国男全集26』ちくま文庫, 1990年

和歌森太郎『酒が語る日本史』河出書房新社, 1971年

제9장 ▌ 전쟁과 민중의 사이

石川県立歴史博物館編『銃後の人々』石川県立歴史博物館, 1995年

大江志乃夫『靖国神社』岩波新書, 1984年

川村邦光「近代日本の神々とイコン」山折哲雄編『日本の神 3』平凡社, 1996年

熊沢宗一「軍隊日誌」『近代民衆の記録8』新人物往来社, 1978年

諏訪市博物館編『戦争と諏訪の人々の暮らし』諏訪市博物館, 1996年

竹中労『美空ひばり』朝日文庫, 1987年

坪内裕三『靖国』新潮社, 1999年

堀内敬三・井上武士編『日本唄歌集』岩波文庫, 1958年

水村森蔵他「負傷兵士往復書簡」『近代民衆の記録 8 』新人物往来社, 1978年

美空ひばり『ひばり自伝』草思社, 1971年

村上重良『慰霊と招魂』岩波新書, 1974 年

靖国神社編『靖国神社百年史 資料篇 上』靖国神社, 1983年

제10장 ▌ 전쟁의 습속

市川白弦『日本ファシズム下の宗教』エヌエス出版会, 1975年

海野福寿「徴兵拒否と弾よけ祈願」『図説 静岡県の歴史』河出書房新社, 1987年

大江志乃夫『徴兵制』岩波新書, 1981年

加納実紀代『女たちの＜銃後＞』筑摩書房, 1987年

神島二郎『近代日本の精神構造』岩波書店, 1961年

川村邦光『民俗空間の近代』情況出版, 1996年

小田部雄次『梨本宮伊都子妃の日記』小学館, 1991年

佐藤健一『流言蜚語』有信堂, 1995年

田中丸勝彦「『英霊』の発見」関一敏編『現代民俗学の視点 2 民俗のことば』
　　朝倉書店, 1998年

千葉徳爾『民俗学のこころ』弘文堂, 1978年

松谷みよ子『現代民話考 Ⅱ 軍隊』立風書房, 1985年

柳田国男「影膳の話」『定本 柳田国男集 14』筑摩書房, 1969年

　　　　「日本の母性」『定本 柳田国男集 29』筑摩書房, 1970年

제Ⅳ부 　신앙과 종교의 틈새

제11장 ▌ 지옥의 현재

石田瑞麿『日本人と地獄』春秋社, 1998年

岩本裕『地獄めぐりの文学』開明書院, 1979年

大阪市立博物館編『社寺参詣曼荼羅』平凡社, 1987年

川上武『現代日本病人史』勁草書房, 1982年

川村邦光「他界の幻視 夢見の技法」『日本の美学』17号, 1991年

　　　　「女の地獄と救い」岡野治子編『女と男の時空 中世 3』藤原書店, 1996年

　　　　『地獄めぐり』ちくま新書, 2000年

黒田日出男「地獄の風景」『姿としぐさの中世史』平凡社, 1986年

五来重『日本人の地獄と極楽』人文書院, 1991年

武見孝子「地獄思想と女人救済」『図説 日本仏教の世界 5 地獄と極楽』集英社,
　　1998年

中野玄三「六道絵と来迎図」『図説 日本仏教の世界 5 地獄と極楽』集英社, 1998年
　　　　　　『六道絵の研究』淡交社, 1989年

速見侑『地獄信仰』塙書房, 1974年

藤野豊『日本ファシズムと医療』岩波書店, 1993年

山折哲雄『日本人の霊魂観』河出書房新社, 1976年
　　　　　『仏教民俗学』講談社学術文庫, 1993年

横井清「中世人と『やまい』」『光あるうちに』阿吽社, 1990年

제12장 ▌ 무녀와 사자의 혼

池上良正『民間巫者信仰の研究』未来者, 1999年

川村邦光『巫女の民俗学』青弓社, 1991年
　　　　　『憑依の視座』青弓社, 1997年

桜井徳太郎『日本のシャマニズム』上・下巻, 吉川弘文館, 1974年, 1997年

佐々木宏幹『仏と霊の人類学』春秋社, 1992年

瀬川清子『女の民族誌』東京書籍, 1980年

堀一郎『日本のシャーマニズム』講談社現代新書, 1971年

宮田登『女の霊力と家の神』人文書院, 1983年

I・M・ルイス『エクスタシーの人類学』平沼孝之訳, 法政大学出版局, 1985年

제13장 ▌ 교조의 창창신화

小沢浩『生き神の思想史』岩波書店, 1988年

島薗進『現代救済宗教論』青弓社, 1992年

宮田登『生き神信仰』塙書房, 1970年
　　　　『日本人と宗教』岩波書店, 1999年

村上重良・安丸良夫『民衆宗教の思想 日本思想大系 67』岩波書店, 1971年

安丸良夫『出口なお』朝日新聞社, 1977年

제V부 새로운 민속문화를 생각하다

제14장 ▮ 민속문화에 대한 시선

赤坂憲雄『柳田国男の読み方』ちくま新書, 1994年

大月隆寛『顔あげて現場へ往け』青弓社, 1997年

川村邦光『幻視する近代空間』青弓社, 1990年

子安宣邦『近代知のアルケオロジー』岩波書店, 1996年

佐藤健二『読書空間の近代』弘文堂, 1987年

宮田登『民俗学への招待』ちくま新書, 1996年

安丸良夫『近代天皇像の形成』岩波書店, 1992年

柳田国男『民間伝承論』『柳田国男全集28』ちくま文庫, 1990年

　　　　『郷土研究の方法』『柳田国男全集28』ちくま文庫, 1990年

　　　　『青年と学問』『柳田国男全集27』ちくま文庫, 1990年

제15장 ▮ '민속의 지'를 파헤치다

田辺繁治編著『人類学的認識の冒険』同文舘, 1989年

M・ド・セルトー『日常的実践のポイエティーク』山田登世子訳, 国文社, 1987年

二宮宏之『歴史学再考』日本エディタースクール出版部, 1994年

ひろた・まさき「日本近代社会の差別構造」『差別の諸相 日本近代思想大系 22』
　　岩波書店, 1990年

　　　　　　『差別の視線』吉川弘文館, 1998年

M・フーコー『監獄の誕生』田村俶訳, 新潮社, 1977年

P・ブルデュ『実践感覚 I 』今村仁司・港道隆訳, みすず書房, 1988年

宮田登『土の思想』創文社, 1997年

山折哲雄・川村邦光編『民俗宗教を学ぶひとのために』世界思想社, 1999年

그림출전 목록

제 I 부　근대 일본과 민속문화

제1장 ▎ 근대와 민속문화

1. 『明治天皇御写真帖』明治天皇御写真帖刊行会 1926年

2. 『明治天皇御写真帖』明治天皇御写真帖刊行会 1926年

3. 『明治開花期の錦絵』東京大学出版社 1989年

4. 小西四郎編『錦絵 幕末明治の歴史 6』講談社, 1977年

5. 『明治開花期の錦絵』東京大学出版会 1989年

6. 『明治開花期の錦絵』東京大学出版会 1989年

7. 『明治開花期の錦絵』東京大学出版会 1989年

8. 『尋常小学修身書 巻四』文部省 1927年

9. 『明治文化全集 20』日本評論社, 1929年

10. 『明治文化全集 19』日本評論社, 1929年

11. 土屋礼子『大阪の錦絵新聞』三元社 1995年

12. 小西四郎編『錦絵 幕末明治の歴史 6』講談社, 1977年

13. 『明治大正図誌17』筑摩書房, 1979年

14. ＜健脳丸＞『太陽』4巻1号 1898年

    ＜脳丸＞『日露戦争実記』14号, 1904号

    ＜錦脳丸＞『大阪毎日新聞』1899年 10月9日付

제2장 ▌어린이의 민속

15. 玉井哲雄編『よみがえる明治の東京』角川書店 1992年

16. 『京都祇園祭』京都市観光協会 1993年

17. 저자 촬영

18. 『浮世絵の子どもたち』東武美術館 1994年

19. 『浮世絵の子どもたち』東武美術館 1994年

20. 『大和の神々』奈良新聞社 1996年

21. 橋浦泰雄『まつりと行事』毎日新聞社 1949年

22. 渡辺京二『逝きし世の面影』葦書房 1998年

23. 渡辺京二『逝きし世の面影』葦書房 1998年

24. 山往正己・中江和恵編『子育ての書 3』平凡社 1976年

제3장 ▌'어린이 영역'의 근대

25. 『近代日本の女性史2』集英社 1980年

26. 『近代日本の女性史2』集英社 1980年

27. 『読者所蔵「古い写真」館』毎日新聞社, 1986年

28. 『読者所蔵「古い写真」館』毎日新聞社, 1986年

29. 『読者所蔵「古い写真」館』毎日新聞社, 1986年

30. 『奈良女子大学九十年のあゆみ』 奈良女子大学九十周年記念行事実行委員会 1999年

31. 『明治大正図誌 17』筑摩書房, 1979年

32. 『読者所蔵「古い写真」館』毎日新聞社, 1986年

33. 玉井哲雄編『よみがえる明治の東京』角川書店 1992年

34. 저자 촬영

35. 竹内啓一『日本人のふるさと』岩波書店 1995年

36. 橋浦泰雄『まつりと行事』毎日新聞社 1949年

37. 『日本百年写真館 I』朝日新聞社 1985年

38. 玉井哲雄編『よみがえる明治の東京』角川書店 1992年

39. 『日本百年写真館Ⅰ』朝日新聞社 1985年

제Ⅱ부　와카모노와 오토메의 근대

제4장 ▌와카모노의 민속

1. 『日本百年写真館Ⅰ』朝日新聞社 1985年

2. 『日本百年写真館Ⅰ』朝日新聞社 1985年

3. 저자 촬영

4. 『高昌華宵大正ロマン館図録』高昌華宵大正ロマン館, 1990年

5. 高橋克彦『新聞錦絵の世界』PHP研究所 1986年

6. 土屋礼子『大阪の錦絵新聞』三元社 1995年

7. 山崎省三『道祖神は招く』新潮社 1995年

8. 『日本の百年』毎日新聞社 1959年

9. 小西四郎編『錦絵 幕末明治の歴史7』講談社 1977年

10. 小西四郎編『錦絵 幕末明治の歴史7』講談社 1977年

제5장 ▌와카모노의 근대

11. 『ワーグマン日本素描集』岩波文庫 1987年

12. 小西四郎『錦絵 幕末明治の歴史 10』講談社 1977年

13. 玉井哲雄編『よみがえる明治の東京』角川書店 1992年

14. 저자 촬영

15. 小西四郎編『錦絵 幕末明治の歴史 7』講談社, 1977年

16. 『土浦衛生展覧会』土浦市立博物館 1995年

17. 『朝日百科日本の歴史112』朝日新聞社 1988年

제6장 ▌와카모노와 군대

18. 『ビゴーの日本素描集』岩波文庫 1986年

19. 『日本の百年』毎日新聞社 1959年

20. 『アサヒグラフに見る昭和の世相 5』朝日新聞社 1975年

21. 『軍隊内務書』一二三舘 1909年

22. 『軍隊内務書』一二三舘 1909年

23. 『軍隊内務書』一二三舘 1909年

24. 『明治大正図誌17』筑摩書房, 1979年

25. 小西四郎編『錦絵 幕末明治の歴史7』講談社 1977年

26. 『風俗画報 征露図会』随時増刊・288号 1904年

27. 『日本百年写真館Ⅰ』朝日新聞社 1985年

28. 저자 소장

29. 『明治大正図誌17』筑摩書房, 1979年

30. 『朝日新聞に見る日本の歩み(大正5年7年)』朝日新聞社 1975年

31. 『朝日新聞に見る日本の歩み(大正5年7年)』朝日新聞社 1975年

32. 『日本の百年』毎日新聞社 1959年

33. 『日本の百年』毎日新聞社 1959年

34. 『日本の百年』毎日新聞社 1959年

35. 『日本の百年』毎日新聞社 1959年

제7장 ▌여학생 문화

36. 『風俗画報』278号 1903年

37. 『女学世界』1919年9月号

38. 『女学世界』1920年4月号

39. 『女学世界』1920年11月号

40. 『女学世界』1920年1月号

41. 『日本百年写真館Ⅱ』朝日新聞社 1985 年

42. 『日本百年写真館Ⅱ』朝日新聞社 1985 年

43. 『明治大正図誌17』筑摩書房, 1979年

44. 『弥生美術館』弥生美術館 1990年

45. 『中原淳一の世界』サンリオ 1984年

46. 『中原淳一の世界』日本テレビ放送網・読売新聞社・現代彫刻センター 1989年

47. 『中原淳一の世界』サンリオ 1984年

제III부 생활 속의 전쟁

제8장 ▌술 만들기의 민속과 소동

1. 『明治大正図誌17』筑摩書房, 1979年

2. 저자 촬영

3. 英伸三『農村からの証言』朝日新聞社 1971年

4. 저자 촬영

5. 저자 촬영

6. 『日本庶民生活史料集成21』三一書房 1979年

7. 『日本庶民生活史料集成21』三一書房 1979年

8. 『日本百年写真館Ⅰ』朝日新聞社 1985年

9. 小西四郎編『錦絵 幕末明治の歴史7』講談社 1977年

10. 『日本の百年』毎日新聞社 1959年

11. 『朝日百科日本の歴史113』朝日新聞社 1988年

제9장 ▌전쟁과 민중의 사이

12. 『東京名所錦絵展』靖国神社遊就館 1986年

13. 『東京名所錦絵展』靖国神社遊就館 1986年

14. 『主婦之友』1941年5月号

15. 『尋常小学修身書 巻四』文部省 1927年

16. 『戦争と諏訪の人々の暮らし』諏訪市博物館 1996年

17. 『銃後の人々』石川県立博物館 1995年

18. 저자 소장

19. 『尋常小学国語読本 巻六』文部省 1932年

20. 『銃後の人々』石川県立博物館 1995年

21. 玉井哲雄編『よみがえる明治の東京』1992年

22. 저자 촬영

제10장 ▌ 전쟁의 습속

23. 『主婦之友』1938年10月号

24. 『主婦之友』1943年1月号

25. 『主婦之友』1937年9月号

26. 『主婦之友』1938年11月号

27. 『戦争と諏訪の人々の暮らし』諏訪市博物館 1996年

28. 『毎日グラフ別冊 一億人の昭和 50年史』毎日新聞社 1975年

29. 『戦争と諏訪の人々の暮らし』諏訪市博物館 1996年

30. 『主婦之友』1944年11月号

31. 『毎日グラフ別冊 一億人の昭和50年史』毎日新聞社 1975年

32. 『戦争と諏訪の人々の暮らし』諏訪市博物館 1996年

33. 『主婦之友』1939年12月号

34. 『銃後の人々』石川県立博物館 1995年

35. 『銃後の人々』石川県立博物館 1995年

36. 『日本の百年』毎日新聞社 1959年

37. 『日本の百年』毎日新聞社, 1959年

38. 『戦争と諏訪の人々の暮らし』諏訪市博物館 1996年

39. 『昭和二万日の全記録 4』講談社 1989年

제Ⅳ부 　신앙과 종교의 틈새

제11장 ▌ 지옥의 현재

1. 저자 촬영

2. 저자 촬영

3. 저자 촬영

2. 저자 촬영

3. 저자 촬영

4. 竹内啓一『日本人のふるさと』岩波書店 1995年

5. 玉井哲雄編『よみがえる明治の東京』角川書店 1992年

6. 『読者所蔵「古い写真」館』朝日新聞社 1986年

7. 『明治大正図誌 17』筑摩書房 1979年

8. 『明治大正図誌 17』筑摩書房 1979年

9. 『読者所蔵「古い写真」館』朝日新聞社 1986年

10. 『明治大正図誌 17』筑摩書房 1979年

11. 『サライ』4巻6号 1992年

12. 『明治大正図誌 17』筑摩書房 1979年

13. 『明治大正図誌 17』筑摩書房 1979年

14. 『明治大正図誌 17』筑摩書房 1979年

15. 『太陽』33巻2号 1927年

16. 『週間毎日』1944年2月6日号

17. 『明治大正図誌 17』筑摩書房 1979年

18. 저자 소장

19. 저자 소장

20. 『日本の百年』毎日新聞社 1959年

21. 『アサヒグラフに見る昭和の世相5』朝日新聞社 1975年

22. 『アサヒグラフに見る昭和の世相5』朝日新聞社 1975年

23. 『日本百年写真館 Ⅰ』朝日新聞社 1985年

24. 『明治大正図誌 17』筑摩書房 1979年

25. 『日本百年写真館 Ⅱ』朝日新聞社 1985年

26. 『日本の百年』毎日新聞社 1959年

27. Pauldu Gay, Stuart Hall, Linda Janes, Hugh Mackayand Keith Negus, Doing Cultural Studies: *The Story of the Walkman*, Saga Publications, 1997.

제15장 Ｉ '민속의 지'를 파헤치다

28. 『読者所蔵「古い写真」館』朝日新聞社 1986年

29. 『読者所蔵「古い写真」館』朝日新聞社 1986年

30. 玉井哲雄編『よみがえる明治の東京』角川書店 1992年

31. 『日本の百年』毎日新聞社 1959年

32. 『日本の百年』毎日新聞社 1959年

33. 『読者所蔵「古い写真」館』朝日新聞社 1986年

34. 『日本の百年』毎日新聞社 1959年

35. 『日本の百年』毎日新聞社 1959年

36. 『日本の百年』毎日新聞社 1959年

37. 『日本の百年』毎日新聞社 1959年

38. 『日本の百年』毎日新聞社 1959年

39. 『日本の百年』毎日新聞社 1959年

40. 『日本の百年』毎日新聞社 1959年

41. 『日本の百年』毎日新聞社 1959年

42. 『日本の百年』毎日新聞社 1959年

43. 英伸三『農村からの証言』朝日新聞社 1971年

44. 『一億人の昭和 50年史』毎日新聞社 1975年

45. J. オダネル『トランクの中の日本』小学館 1995年

민속의 知의 계보

저 자 약 력

▌가와무라 구니미쓰(川村邦光)

　　1951년 후쿠시마 현(福島県) 출생으로, 현재 오사카대학 문학연구과(大阪大学文学研究科) 교수로 재직 중이다. 주요 연구 영역은 민속학, 역사학, 근대문화사이며, 근년에는 특히 '사진 민속학(写真民俗学)'에 주목하고 있다. 저서로는 환시의 근대공간(『幻視する近代空間』, 2006)과 오토메 시리즈(『オトメの祈り』, 1993, 『オトメの身体』, 1994, 『オトメの行方』, 2003)를 중심으로, 미코의 민속학(『巫女の民俗学—"女の力"の近代』, 2006), 전사자의 행방(『戦死者のゆくえ』, 2003) 등이 있다.

역 자 약 력

▌최 은 주

　　메이지대학(明治大学)을 졸업하고 오사카대학 문학연구과(大阪大学文学研究科)에서 수학했다. 재일조선인의 민족과 여성 문제에 주목하여, 탈식민적 주체 형성의 가능성에 관한 논문으로 박사학위를 취득하였고, 현재는 오사카대학 문학연구과에서 초빙연구원으로 재직 중이다.

민속의 知의 계보
근대일본의 민속문화

초판인쇄 2014년 09월 25일
초판발행 2014년 09월 30일

저　　자 가와무라 구니미쓰(川村邦光)
역　　자 최 은 주
발 행 인 윤 석 현
발 행 처 제이앤씨
책임편집 최인노·김선은·최현아
등록번호 제7-220호

우편주소 ⑨ 132-702 서울시 도봉구 창동 624-1
　　　　　　북한산 현대홈시티 102-1106
대표전화 02) 992 / 3253
전　　송 02) 991 / 1285
홈페이지 http://www.jncbms.co.kr
전자우편 jncbook@hanmail.net

ⓒ 최은주 2014 All rights reserved. Printed in KOREA

ISBN 978-89-5668-401-7　93380　　　정가 18,000원